从零开始做
税务会计

马 睿 / 编著

CONG LING KAISHI ZUO
SHUIWU KUAIJI

案例版

中国铁道出版社有限公司
CHINA RAILWAY PUBLISHING HOUSE CO., LTD.

U0650127

内 容 简 介

税务会计作为一门新兴的交叉学科，在企业经营中的重要性日益凸显，本书从税务会计理论作为出发点，详细讲解增值税、消费税、所得税、土地增值税等各类税种。

本书用大量实际案例分析了企业在正常运营过程中出现的税务计算以及账务处理的各种情况，为读者熟悉与掌握企业税收的计算以及账务处理提供了符合实际的业务实操指导。

本书适合广大税务工作者、企业财务人员、注册会计师、财经专业学生、广大税务及财经爱好者阅读。

图书在版编目（CIP）数据

从零开始做税务会计/马睿编著. —北京：中国铁道出版社
有限公司，2020.3

ISBN 978-7-113-26478-9

Ⅰ.①从… Ⅱ.①马… Ⅲ.①税务会计 Ⅳ.①F810.62

中国版本图书馆 CIP 数据核字（2019）第 278087 号

书　　名：从零开始做税务会计
作　　者：马　睿

责任编辑：王　佩	读者热线电话：010 – 63560056
责任印制：赵星辰	封面设计：刘　莎

出版发行：中国铁道出版社有限公司（100054，北京市西城区右安门西街 8 号）
印　　刷：三河市宏盛印务有限公司
版　　次：2020 年 3 月第 1 版　　2020 年 3 月第 1 次印刷
开　　本：700 mm×1 000 mm　1/16　印张：20.25　字数：322 千
书　　号：ISBN 978-7-113-26478-9
定　　价：55.00 元

前言

税务会计是进行税务筹划、税金核算和纳税申报的一个会计岗位。相对于财务会计与管理会计，税务会计对于会计从业人员而言，是一个较为陌生的领域。通常人们认为税务会计是财务会计和管理会计的自然延伸，这种自然延伸的先决条件是税收法规的日益复杂化。在我国，由于各种现实限制因素，致使多数企业中的税务会计并未真正从财务会计和管理会计中延伸出来成为一个相对独立的税务会计系统。税务会计的目标是向税务会计信息使用者提供有助于税务决策的会计信息，保证纳税人依法纳税，使纳税人的经营行为既符合国家税法，又能够最大限度地减轻税收负担，在保障国家利益的同时能够合理地为企业减负，提高企业的运营质量，保障投资者的合法权益。

税务会计的工作内容主要包括一般经营活动收入的确认、成本费用的核定与计算、经营成果的确定、税额的计算、税款解缴、罚金缴纳和税收减免等业务的会计处理。基本职能是对纳税人应纳税款的形成、申报、缴纳进行反映和监督。因此不论是对会计从业者，还是对税务工作者来说，税务会计课程的学习都是非常重要的，对于会计从业者而言，能够掌握一门专业的会计领域知识有助于提高自身能力，增强自己应对日常会计事务的能力；对于税务工作者而言，它是一项基本的技能，能够提高工作效率。本书对税务会计中所有的知识点进行了阐述，结合图表和案例进行说明，使读者能够简单快速地理解税务会计的精髓所在，更好地处理工作、学习中的专业难题。

本书根据相关税收法律法规、《中华人民共和国会计法》《企业会计准则》及其他相关法律法规编著而成,结合大量实际案例,力图使读者能够全面认识和掌握税务会计的各要点及各大不同税种的会计处理方法。从结构上而言,本书章节层次分明,要点划分合理,重点知识突出。从本书的全部内容来看,本书一共分为七章:第一章为总论部分,阐述了税务会计的概念及前提与原则、相关任务方法等内容;第二章至第六章对增值税、消费税、企业所得税、个人所得税、土地增值税这五大税种的税务会计处理方法和重点知识进行了详细的介绍,并且采用大量的会计案例,使读者能较快地理解要点、掌握重点;第七章为其他税会计,包括城市维护建设税、印花税、耕地占用税、城镇土地使用税、房产税、车船税、契税和车辆购置税的会计处理介绍。

通过本书的学习,读者不仅可以了解税务会计的基本理论,还有助于认识到学习税务会计的重要性。同时,通过税务会计与财务会计的比较,使广大读者进一步熟悉税务会计的特点,为以后的学习奠定坚实的基础。最后,通过与时俱进的会计知识的学习,能够保障自己的专业知识不断提升,为以后的工作打下坚实的基础。

因时间有限,书中难免存在一些不足之处,希望大家能够谅解,还望广大读者踊跃批评指正。编者的邮箱是 duzhezixun@139.com。欢迎大家联系提问,一定竭诚为您解答。

编　者

2019 年 10 月

目录

第一章 总 论

第一节 税务与会计 ………………………………… 1

一、税收与税收会计 ………………………… 1

二、税务与企业会计 ………………………… 2

三、税务会计独立成科的原因 …………… 4

第二节 税务会计的概述 ………………………… 5

一、税务会计的概念 ………………………… 5

二、税务会计的对象 ………………………… 6

三、税务会计的目标 ………………………… 6

四、税务会计的特点 ………………………… 7

第三节 税务会计的前提与原则 ……………… 7

一、税务会计的基本前提 …………………… 7

二、税务会计的基本原则 …………………… 8

第四节 税务会计的任务与方法 ……………… 10

一、税务会计的任务 ………………………… 10

二、税务会计的方法 ………………………… 11

第二章 增值税会计

第一节 增值税概述 ……………………………… 12

一、增值税的认识 ……………………………………………… 12

二、增值税的纳税人及其分类 …………………………………… 15

三、增值税的纳税范围 …………………………………………… 17

四、增值税的税率 ………………………………………………… 23

五、增值税的应纳税额 …………………………………………… 26

六、增值税的减免 ………………………………………………… 33

七、增值税纳税义务的确认、纳税期限、纳税地点 ………… 37

八、增值税的纳税申报与缴纳 …………………………………… 38

第二节　增值税专用发票 ………………………………………… 40

一、增值税专用发票定义及其相关内容 ………………………… 40

二、增值税专用发票的领购和使用 ……………………………… 40

三、增值税专用发票的保管和检查 ……………………………… 42

四、增值税专用发票的使用要点 ………………………………… 43

第三节　增值税进项税额及其转出的会计处理 ………………… 46

一、会计账户的设置 ……………………………………………… 46

二、会计账簿和会计报表的设置 ………………………………… 48

三、工业企业进项税额的会计处理 ……………………………… 50

四、商业企业进项税额的会计处理 ……………………………… 61

五、进项税额转出的会计处理 …………………………………… 69

六、购买方作为扣缴义务人的会计处理 ………………………… 72

七、进项税额抵扣情况发生改变的账务处理 …………………… 72

第四节　增值税销项税额的会计处理 …………………………… 73

一、工业企业销项税额的会计处理 ……………………………… 73

二、商业企业销项税额的会计处理 ……………………………… 98

三、营改增期间税收的会计处理 ………………………………… 113

四、差额征收的会计处理 ………………………………………… 113

第五节　增值税减免、上缴及查补调账的会计处理 ………… 114

一、减免增值税的会计处理 ……………………………………… 114

二、上缴增值税的会计处理 ……………………………………… 118

三、增值税查补税款的会计处理 ………………………………… 121

第三章　消费税会计

第一节　消费税概述 ……………………………………… 125

一、消费税的纳税人和纳税范围 …………………… 126

二、消费税的税目、税率 …………………………… 126

三、消费税的纳税期限、纳税地点 ………………… 137

四、消费税的减免与退补 …………………………… 138

第二节　消费税的计算 …………………………………… 140

一、销售额的确定 …………………………………… 140

二、销售数量的确定 ………………………………… 141

三、应纳税额的计算 ………………………………… 141

四、纳税申报 ………………………………………… 148

第三节　消费税的会计处理 ……………………………… 148

一、会计账户的设置 ………………………………… 148

二、销售应税消费品的会计处理 …………………… 148

三、应税消费品视同销售的会计处理 ……………… 150

四、应税消费品包装物应交消费税的会计处理 …… 152

五、委托加工应税消费品的会计处理 ……………… 154

六、进口应税消费品的会计处理 …………………… 156

七、金银首饰、钻石首饰零售业务的会计处理 …… 157

第四章　企业所得税会计

第一节　企业所得税概述 ………………………………… 160

一、企业所得税的纳税人 …………………………… 160

二、企业所得税的征收范围 ………………………… 162

三、企业所得税的税率 ……………………………… 164

第二节　企业资产的税务处理 …………………………… 166

一、固定资产 ………………………………………… 166

二、生产性生物资产 ………………………………… 167

三、无形资产 ………………………………………… 168

四、长期待摊费用 ………………………………………… 169

五、投资资产 …………………………………………………… 169

六、存货 ………………………………………………………… 170

七、资产损失 ………………………………………………… 170

第三节　企业所得税的税收优惠政策 ………………………… 173

第四节　企业所得税的计算 ………………………………… 180

一、应纳税所得额的确定 ……………………………… 180

二、企业所得税已纳所得税额的抵扣 ………………… 192

三、企业所得税的预缴和汇算清缴 …………………… 193

四、企业所得税的计算与纳税申报 …………………… 194

第五节　企业所得税会计基础 ……………………………… 195

一、企业所得税会计概述 ……………………………… 195

二、企业所得税会计的理论基础 ……………………… 195

三、永久性差异 ………………………………………… 198

四、暂时性差异 ………………………………………… 201

第六节　企业所得税的会计处理 …………………………… 202

一、会计账户的设置 …………………………………… 202

二、企业所得税会计处理的基本方法 ………………… 203

三、应付税款法的会计处理 …………………………… 204

四、纳税影响会计法的会计处理 ……………………… 206

五、减免企业所得税的会计处理 ……………………… 214

六、资产捐赠的企业所得税会计处理 ………………… 215

七、资产减值准备的企业所得税会计处理 …………… 216

八、长期股权投资的企业所得税会计处理 …………… 219

九、纳税调整的会计处理 ……………………………… 222

十、中期财务报告的企业所得税会计处理 …………… 225

十一、预提企业所得税和代扣代缴的会计处理 ……… 225

十二、事业单位企业所得税的会计处理 ……………… 226

第五章　个人所得税会计

第一节　个人所得税概述 …………………………………… 227

一、个人所得税的纳税人 ……………………………………………… 227

二、个人所得税的纳税范围 ……………………………………… 228

三、个人所得税的税率 ………………………………………… 229

四、个人所得税减免 …………………………………………… 230

五、个人所得税的计税依据 ……………………………………… 234

六、专项附加扣除 ……………………………………………… 236

七、个人所得税应纳税额的计算与缴纳 ………………………… 239

八、外籍居民纳税义务的确认 …………………………………… 244

九、居民纳税人境外所得的申报 ………………………………… 248

十、境外所得的税额扣除 ………………………………………… 249

十一、代扣代缴个人所得税 ……………………………………… 250

十二、扣缴个人所得税的申报 …………………………………… 252

第二节　个人所得税的会计处理 ………………………………… 252

一、代扣代缴单位的会计处理 …………………………………… 252

二、个体工商户、个人独资及合伙企业的会计处理 …………… 256

第六章　土地增值税会计

第一节　土地增值税概述 ………………………………………… 262

一、土地增值税的纳税人 ………………………………………… 262

二、土地增值税的纳税范围 ……………………………………… 263

三、土地增值税纳税范围的具体界定 …………………………… 263

四、土地增值税的税率 …………………………………………… 264

五、土地增值税的减免 …………………………………………… 264

六、土地增值税的纳税期限和纳税地点 ………………………… 265

第二节　土地增值税的计算 ……………………………………… 265

一、房地产转让收入的确定 ……………………………………… 266

二、扣除项目金额的确定 ………………………………………… 266

三、土地增值额的计算 …………………………………………… 267

四、应纳土地增值税的计算 ……………………………………… 268

五、土地增值税的纳税申报 ……………………………………… 269

第三节　土地增值税的会计处理 ………………………………… 269

一、预缴土地增值税的会计处理 …………………………………… 269

二、扣除项目金额的会计处理 ……………………………………… 271

三、主营房地产业务的企业土地增值税的会计处理 …………… 273

四、兼营房地产业务的企业土地增值税的会计处理 …………… 276

五、转让房地产的会计处理 ………………………………………… 277

第七章　其他税种会计

第一节　城市维护建设税会计 …………………………………… 280

一、城市维护建设税概述 …………………………………………… 280

二、城市维护建设税的会计处理 ………………………………… 281

第二节　教育费附加的会计处理 ……………………………… 282

第三节　印花税会计 …………………………………………… 282

一、印花税的性质和意义 …………………………………………… 282

二、印花税的纳税范围和纳税人 ………………………………… 283

三、印花税的税目、税率 …………………………………………… 284

四、印花税应纳税额的计算 ………………………………………… 284

五、贴花和免税规定 ………………………………………………… 285

六、印花税的会计处理 ……………………………………………… 286

第四节　耕地占用税会计 ……………………………………… 288

一、耕地占用税的特点及其征收意义 …………………………… 288

二、耕地占用税的纳税人 …………………………………………… 289

三、耕地占用税的纳税范围和纳税对象 ………………………… 289

四、耕地占用税的计税依据和税率 ……………………………… 289

五、耕地占用税的减免 ……………………………………………… 290

六、耕地占用税的纳税环节和纳税期限 ………………………… 291

七、耕地占用税的计算 ……………………………………………… 292

八、耕地占用税的会计处理 ………………………………………… 293

第五节　城镇土地使用税会计 ………………………………… 294

一、城镇土地使用税的纳税人 …………………………………… 295

二、城镇土地使用税的纳税范围和计税依据 ……………… 295

三、城镇土地使用税的税率 ……………………………… 296

四、城镇土地使用税的免税 ……………………………… 296

五、城镇土地使用税的纳税期限 ………………………… 297

六、城镇土地使用税的计算 ……………………………… 297

七、城镇土地使用税的会计处理 ………………………… 298

第六节　房产税会计 ……………………………………… 299

一、房产税的纳税人 ……………………………………… 299

二、房产税的纳税范围和计税依据 ……………………… 300

三、房产税的税率 ………………………………………… 300

四、房产税的减免 ………………………………………… 300

五、房产税应纳税额的计算和缴纳 ……………………… 300

六、房产税的会计处理 …………………………………… 301

第七节　车船税会计 ……………………………………… 302

一、车船税的纳税人 ……………………………………… 302

二、车船税的纳税范围和计税依据 ……………………… 303

三、车船税的税率 ………………………………………… 303

四、车船税税收优惠 ……………………………………… 303

五、车船税应纳税额的计算和缴纳 ……………………… 305

六、车船税的会计处理 …………………………………… 305

第八节　契税会计 ………………………………………… 306

一、契税的纳税人 ………………………………………… 306

二、契税的计税依据 ……………………………………… 307

三、契税的税率 …………………………………………… 307

四、契税的减免 …………………………………………… 307

五、契税的缴纳办法 ……………………………………… 308

六、契税的计算 …………………………………………… 308

七、契税的会计处理 ……………………………………… 308

第九节　车辆购置税会计 ………………………………… 310

一、车辆购置税的纳税人 ………………………………… 310

二、车辆购置税的纳税范围和计税依据 ……………………… 310

三、车辆购置税的税率和应纳税额的计算 ………………… 311

四、车辆购置税的免税 ……………………………………… 311

五、车辆购置税的缴纳 ……………………………………… 311

六、车辆购置税的会计处理 ………………………………… 312

第一章 总　　论

本章导读

当今财会行业受到越来越多人的青睐。税务会计已与财务会计、管理会计共同构成了现代会计学科的三大分支。税务会计是介于税收学与会计学之间的一门新兴的边缘学科，是融国家税收法规和会计处理为一体的一种特殊的专业会计，是税务中的会计、会计中的税务。

本章将介绍税务会计的概况，仅读者从整体上对税务会计有所了解。

第一节　税务与会计

一、税收与税收会计

税收是一个分配范畴，也是一个历史范畴。它与国家一样，是社会历史发展到一定阶段的产物。税收是随着国家的产生而产生的，是国家财政收入的支柱。税收的发展历程如图 1 - 1 所示。

自从国家出现后，尽管税收的名称和内容不断变化，但历代统治者对税收的重视程度却是相同的。为了计算和记录国家税赋实物或货币的收入和支出情况，在奴隶制社会就产生了"官厅会计"

西周时，在总揽财政大权的天官冢宰下，设"司会"为计官之长，主管朝廷财政经济收支的全面核算。由于当时的税制简单，不可能对纳税人的会计核算提出像今天这样全面而具体的要求，而且当时的纳税人也不具备正式会计核算的条件，但会计核算意识是与日俱增的，这是产生税务会计的动因

随着政府职能的扩大，收支数额和事项的增大、增多，官厅会计才逐步发展，后来分离为政府会计和税收会计

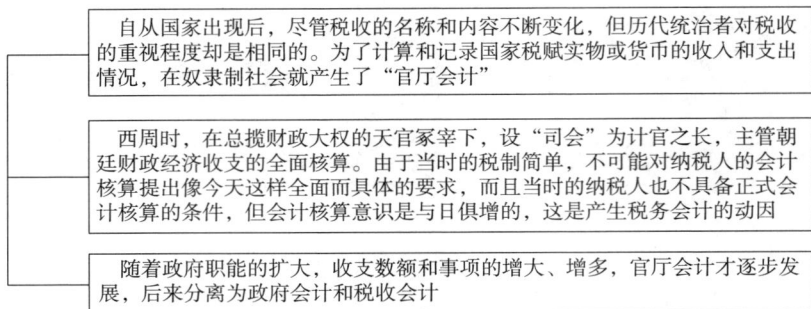

图 1 - 1　税收的发展历程

税收会计是税务机关核算和监督税款征收和解缴的会计，因此，亦称征解会计。如前所述，税收会计的产生要早于税务会计，尽管税收会计比税务会计简单。

1986 年 4 月，我国财政部颁发了《关于税收计划、会计、统计工作制度》，首次明确税收会计是一个独立的专业会计。1991 年，国家税务总局颁布了《税收会计核算试行办法》；1994 年，国家税务总局发出了《关于税收会计改革工作安排的通知》（从 1996 年 1 月 1 日起执行），从此，我国建立了较为成熟、完善的税收会计。

二、税务与企业会计

税务，即税收事务。这里要探讨的是国家税收与企业会计的关系，或者说，税务与纳税人会计的关系。其关系大致经历了四个阶段：

（一）各自为政，时有冲突

从历史上看，政府征税是为了满足财政支出的需要，尤其是所得税、关税等大税种，更是与战争、与国家主权息息相关的行为。政府收税，政府有税收会计进行记录和反映；政府财政支出，有政府会计进行记录和反映。但在一个相当长的历史时期，国家税法的制定、修订，是没有考虑或很少考虑纳税人在会计上是如何计算、反映的。这就使税法的执行缺乏可靠的基础。随着税收的不断法制化、企业会计的不断规范化和会计市场化，一方面代表国家要征税，另一方面企业会计要为纳税人计税并缴，注册会计师受托进行审计。由于各自的角度不同、利益不同，难免会发生某些冲突。

（二）合二为一，也非无缺

税收对会计的影响是多方面的、显而易见的、持续至今的。税收因素

是促进会计的重心由计算资产盘存转向计算收入的主要动力。对税收的承认是迅速保证选择出来的会计方法被广泛采用的一种手段。毫无疑问，税收有助于提高和改善通常的会计实务的连贯性和科学性。税收对会计的影响如图 1-2 所示，主要表现在以下 3 个方面：

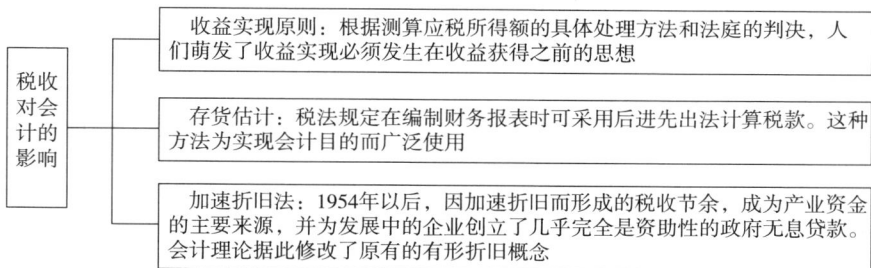

税收对会计的影响
- 收益实现原则：根据测算应税所得额的具体处理方法和法庭的判决，人们萌发了收益实现必须发生在收益获得之前的思想
- 存货估计：税法规定在编制财务报表时可采用后进先出法计算税款。这种方法为实现会计目的而广泛使用
- 加速折旧法：1954年以后，因加速折旧而形成的税收节余，成为产业资金的主要来源，并为发展中的企业创立了几乎完全是资助性的政府无息贷款。会计理论据此修改了原有的有形折旧概念

图 1-2 税收对会计的影响

（三）适当分离，各司其职

税务与会计两者密切联系，但由于各自的目标、对象等存在差异，最终停止了两者相互仿效的初级做法，朝着完善各自的学科方向发展。两者最主要的差别如图 1-3 所示。

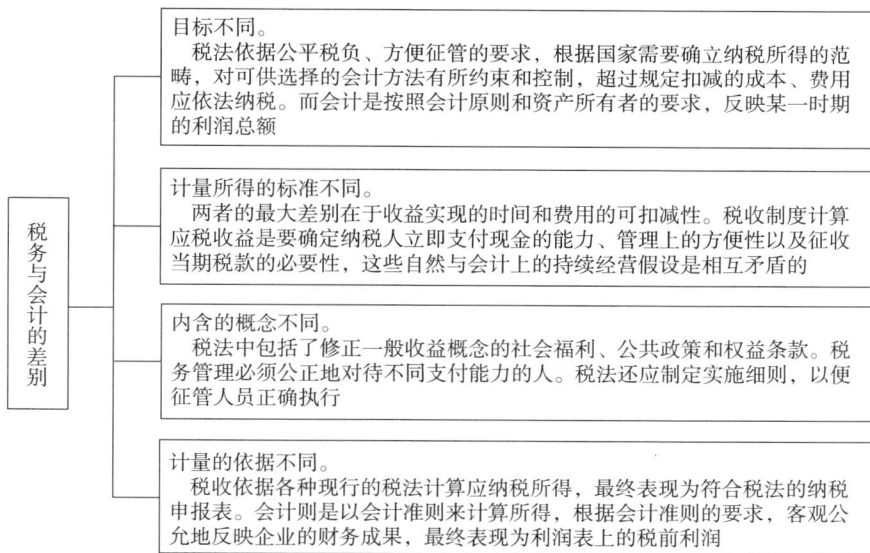

税务与会计的差别
- 目标不同。
  税法依据公平税负、方便征管的要求，根据国家需要确立纳税所得的范畴，对可供选择的会计方法有所约束和控制，超过规定扣减的成本、费用应依法纳税。而会计是按照会计原则和资产所有者的要求，反映某一时期的利润总额
- 计量所得的标准不同。
  两者的最大差别在于收益实现的时间和费用的可扣减性。税收制度计算应税收益是要确定纳税人立即支付现金的能力、管理上的方便性以及征收当期税款的必要性，这些自然与会计上的持续经营假设是相互矛盾的
- 内含的概念不同。
  税法中包括了修正一般收益概念的社会福利、公共政策和权益条款。税务管理必须公正地对待不同支付能力的人。税法还应制定实施细则，以便征管人员正确执行
- 计量的依据不同。
  税收依据各种现行的税法计算应纳税所得，最终表现为符合税法的纳税申报表。会计则是以会计准则来计算所得，根据会计准则的要求，客观公允地反映企业的财务成果，最终表现为利润表上的税前利润

图 1-3 税务与会计的差别

（四）持续发展，不断完善

随着各国税法税制的不断完善和健全、税收的国际协调不断加强，国际会计准则、各国会计准则、会计法规制度的颁布、修订、执行、完善，财务会计与税务会计均呈偏离扩大之势。财务会计已经有了一套较为成熟的理论结构框架（或称概念结构），税务会计已初步建立起一套理论结构体系，以规范税务会计实务。美国、英国、澳大利亚、新西兰等国家已经相继建立了比较完善的税务会计体系。只要税法与会计准则、会计制度对会计事项的要求有差异，税务会计就有其独立的必要性。但各国法律、法规、会计准则、会计制度的历史背景不同，也会形成不同的税务会计模式。

三、税务会计独立成科的原因

在税务会计的产生和发展过程中，所得税的出现和规范不断健全对其影响最大，因为所得税的计算依据涉及企业的投资和筹资，以及企业的供应、生产、销售或商品流转的全过程。特别是比较科学合理的增值税的产生和不断完善，对税务会计的发展起了重要的促进作用，因为它对企业会计提出了更高的要求，迫使企业在会计凭证、会计账簿的设置和记载上，分别反映收入的形成和物化劳动转移的价值，以及转移价值中所包括的已纳税金，这样才能正确核算增值额，从而正确计算企业应纳的增值税。为了适应纳税人的需要，或者说，纳税人为了适应纳税的需要，税务会计显得越来越重要。

（一）财务会计与税务会计合一的历史作用

财务会计与税务会计合一的会计制度管理模式适应了我国经济管理的需要，发挥了重要的历史作用，如图1-4所示。

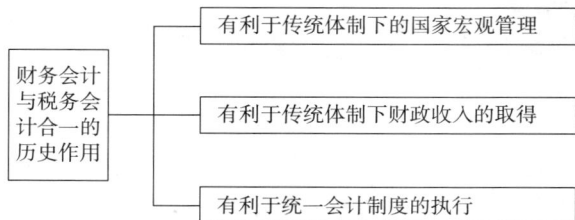

图1-4　财务会计与税务会计合一的历史作用

（二）财务会计和税务会计合一不能适应我国经济体制改革的需要

在我国经济体制发生深刻变革的今天，过去那种税利不分、财务会计与税务会计不分的局限性越来越大，其主要表现如图1-5所示。

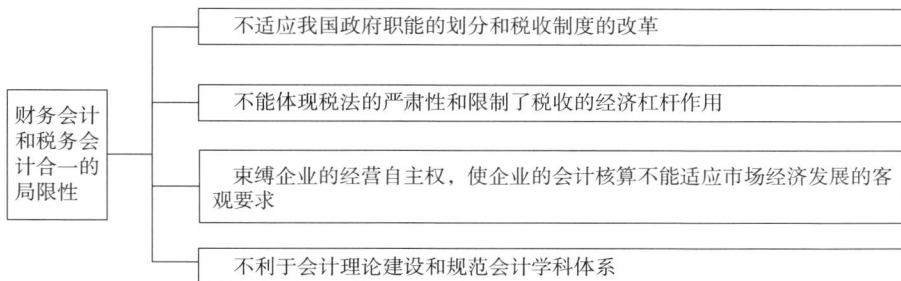

```
              ┌─── 不适应我国政府职能的划分和税收制度的改革
              │
 财务会计      ├─── 不能体现税法的严肃性和限制了税收的经济杠杆作用
 和税务会      │
 计合一的      ├─── 束缚企业的经营自主权，使企业的会计核算不能适应市场经济发展的客
 局限性        │    观要求
              │
              └─── 不利于会计理论建设和规范会计学科体系
```

图1-5 财务会计和税务会计合一的局限性

（三）财务会计与税务会计分立是社会主义市场经济的必然发展趋势

财务会计与税务会计分立的必然性如图1-6所示。

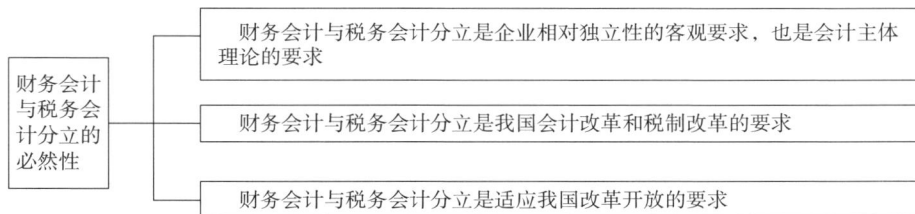

```
              ┌─── 财务会计与税务会计分立是企业相对独立性的客观要求，也是会计主体
 财务会计      │    理论的要求
 与税务会      │
 计分立的      ├─── 财务会计与税务会计分立是我国会计改革和税制改革的要求
 必然性        │
              └─── 财务会计与税务会计分立是适应我国改革开放的要求
```

图1-6 财务会计与税务会计分立的必然性

第二节 税务会计的概述

一、税务会计的概念

税务会计是社会经济发展到一定阶段（文化、教育的普及和提高，生产规模的扩大，生产力的进步，社会成熟到能把征税、纳税看作是社会自我施加的约束等）而产生的。它是从财务会计中分离出来的，对维护国家和纳税人的权利都是极其重要的。因此，税务会计是近代新兴的一门边缘学科，是融税收法令和会计核算为一体的一种特殊专业会计，是税务中的

会计，会计中的税务。它是以国家现行税收法令为准绳，以货币计量为基本形式，运用会计学的理论和核算方法，连续、系统、全面地对税款的形成、计算和缴纳，即税务活动引起的资金运动进行核算和监督的一门专业会计。

二、税务会计的对象

税务会计的对象是税务会计的客体。它是纳税人因纳税而引起的税款的形成、计算、缴纳、补退、罚款等经济活动以货币表现的资金运动。企业在生产、经营过程中以货币表现的税务活动，主要包括内容如图1-7所示。

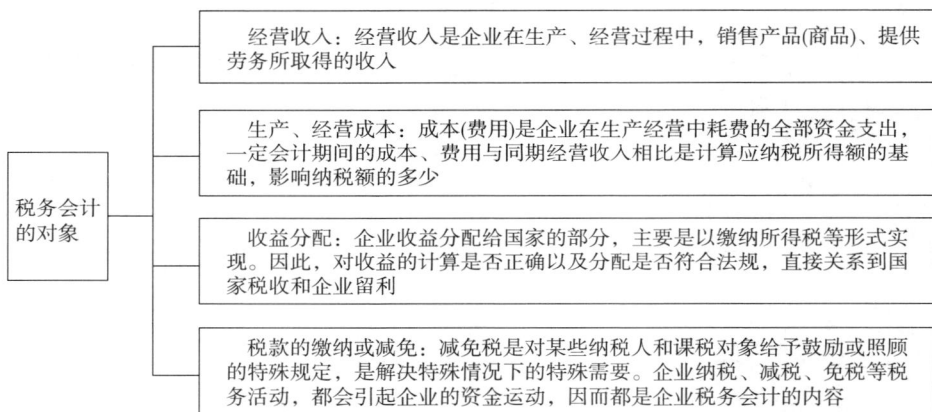

图 1-7　税务会计的对象

从总体上讲，所有会计要素都与纳税有关，但并不是各会计要素的每一经济事项都与纳税有关。税务会计与财务会计虽然在总体上是一致的，但在具体操作的范围上，税务会计要小于财务会计。

三、税务会计的目标

税务会计目标是向税务机关、投资人等税务会计信息使用者提供有助于税务决策的会计信息，税务会计的目标如图1-8所示。

```
                    ┌─────────────────────────────────┐
                    │  依法纳税，履行纳税人义务           │
                    └─────────────────────────────────┘
┌──────────┐        ┌─────────────────────────────────────────┐
│ 税务会计   │────────│  正确进行税务会计处理，协调与财务会计的关系  │
│ 的目标     │        └─────────────────────────────────────────┘
└──────────┘        ┌─────────────────────────────────────────┐
                    │  合理选择纳税方案，科学进行税务筹划        │
                    └─────────────────────────────────────────┘
```

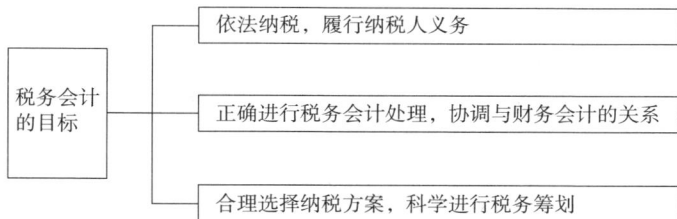

图 1-8　税务会计的目标

四、税务会计的特点

税务会计与财务会计相比，既有共同性，也有特殊性。税务会计有别于财务会计的主要特点如图 1-9 所示。

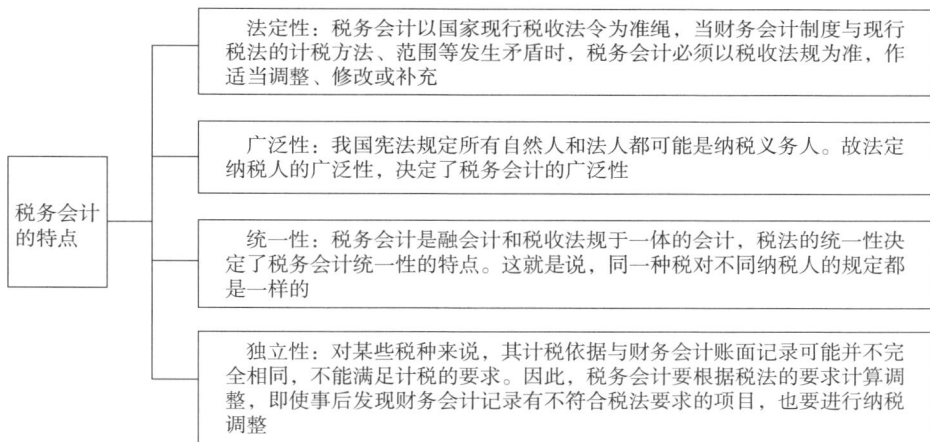

```
                    ┌───────────────────────────────────────────────────┐
                    │  法定性：税务会计以国家现行税收法令为准绳，当财务会计制度与现行  │
                    │  税法的计税方法、范围等发生矛盾时，税务会计必须以税收法规为准，作  │
                    │  适当调整、修改或补充                                  │
                    └───────────────────────────────────────────────────┘
                    ┌───────────────────────────────────────────────────┐
                    │  广泛性：我国宪法规定所有自然人和法人都可能是纳税义务人。故法定  │
┌──────────┐        │  纳税人的广泛性，决定了税务会计的广泛性                   │
│ 税务会计   │        └───────────────────────────────────────────────────┘
│ 的特点     │────────┌───────────────────────────────────────────────────┐
└──────────┘        │  统一性：税务会计是融会计和税收法规于一体的会计，税法的统一性决  │
                    │  定了税务会计统一性的特点。这就是说，同一种税对不同纳税人的规定都  │
                    │  是一样的                                            │
                    └───────────────────────────────────────────────────┘
                    ┌───────────────────────────────────────────────────┐
                    │  独立性：对某些税种来说，其计税依据与财务会计账面记录可能并不完  │
                    │  全相同，不能满足计税的要求。因此，税务会计要根据税法的要求计算调  │
                    │  整，即使事后发现财务会计记录有不符合税法要求的项目，也要进行纳税  │
                    │  调整                                                │
                    └───────────────────────────────────────────────────┘
```

图 1-9　税务会计的特点

| 第三节　税务会计的前提与原则 |

一、税务会计的基本前提

税务会计目标是提供有助于企业税务决策的信息，而企业错综复杂的经济业务会使会计实务存在种种不确定因素。因此，要进行正确的判断和估计，就要明确税务会计的基本前提（假定）。税务会计与财务会计关系密切，财务会计中的基本前提有些也适用于税务会计，如会计分期、货币计量等。但税务会计在具体运用时，也有其某些特殊性，如表 1 - 1 所示。

表 1 - 1　税务会计的基本前提

类别	具体内容
纳税主体	税法规定的直接负有纳税义务的单位和个人，亦称"纳税人"，包括自然人和法人。规定不同税种的不同纳税人，有利于体现税收政策中合理负担和区别对待的原则，协调国民经济各部门、各层次的关系。会计主体是财务会计为其服务的特定单位或组织，会计处理的数据和提供的财务信息，被严格限制在一个特定的独立的或相对独立的经营单位之内，典型的会计主体是企业，但纳税主体不一定都是会计主体
持续经营	持续经营前提意味着该企业个体将继续存在足够长的时间以实现它现在的承诺，如预期所得税在将来被继续课征。这是所得税款递延、亏损前溯或后转以及暂时性差异能够存在并且能够使用纳税影响会计法进行所得税跨期摊配的理由所在
货币时间价值	货币（资金）在其运行过程中具有增值能力。这一基本前提已成为税收立法、税务征管和纳税人选择会计方法的立足点，它深刻地揭示出了纳税人进行税务筹划的内在原因，也同时说明了所得税会计中采用"纳税影响会计法"进行纳税调整的必要性
纳税年度	纳税年度是指纳税人应向国家缴纳各种税款的起止时间。如我国所得税法规定，应纳税年度是指自公历 1 月 1 日起至 12 月 31 日止。纳税年度一般要根据国民经济各部门生产经营特点和纳税人缴纳税款数额的多少来确定。如纳税人在一个纳税年度的中间开业，或者由于合并、关闭等原因，使该纳税年度的实际经营期限不足 12 个月的，应当以其实际经营期限为一个纳税年度
年度会计核算	年度会计核算是税务会计中最根本的前提，即认为税制是建立在年度会计核算期间的基础上，而不是建立在某一特定业务的基础上。课税是针对某一特定纳税期间里发生的全部事件的净结果，而不考虑当期事件在后续年度中的可能结果如何，后续事件将在其发生的年度内考虑

二、税务会计的基本原则

由于税务会计与财务会计密切相关，因此，财务会计中的总体性要求原则、会计信息质量要求原则以及会计要素的确认与计量原则，大部分或基本上也都适用于税务会计。但又因税务会计与税法的特定联系，税收理论和立法中的实际支付能力原则、公平税负原则、程序优先于实体原则等，也会非常明显地影响税务会计。根据税务会计的特点，结合财务会计原则与税收原则，体现在税务会计上的特定原则归纳如表 1-2 所示。

表 1-2 税务会计的基本原则

类别	具体内容
修正的应计制原则	收付实现制突出地反映了税务会计的重要原则——现金流动原则（具体化为公平负税和支付能力）。该原则是确保纳税人有能力支付应纳税款而使政府获取财政收入的基础。但是，由于实现制不符合会计准则的规定，一般不能用于财务报告目的，一般只适用于个人和不从事商品购销业务的单位的纳税申报
与财务会计日常核算方法相一致原则	由于税务会计与财务会计的密切关系，税务会计一般应遵循各项财务会计准则。只有当某一事项按会计准则在财务报告日期确认以后，才能确认该事项按税法规定计量的应课税款；依据会计准则在财务报告日期尚未确认的事项可能影响到当日已确认的其他事项的最终应课税款，但只有在根据会计准则确认导致征税效应的事项之后，才予以确认这些征税效应，这就是"与日常核算方法相一致"的原则
划分营业收益与资本收益的原则	这两种收益具有不同的来源和不同的纳税责任，在税务会计中要求严格地划分。营业收益是指企业通过其经常性的主要经营活动而获得的收入，通常表现为现金流入或其他资产的增加或负债的减少，其内容包括主营业务收入和其他业务收入两个部分，其税额的课征标准一般按正常税率计征。资本收益是指在出售或交换税法规定的资本资产时所得的利益，一般包括纳税人除应收款项、存贷、经营中使用的地产和折旧资产，某些政府债券，以及除文学和其他艺术品的版权以外的资产。资本收益的课税标准具有许多不同于营业收益的特殊规定
配比原则	配比原则是财务会计的一般规范。将其应用于所得税会计，便成为支持"所得税跨期摊配"的重要指导思想。采纳所得税是一种费用的观点，意味着如果所得税符合确认与计量两个标准，则应计会计对于费用就是适宜的
确定性原则	确定性原则是指在所得税会计处理过程中，按所得税法的规定，在纳税收入和费用的实际实现上应具有确定性的性质。这一原则具体体现在"递延法"的处理中。在递延法下，当初的所得税率是可确证的，递延所得税是产生暂时性差异的历史交易事项造成的结果。按当初税率报告递延所得，符合会计是以历史成本基础报告绝大部分经济事项的特点，提高了会计信息的可信性

类别	具体内容
可预知性原则	可预知性原则是支持并规范"债务法"的原则。债务法关于递延所得税资产或负债的确认模式，是基于这样的前提：根据会计准则编制的资产负债表，所报告的资产和负债金额将分别收回或清偿。因此，未来年份应税收益只在逆转差异的限度内才被认可，即未来年份的应税收益仅仅受本年暂时性差异的影响，而不预期未来年份赚取的收益或发生的费用

|第四节   税务会计的任务与方法|

一、税务会计的任务

税务会计作为会计的一个分支，既要以国家税法为准绳，促使企业认真履行纳税义务，又要使企业在国家税法的允许范围内，追求企业纳税方面的经济利益。税务会计的任务如表 1 - 3 所示。

表 1 - 3   税务会计的任务

	具体内容
税务会计的任务	1. 反映和监督企业对国家税收法令、制度的贯彻执行情况，认真履行纳税义务，正确处理国家与企业的关系
	2. 按照国家现行税法所规定的税种、计税依据、纳税环节、税目、税率等，正确计算企业在纳税期内的应缴税款，并进行正确的会计处理
	3. 按照税务监缴机关的规定，及时、足额地缴纳各种税金，完成企业上缴任务，进行相应的会计处理
	4. 正确编制、及时报送会计报表和纳税申报表，认真执行税务机关的审查意见
	5. 进行企业税务活动的财务分析，不断提高企业执行税法的自觉性，不断捉高税务核算和税务管理水平，不断增强企业的纳税能力

二、税务会计的方法

税务会计的方法是实现税务会计目标的技术和措施。由于税务会计是财务会计中一个专门处理会计收益与应税收益之间差异的会计程序，其目的在于协调财务会计与税法之间的关系，并保证财务报告充分揭示真实的会计信息。因此，财务会计中所使用的一系列会计方法同样适用于税务会计。如财务会计中的账户设置、复式记账、审核和填制会计凭证、登记账簿、成本计算、财产清查、编报财务报告等。这就是说，税务会计并非是在财务会计之外另起炉灶，另设一套凭证、账簿、报表，而是在此基础上进行纳税计算和调整。

除上述相同部分外，税务会计也有其某些特定方法，如编制纳税申报表、填制税收缴款书、增值税专用发票的填制与审核、应交增值税明细表的编制，所得税会计中的应付税款法、纳税影响会计法，合并申报纳税方法以及税务筹划方法等。

第二章 增值税会计

本章导读

　　增值税是以商品（含应税劳务）在流转过程中产生的增值额作为计税依据而征收的一种流转税。在中华人民共和国境内销售货物或者提供加工、修理修配劳务，销售服务、无形资产、不动产以及进口货物的单位和个人为增值税的纳税人。增值税是中国最主要的税种之一，增值税的收入占中国全部税收的 60% 以上，是最大的税种。增值税由国家税务局负责征收，税收收入中 75% 为中央财政收入，25% 为地方收入。进口环节的增值税由海关负责征收，税收收入全部为中央财政收入。

　　本章将对增值税的概念和会计核算等问题进行详细的论述，争取达到为企业加强增值税管理的目的。

| 第一节　增值税概述 |

一、增值税的概述

（一）增值税的认识

　　增值税是以商品在流转过程中产生的增值额为计税依据而征收的一种流转税。所谓增值额，有理论增值额和法定增值额之分，具体种类如图 2-1

所示。

```
                ┌─────────────────────────────────────────────────────────┐
                │  理论增值额，是指生产者或经营者于一定时期内，在商品生产经营过程中  │
    ┌──────┐   │  新创造的那部分价值，包括工资、奖金、利息、利润和其他增值项目      │
    │增值额│   └─────────────────────────────────────────────────────────┘
    │种类  │
    └──────┘   ┌─────────────────────────────────────────────────────────┐
                │  法定增值额，是指各国根据各自的国情和政策，在其增值税法中明确规定  │
                │  的增值额。各国在确定法定增值额时，允许纳税人从其销售额或收入额中扣 │
                │  除的项目或范围有所不同，主要表现为对购进固定资产的处理方法不同    │
                └─────────────────────────────────────────────────────────┘
```

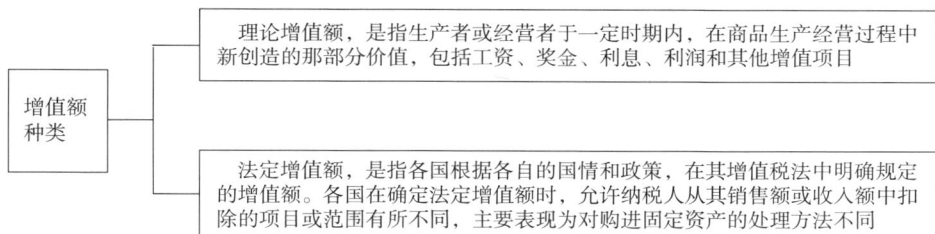

图 2-1　增值额种类

增值税之所以受到各国青睐，源于其自身设计具有的一系列特点，如图 2-2 所示。

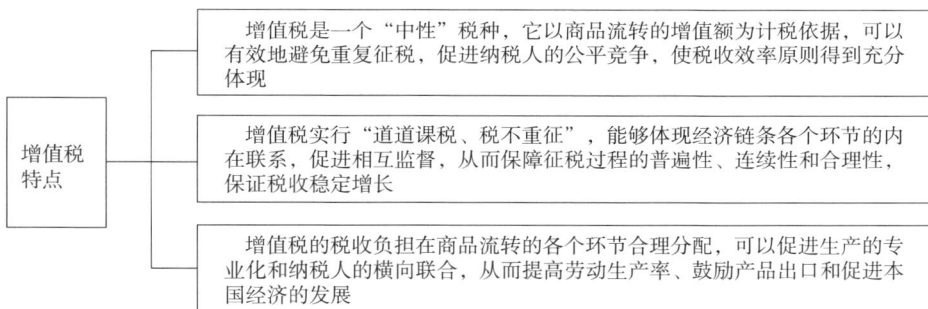

```
                ┌─────────────────────────────────────────────────────────┐
                │  增值税是一个"中性"税种，它以商品流转的增值额为计税依据，可以     │
                │  有效地避免重复征税，促进纳税人的公平竞争，使税收效率原则得到充分  │
    ┌──────┐   │  体现                                                     │
    │增值税│   └─────────────────────────────────────────────────────────┘
    │特点  │   ┌─────────────────────────────────────────────────────────┐
    └──────┘   │  增值税实行"道道课税、税不重征"，能够体现经济链条各个环节的内    │
                │  在联系，促进相互监督，从而保障征税过程的普遍性、连续性和合理性，  │
                │  保证税收稳定增长                                           │
                └─────────────────────────────────────────────────────────┘
                ┌─────────────────────────────────────────────────────────┐
                │  增值税的税收负担在商品流转的各个环节合理分配，可以促进生产的专    │
                │  业化和纳税人的横向联合，从而提高劳动生产率、鼓励产品出口和促进本  │
                │  国经济的发展                                              │
                └─────────────────────────────────────────────────────────┘
```

图 2-2　增值税特点

（二）增值税的分类

1. 增值税按纳税范围分类（图 2-3）

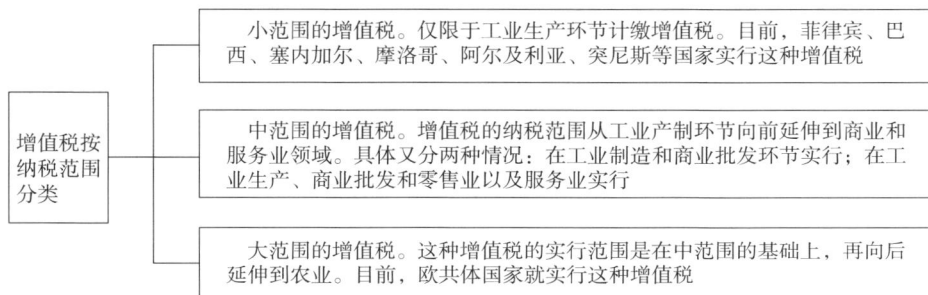

```
                ┌─────────────────────────────────────────────────────────┐
                │  小范围的增值税。仅限于工业生产环节计缴增值税。目前，菲律宾、巴    │
                │  西、塞内加尔、摩洛哥、阿尔及利亚、突尼斯等国家实行这种增值税      │
    ┌──────┐   └─────────────────────────────────────────────────────────┘
    │增值税按│  ┌─────────────────────────────────────────────────────────┐
    │纳税范围│  │  中范围的增值税。增值税的纳税范围从工业产制环节向前延伸到商业和  │
    │分类    │  │  服务业领域。具体又分两种情况：在工业制造和商业批发环节实行；在工 │
    └──────┘   │  业生产、商业批发和零售业以及服务业实行                        │
                └─────────────────────────────────────────────────────────┘
                ┌─────────────────────────────────────────────────────────┐
                │  大范围的增值税。这种增值税的实行范围是在中范围的基础上，再向后    │
                │  延伸到农业。目前，欧共体国家就实行这种增值税                   │
                └─────────────────────────────────────────────────────────┘
```

图 2-3　增值税按纳税范围分类

2. 增值税按纳税基数分类（图2-4）

| 增值税按纳税基数分类 | 生产型增值税，是指在计算应纳税额时，只允许从当期销项税额中扣除原材料等劳动对象的已纳税款，而不允许扣除固定资产所含税款的增值税。生产型增值税以销售收入总额减去所购中间产品价值后的余额为税基 |
| 收入型增值税，是指在计算应纳税额时，除扣除中间产品已纳税款，还允许在当期销项税额中扣除固定资产折旧部分所含税金。收入型增值税以销售收入总额减去所购中间产品价值与固定资产折旧额后的余额为税基 |
| 消费型增值税，是指在计算应纳税额时，除扣除中间产品已纳税款，对纳税人购入固定资产的已纳税款，允许一次性地从当期销项税额中全部扣除，从而使纳税人用于生产应税产品的全部外购生产资料都不负担税款。消费型增值税以销售收入总额减去所购中间产品价值与固定资产投资额后的余额为税基 |

图2-4　增值税分类

　　我国原来开征的是生产型增值税，2009年1月1日后全面改征消费型增值税，实现了"增值税转型"。尽管增值税转型短期内会造成税收的减收效应，但是，由于外购生产经营用固定资产的成本可以凭增值税专用发票一次性全部扣除，更有利于进行税收征管，也有利于鼓励投资，加速设备更新。因而，消费型增值税被认为最能体现增值税的优越性。

（三）增值税的优点

　　与传统流转税相比，增值税主要优点如图2-5所示。

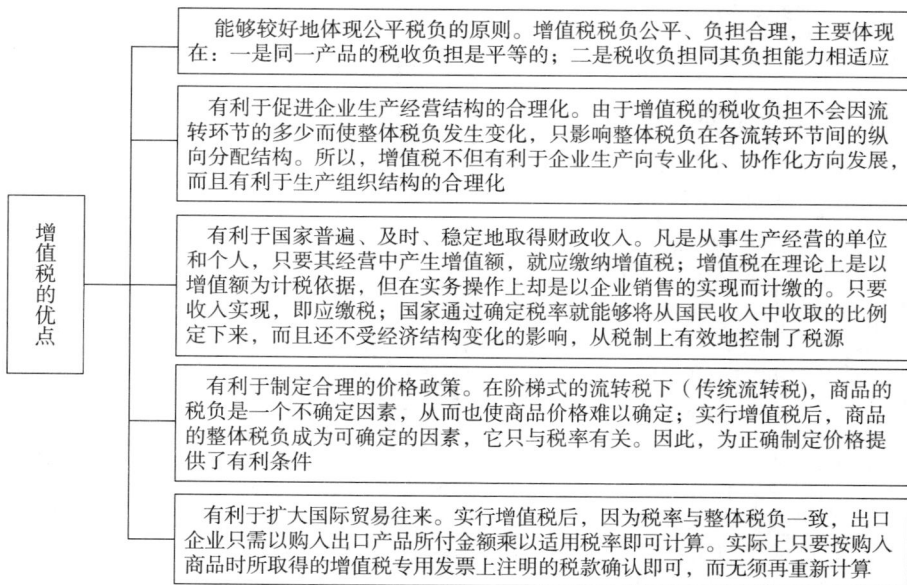

| 增值税的优点 | 能够较好地体现公平税负的原则。增值税税负公平、负担合理，主要体现在：一是同一产品的税收负担是平等的；二是税收负担同其负担能力相适应 |
| 有利于促进企业生产经营结构的合理化。由于增值税的税收负担不会因流转环节的多少而使整体税负发生变化，只影响整体税负在各流转环节间的纵向分配结构。所以，增值税不但有利于企业生产向专业化、协作化方向发展，而且有利于生产组织结构的合理化 |
| 有利于国家普遍、及时、稳定地取得财政收入。凡是从事生产经营的单位和个人，只要其经营中产生增值额，就应缴纳增值税；增值税在理论上是以增值额为计税依据，但在实务操作上却是以企业销售的实现而计缴的。只要收入实现，即应缴纳；国家通过确定税率就能够将从国民收入中收取的比例定下来，而且还不受经济结构变化的影响，从税制上有效地控制了税源 |
| 有利于制定合理的价格政策。在阶梯式的流转税下（传统流转税），商品的税负是一个不确定因素，从而也使商品价格难以确定；实行增值税后，商品的整体税负成为可确定的因素，它只与税率有关。因此，为正确制定价格提供了有利条件 |
| 有利于扩大国际贸易往来。实行增值税后，因为税率与整体税负一致，出口企业只需将购入出口产品所付金额乘以适用税率即可计算。实际上只要按购入商品时所取得的增值税专用发票上注明的税款确认即可，而无须再重新计算 |

图2-5　增值税的优点

二、增值税的纳税人及其分类

（一）增值税的纳税人

根据《营业税改增值税试点实施办法》（财税〔2016〕36 号）及《中华人民共和国增值税暂行条例》（以下简称《增值税暂行条例》）的规定，凡在中华人民共和国境内销售货物或者加工、修理修配劳务，销售服务、无形资产、不动产以及进口货物的单位和个人，为增值税的纳税人，具体内容如图 2 - 6 所示。

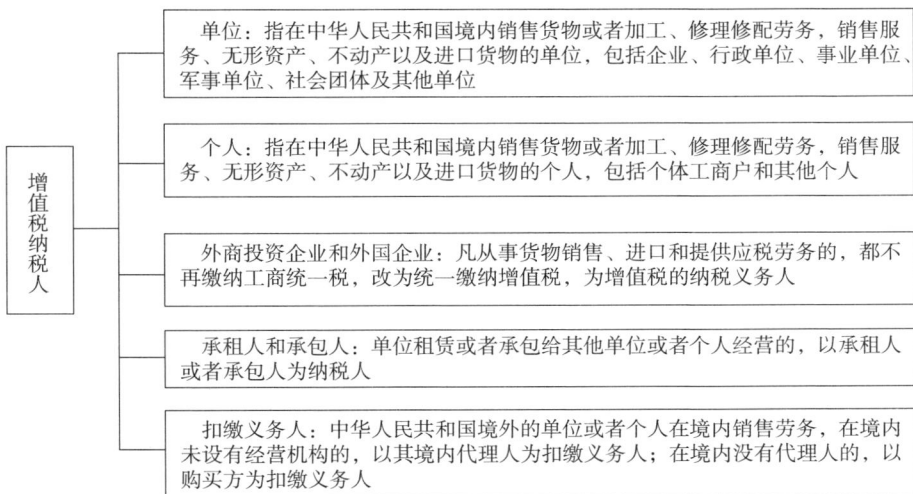

图 2 - 6　增值税纳税人

（二）增值税纳税人的分类

根据纳税人的经营规模以及会计核算的健全程度不同，增值税纳税人可以分为小规模纳税人和一般纳税人。

1. 小规模纳税人

小规模纳税人是指年销售额在规定标准以下，并且会计核算不健全，不能按规定报送有关税务资料的增值税纳税人。会计核算不健全是指不能正确核算增值税的销项税额、进项税额和应纳税额。

根据《增值税暂行条例》及其实施细则和《营业税改征增值税试点实施办法》（财税〔2016〕36 号）及相关文件规定，小规模纳税人的标准是：

（1）一般规定。

为完善增值税制度，进一步支持中小微企业发展，现将统一增值税小规模纳税人标准如下：

①增值税小规模纳税人标准为年应征增值税销售额 500 万元及以下。

②按照《中华人民共和国增值税暂行条例实施细则》第 28 条规定，已登记为增值税一般纳税人的单位和个人，在 2018 年 12 月 31 日前，可转登记为小规模纳税人，其未抵扣的进项税额作转出处理。

（2）特殊规定。

年应税销售额超过小规模纳税人标准的其他个人按小规模纳税人纳税；年应税销售额超过规定标准但不经常发生应税行为的单位和个体工商户，以及非企业性单位、不经常发生应税行为的企业，可选择按照小规模纳税人纳税。

旅店业和饮食业纳税人销售非现场消费的食品，属于不经常发生增值税应税行为，自 2013 年 5 月 1 日起，可以选择按小规模纳税人缴纳增值税。

兼有销售货物、提供加工修理修配劳务以及应税服务，且不经常发生应税行为的单位和个体工商户可选择按小规模纳税人纳税。

小规模纳税人的标准由国务院财政、税务主管部门规定。

2. 一般纳税人

除上述小规模纳税人以外的其他纳税人属于一般纳税人。年应税销售额超过认定标准的小规模纳税人，应当向主管税务机关申请一般纳税人资格认定。除国家税务总局另有规定外，纳税人一经认定为一般纳税人后，不得转为小规模纳税人。

有下列情形之一者，应按销售额依照增值税税率计算应纳税额，不得抵扣进项税额，也不得使用增值税专用发票：

（1）一般纳税人会计核算不健全，或者不能够提供准确税务资料的；

（2）除年应税销售额超过小规模纳税人标准的其他个人、非企业性单位、不经常发生应税行为的企业，可选择按小规模纳税人纳税外，纳税人销售额超过小规模纳税人标准，未申请办理一般纳税人认定手续的。

区分一般纳税人和小规模纳税人的重要意义在于，两者的税法地位、计税方法都是不同的。两者的税法地位或称税法待遇的差别主要表现在：一般纳税人可以使用增值税专用发票，并可以用购进扣税法抵扣发票上注明的已纳增值税额。而小规模纳税人则不得使用增值税专用发票，也不能进行税款抵扣。正由于两者在税法地位上的差异，计税方法也各有不同。

三、增值税的纳税范围

增值税的征收范围，包括销售货物、提供应税劳务、销售服务、销售无形资产、销售不动产和进口货物。

（一）销售货物

"货物"是指有形动产，包括电力、热力和气体在内。销售货物是指有偿转让货物的所有权。"有偿"不仅指从购买方取得货币，还包括取得货物或其他经济利益。

1. 一般销售货物

一般销售货物，是指通常情况下，在中国境内有偿转让货物的所有权。货物是指除土地、房屋和其他建筑物等不动产之外的有形动产，包括电力、热力、气体在内；有偿是指从购买方取得货币、货物或者其他经济利益。

2. 视同销售货物

单位或者个体工商户的下列行为，虽然没有取得销售收入，也视同销售货物，依法应当缴纳增值税，视同销售货物的具体情况如图2-7所示。

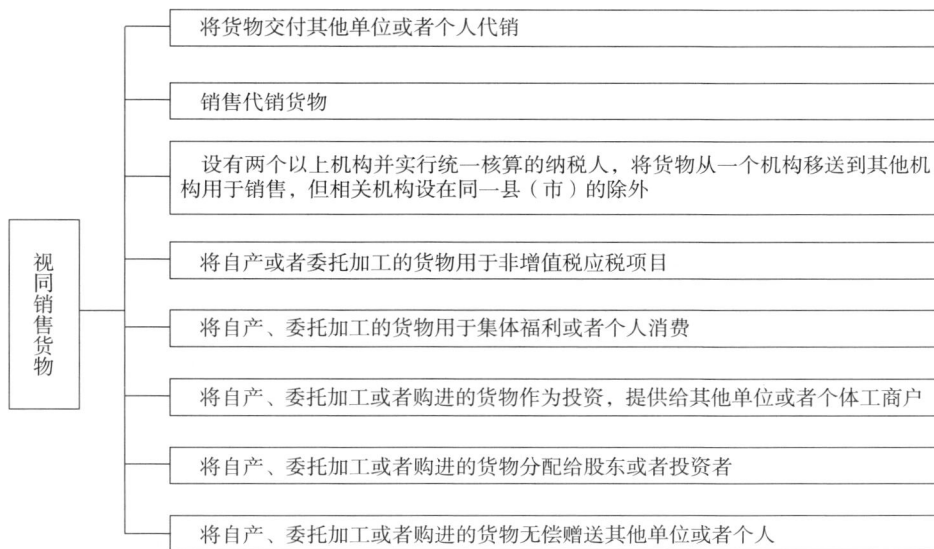

图2-7　视同销售货物

3. 混合销售

混合销售，是指一项销售行为既涉及货物又涉及应税劳务的情形。

纳税人的下列混合销售行为，应当分别核算货物的销售额和应税劳务的营业额，并根据其销售货物的销售额及相应税率计算缴纳增值税，应税劳务根据相应税率缴纳增值税；未分别核算的，由主管税务机关核定从高缴纳增值税：

（1）销售自产货物并同时提供建筑业劳务的行为；

（2）财政部、国家税务总局规定的其他情形。

除上述规定外，从事货物的生产、批发或者零售的企业、企业性单位和个体工商户的混合销售行为，视为销售货物，应当缴纳增值税；其他单位和个人的混合销售行为，视为提供增值税应税劳务，按低税率缴纳增值税。混合销售行为依照前述规定应当缴纳增值税的，该混合销售行为所涉及的增值税应税劳务所用购进货物的进项税额，符合《增值税暂行条例》有关规定的，准予从销项税额中抵扣。

有关混合销售的具体规定，主要有：

（1）从事运输业务的单位与个人，发生销售货物并负责运输，所售货物的混合销售行为，征收增值税。

（2）电信局及经电信局批准的其他从事电信业务的单位销售无线寻呼机、移动电话，并为客户提供有关的电信劳务服务，按应税劳务征收增值税；单独销售无线寻呼机、移动电话，不提供有关的电信劳务服务的，征收增值税。

（3）纳税人销售林木以及销售林木的同时提供林木管护劳务的行为，征收增值税；纳税人单独提供林木管护劳务行为，属于增值税应税劳务征收范围。

（4）纳税人销售软件产品并随同销售一并收取的软件安装费、维护费、培训费等收入，应按照增值税混合销售的有关规定征收增值税。对软件产品交付使用后，按期或按次收取的维护、技术服务费、培训费等按应税劳务征收增值税。

增值税征税范围包括货物的生产、批发、零售和进口四个环节，2016年5月1日以后，伴随着营业税改征增值税试点实施办法以及相关配套政策的实施，"营改增"试点行业扩大到销售服务、无形资产或者不动产（以下称应税行为），增值税的征税范围覆盖第一产业、第二产业和第三产业。

（二）提供加工和修理修配劳务

加工是指接收来料承做货物，加工后的货物所有权仍属于委托者的业务，即通常所说的委托加工业务。委托加工业务是指由委托方提供原料及主要材料，受托方按照委托方的要求制造货物并收取加工费的业务。修理修配是指受托对损伤和丧失功能的货物进行修复，使其恢复原状和功能的业务。这里的"提供加工和修理修配劳务"都是指有偿提供加工和修理修配劳务。但单位或个体工商户聘用的员工为本单位或雇主提供加工、修理修配劳务则不包括在内。

（三）销售服务

销售服务，是指提供交通运输服务、邮政服务、电信服务、建筑服务、金融服务、现代服务、生活服务。

1. 交通运输服务

交通运输服务，是指使用运输工具将货物或者旅客送达目的地，使其空间位置得到转移的业务活动。包括陆路运输服务、水路运输服务、航空运输服务和管道运输服务。

2. 邮政服务

邮政服务，是指中国邮政集团公司及其所属邮政企业提供邮件寄递、邮政汇兑和机要通信等邮政基本服务的业务活动。包括邮政普遍服务、邮政特殊服务和其他邮政服务。

（1）邮政普遍服务。

邮政普遍服务，是指函件、包裹等邮件寄递，以及邮票发行、报刊发行和邮政汇兑等业务活动。

（2）邮政特殊服务。

邮政特殊服务，是指义务兵平常信函、机要通信、盲人读物和革命烈士遗物的寄递等业务活动。

（3）其他邮政服务。

其他邮政服务，是指邮册等邮品销售、邮政代理等业务活动。

中国邮政速递物流股份有限公司及其子公司（含各级分支机构），不属于中国邮政集团公司所属邮政企业。

3. 电信服务

电信服务，是指利用有线、无线的电磁系统或者光电系统等各种通信网络资源，提供语音通话服务，传送、发射、接收或者应用图像、短信等电子数据和信息的业务活动。包括基础电信服务和增值电信服务。

（1）基础电信服务，是指利用固网、移动网、卫星、互联网，提供语音通话服务的业务活动，以及出租或者出售宽带、波长等网络元素的业务活动。

（2）增值电信服务，是指利用固网、移动网、卫星、互联网、有线电视网络，提供短信和彩信服务、电子数据和信息的传输及应用服务、互联网接入服务等业务活动。

4. 建筑服务

建筑服务，是指对各类建筑物、构筑物及其附属设施的建造、修缮、装饰，进行线路、管道、设备、设施等的安装以及其他工程作业的业务活动。包括工程服务、安装服务、修缮服务、装饰服务和其他建筑服务。

5. 金融服务

金融服务，是指经营金融保险的业务活动。包括贷款服务、直接收费金融服务、保险服务和金融商品转让。

（1）贷款服务。

贷款，是指将资金贷予他人使用而取得利息收入的业务活动。

各种占用、拆借资金取得的收入，包括金融商品持有期间（含到期）利息（保本收益、报酬、资金占用费、补偿金等）收入、信用卡透支利息收入、买入返售金融商品利息收入、融资融券收取的利息收入，以及融资性售后回租、押汇、罚息、票据贴现、转贷等业务取得的利息及利息性质的收入，按照贷款服务缴纳增值税。

融资性售后回租，是指承租方以融资为目的，将资产出售给从事融资性售后回租业务的企业后，从事融资性售后回租业务的企业将该资产出租给承租方的业务活动。

以货币资金投资收取的固定利润或者保底利润，按照贷款服务缴纳增值税。

（2）直接收费金融服务。

直接收费金融服务，是指为货币资金融通及其他金融业务提供相关服务并且收取费用的业务活动。包括提供货币兑换、账户管理、电子银行、信用卡、信用证、财务担保、资产管理、信托管理、基金管理、金融交易场所（平台）管理、资金结算、资金清算、金融支付等服务。

（3）保险服务。

保险服务，是指投保人根据合同约定，向保险人支付保险费，保险人对于合同约定的可能发生的事故因其发生所造成的财产损失承担赔偿保险金责任，或者当被保险人死亡、伤残、疾病或者达到合同约定的年龄、期限等条件时承担给付保险金责任的商业保险行为，包括人身保险服务和财产保险服务。

人身保险服务，是指以人的寿命和身体为保险标的的保险业务活动。

财产保险服务，是指以财产及其有关利益为保险标的的保险业务活动。

（4）金融商品转让。

金融商品转让，是指转让外汇、有价证券、非货物期货和其他金融商品所有权的业务活动。

其他金融商品转让包括基金、信托、理财产品等各类资产管理产品和各种金融衍生品的转让。

6. 现代服务

现代服务，是指围绕制造业、文化产业、现代物流产业等提供技术性、知识性服务的业务活动，包括研发和技术服务、信息技术服务、文化创意服务、物流辅助服务、租赁服务、鉴证咨询服务、广播影视服务、商务辅助服务和其他现代服务。

7. 生活服务

生活服务，是指为满足城乡居民日常生活需求提供的各类服务活动，包括文化体育服务、教育医疗服务、旅游娱乐服务、餐饮住宿服务、居民日常服务和其他生活服务。

（四）销售无形资产

销售无形资产，是指有偿转让无形资产，是转让无形资产所有权或者使用权的业务活动。

无形资产，是指不具实物形态，但能带来经济利益的资产，包括技术、商标、著作权、商誉、自然资源使用权和其他权益性无形资产。

技术，包括专利技术和非专利技术。

自然资源使用权，包括土地使用权、海域使用权、探矿权、采矿权、取水权和其他自然资源使用权。

其他权益性无形资产，包括基础设施资产经营权、公共事业特许权、配额、经营权（包括特许经营权、连锁经营权、其他经营权）、经销权、分销权、代理权、会员权、席位权、网络游戏虚拟道具、域名、名称权、肖像权、冠名权、转会费等。

（五）销售不动产

销售不动产，是指有偿转让不动产，是转让不动产所有权的业务活动。

不动产，是指不能移动或者移动后会引起性质、形状改变的财产，包括建筑物、构筑物等。建筑物，包括住宅、商业营业用房、办公楼等可供居住、工作或者进行其他活动的建造物。构筑物，包括道路、桥梁、隧道、水坝等建造物。

转让建筑物有限产权或者永久使用权的，转让在建的建筑物或者构筑物所有权的，以及在转让建筑物或者构筑物时一并转让其所占土地的使用权的，按照销售不动产缴纳增值税。

有偿，是指取得货币、货物或者其他经济利益。

（六）进口货物

进口货物是指申报进入我国海关境内的货物。确定一项货物是否属于进口货物，必须看其是否办理了报关进口手续。通常，境外产品要输入境内，必须向我国海关申报进口，并办理有关报关手续。只要是报关进口的应税货物，均属于增值税征税范围，在进口环节缴纳增值税（享受免税政策的货物除外）。

（七）相关政策

1. 非营业活动的界定

销售服务、无形资产或者不动产，是指有偿提供服务、有偿转让无形资产或者不动产，但属于下列非经营活动的情形除外：

（1）行政单位收取的同时满足以下条件的政府性基金或者行政事业性收费。

由国务院或者财政部批准设立的政府性基金，由国务院或者省级人民政府及其财政、价格主管部门批准设立的行政事业性收费；

收取时开具省级以上（含省级）财政部门监（印）制的财政票据；

所收款项全额上缴财政。

（2）单位或者个体工商户聘用的员工为本单位或者雇主提供取得工资的服务。

（3）单位或者个体工商户为员工提供应税服务。

（4）财政部和国家税务总局规定的其他情形。

2. 境内销售服务或无形资产的界定

在境内销售服务或无形资产，是指销售服务或无形资产的提供方或者接受方在境内。

下列情形不属于在境内提供销售服务或无形资产：

（1）境外单位或者个人向境内单位或者个人销售完全在境外发生的服务。

（2）境外单位或者个人向境内单位或者个人销售完全在境外使用的无形资产。

（3）境外单位或者个人向境内单位或者个人出租完全在境外使用的有形动产。

（4）财政部和国家税务总局规定的其他情形。

四、增值税的税率

增值税均实行比例税率。绝大多数一般纳税人适用基本税率、低税率或零税率；小规模纳税人和采用简易办法征税的一般纳税人适用征收率。

（一）基本税率

基本税率，又称标准税率，适用于大多数征税对象，体现了增值税税负的轻重。基本税率的高低与各国的经济状况、税收政策、收入水平以及历史形成的税负水平相关联。我国增值税的基本税率为13%。

（二）低税率

低税率，又称轻税率，适用于税法列举的体现一定税收优惠政策的项目。设置低税率的根本目的是鼓励消费，或者说是保证消费者对基本生活必需品的消费。

我国增值税的低税率为9%。根据《增值税暂行条例》及相关规定，9%的低税率适用情况如图2-8所示。

| 适用低税率的货物 | 粮食、食用植物油。淀粉不属于农产品的范围，应按照13%征收增值税 |

自来水、暖气、冷气、热水、煤气、石油液化气、天然气、沼气、居民用煤炭制品

图书、报纸、杂志

饲料、化肥、农药、农机、农膜。纳税人销售饲料级磷酸二氢钙产品，不得开具增值税专用发票；凡开具专用发票的，不得享受免征增值税政策，应全额缴纳增值税

农产品：植物类包括粮食、蔬菜、烟叶、茶叶、园艺植物、药用植物、油料植物、纤维植物、糖料植物、林业产品以及其他植物等。动物类包括水产品、畜牧产品、蛋类产品、鲜奶、动物皮张、动物毛绒以及其他动物组织。对鲜奶以及按照《食品营养强化剂使用卫生标准》在鲜奶中添加微量元素生产的鲜奶，按9%的低税率征收增值税

音像制品：是指正式出版的录有内容的录音带、录像带、唱片、激光唱盘和激光视盘

电子出版物：是指以数字代码方式，使用计算机应用程序，将图文声像等内容信息编辑加工后存储在具有确定的物理形态的磁、光、电等介质上，通过内嵌在计算机、手机、电子阅读设备、电子显示设备、数字音/视频播放设备、电子游戏机、导航仪以及其他具有类似功能的设备上读取使用，具有交互功能，用以表达思想、普及知识和积累文化的大众传播媒体

食用盐：工业盐的增值税税率为13%，食用盐采用9%的低税率

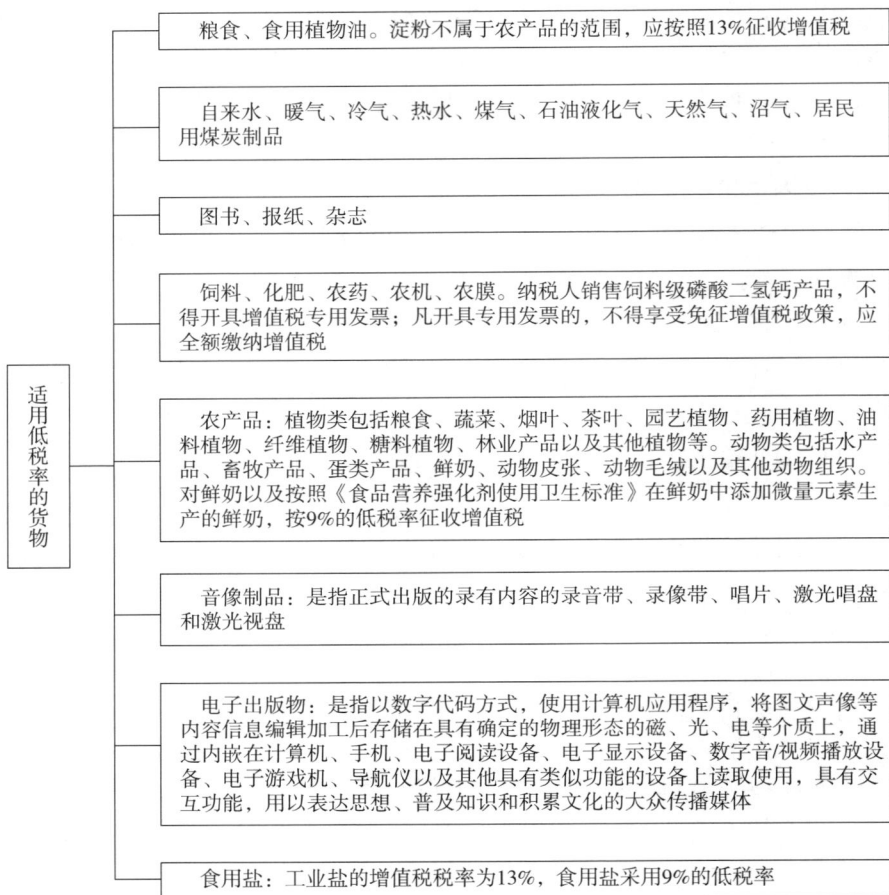

图 2-8 适用低税率的货物

（三）零税率

零税率，即税率为零，仅适用于法律不限制或不禁止的报关出口的货物，以及输往海关管理的保税工厂、保税仓库和保税区的货物。国务院另有规定的某些货物，不适用零税率。目前，不适用零税率的出口货物包括原油、柴油、援外货物、天然牛黄、麝香、铜及铜基合金、白银、糖、新闻纸等。

零税率不等于免税，免税只是规定某一纳税环节的应纳税额等于零。实行零税率不但不必缴税，而且还可以退还以前纳税环节所纳的税，也就是说，零税率意味着退税。

（四）增值税征收率

增值税征收率是指对特定的货物或特定的纳税人发生应税销售行为在某一生产流通环节应纳税额与销售额的比率。增值税征收率适用于两种情况，一是小规模纳税人；二是一般纳税人发生应税销售行为按规定可以选择简易计税方法计税的。

1. 征收率的一般规定

（1）下列情况适用 3% 征收率。

①小规模纳税人销售货物或加工、修理修配劳务。

②销售应税服务、无形资产。

③一般纳税人发生按规定适用或可以选择适用简易计税方法计税的特定应税行为，但适用 5% 征收率的除外。

（2）下列情况适用 5% 征收率。

①销售不动产。

②经营租赁不动产（土地使用权）。

③转让营改增前取得的土地使用权。

④房地产开发企业销售、出租自行开发的房地产老项目。

⑤一级、二级公路、桥、闸（老项目）通行费。

⑥特定的不动产融资租赁。

⑦选择差额纳税的劳动服务派遣、安全保护服务。

⑧一般纳税人提供人力资源外包服务。

⑨中外合作油气田开采的原油、天然气。

⑩个人出租住房，应按照 5% 的征收率减按 1.5% 计算应纳税额。

2. 征收率的特殊政策

（1）适用 3% 征收率的某些一般纳税人和小规模纳税人可以减按 2% 计征增值税。

①一般纳税人销售自己使用过的属于《增值税暂行条例》第十条不得抵扣且未抵扣进项税固定资产，按照简易办法 3% 的征收率减按 2% 征收增值税。

②小规模纳税人销售自己使用过的固定资产，减按 2% 征收率征收增值税。

③纳税人销售旧货，按照简易办法 3% 的征收率减按 2% 征收增值税。

（2）提供物业管理服务的纳税人，向服务接受方收取的自来水水费，以扣除对外支付的自来水水费后的余额为销售额，按照简易办法 3% 的征收率计算缴纳增值税。

（3）小规模纳税人提供劳务派遣服务，以取得的全部价款和价外费用为销售额，按照简易办法 3% 的征收率计算缴纳增值税。

（4）非企业性单位中的一般纳税人提供的研发、信息技术服务、鉴证咨询、销售技术和著作权等无形资产，可以选择简易办法 3% 的征收率计算缴纳增值税。

（5）一般纳税人提供教育辅导服务的，可以选择简易办法 3% 的征收率计算缴纳增值税。

五、增值税的应纳税额

增值税的应纳税额的计算较为复杂，需要分为三种情况：一般纳税人销售货物或提供应税劳务、小规模纳税人销售货物或提供应税劳务以及一般纳税人、小规模纳税人进口货物。

（一）一般纳税人应纳税额的计算

一般纳税人销售货物或提供应税劳务，其应纳税额运用扣税法计算。计算公式为：

$$应纳税额 = 当期销项税额 - 当期进项税额$$

"当期"是个重要的时间限定，是指税务机关依照税法规定对纳税人确定的纳税期限。只有在纳税期限内实际发生的销项税额、进项税额，才是法定的当期销项税额、进项税额。

1. 当期销项税额的确定

当期销项税额，是指当期销售货物或提供应税劳务的纳税人，依其销售额和法定税率计算并向购买方收取的增值税税款。其计算公式为：

$$当期销项税额 = 销售额 \times 税率$$

或 $$当期销项税额 = 组成计税价格 \times 税率$$

当期销售额的确定是应纳税额计算的关键，对此，税法的具体规定如下：

（1）销售额为纳税人销售货物或提供应税劳务而向购买方收取的全部价款和价外费用。但下列项目不包括在内：

①受托加工应征消费税的消费品所代收代缴的消费税。

②同时符合以下条件的代垫运费：承运部门的运输费用发票开具给购买方的，纳税人将该项发票转交给购货方的。

③同时符合以下条件代为收取的政府性基金或者行政事业收费：由国务院或者财政部批准设立的政府性基金，由国务院或者省级人民政府及其财政、价格主管部门批准设立的行政事业性收费；收取时开具省级以上财政部门印制的财政票据；所收款项全额上缴财政。

④销售货物的同时代办保险等而向购买方收取的保险费，以及向购买方收取的代购买方缴纳的车辆购置税、车辆牌照费。

（2）如果销售收入中包含了销项税额，则应将含税销售额换算成不含税销售额。属于含税销售收入的有普通发票的价款、零售价格、价外收入、非应税劳务征收增值税。不含税销售额的计算公式为：

$$不含税销售额 = 含税销售额 \div (1 + 增值税税率)$$

（3）混合销售行为依法应当缴纳增值税的，其销售额为货物的销售额与非应税劳务营业额的合计。

（4）纳税人有价格明显偏低并无正当理由或者有视同销售货物行为而无销售额者，按下列顺序确定销售额：

①按纳税人最近时期同类货物的平均销售价格确定；

②按其他纳税人最近时期同类货物的平均销售价格确定；

③按组成计税价格确定。其计算公式为：

$$组成计税价格 = 成本 \times (1 + 成本利润率)$$

如该货物属于征收消费税的范围，其组成计税价格中应加计消费税税额。其计算公式为：

$$组成计税价格 = 成本 \times (1 + 成本利润率) + 消费税税额$$

或　　$$组成计税价格 = 成本 \times (1 + 成本利润率) \div (1 - 消费税税率)$$

"成本"分为两种情况：①销售自产货物的为实际生产成本；②销售外购货物的为实际采购成本。"成本利润率"根据规定统一为10%，但属于从价定率征收消费税的货物，其组成计税价格公式中的成本利润率为《消费税若干具体问题的规定》中规定的成本利润率。

（5）纳税人为销售货物而出租、出借包装物收取的押金，单独记账核算的，且时间在1年以内，又未过期的，不并入销售额，税法另有规定的除外。属于应并入销售额征税的押金，在将包装物押金并入销售额征税时，需要先将该押金换算为不含税价，再并入销售额征税。包装物押金不应混同于包装物租金，包装物租金在销货时，应作为价外费用并入销售额计算销项税额。

（6）以折扣方式销售货物。纳税人以折扣方式销售货物情况如图2-9所示。

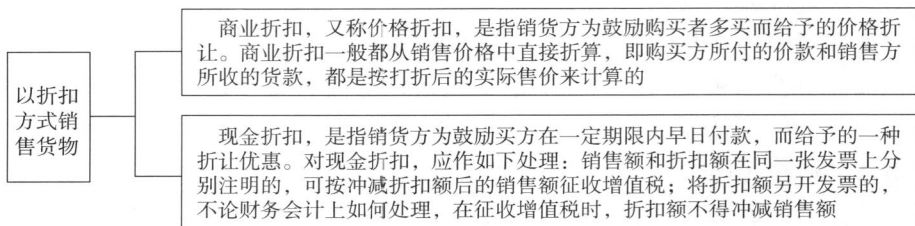

```
            ┌─────────────────────────────────────────────────────┐
            │  商业折扣，又称价格折扣，是指销货方为鼓励购买者多买而给予的价格折   │
            │  让。商业折扣一般都从销售价格中直接折算，即购买方所付的价款和销售方   │
以折扣        │  所收的货款，都是按打折后的实际售价来计算的                 │
方式    ─────┤                                                     │
销售货物       ├─────────────────────────────────────────────────────┤
            │  现金折扣，是指销货方为鼓励买方在一定期限内早日付款，而给予的一种    │
            │  折让优惠。对现金折扣，应作如下处理：销售额和折扣额在同一张发票上分   │
            │  别注明的，可按冲减折扣额后的销售额征收增值税；将折扣额另开发票的，   │
            │  不论财务会计上如何处理，在征收增值税时，折扣额不得冲减销售额       │
            └─────────────────────────────────────────────────────┘
```

图2-9　以折扣方式销售货物

（7）纳税人采取以旧换新方式销售货物，应按新货物的同期销售价格确定销售额。以旧换新销售，是指纳税人在销售过程中，折价收回同类旧货物，并以折价款部分冲减货物价款的一种销售方式。但税法规定，对金银首饰以旧换新业务，可以按照销售方实际收取的不含增值税的全部价款征收增值税。

（8）采取以物易物方式销售货物。以物易物，是指购销双方不是以货币结算，而是以同等价款的货物相互结算，实现货物购销的一种方式。以物易物双方都应作购销处理，以各自发出的货物核算销售额并计算销项税额，以各自收到的货物按规定核算购货额并计算进项税额。应注意的是，在以物易物活动中，应分别开具合法的票据，如收到的货物不能取得相应的增值税专用发票或其他合法票据的，不能抵扣进项税额。

（9）油气田企业跨省、自治区、直辖市提供生产性劳务，应当在劳务发生地按3%预征率计算缴纳增值税。在劳务发生地预缴的税款可以从其应纳增值税中抵减。

2. 当期进项税额的确定

当期进项税额是指纳税人当期购进货物或者应税劳务已缴纳的增值税

税额。它主要体现在从销售方取得的增值税专用发票上或海关进口增值税专用缴款书上。消费型增值税允许纳税人在计算增值税税额时，从商品和劳务销售额中扣除当前购进的生产经营用固定资产总额。

准予从销项税额中抵扣进项税额的情况，主要包括内容如图 2－10 所示。

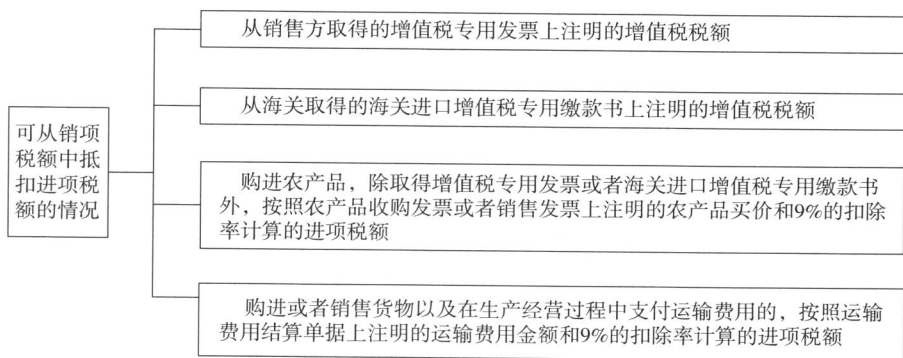

图 2－10　可从销项税额中抵扣进项税额的情况

下列项目的进项税额不得从销项税额中抵扣：

（1）用于非增值税应税项目、免征增值税项目、集体福利或者个人消费的购进货物或者应税劳务。其中，购进货物不包括既用于增值税应税项目（不含免征增值税项目）也用于非增值税应税项目、免征增值税（以下简称免税）项目、集体福利或者个人消费的固定资产；

（2）非正常损失的购进货物及相关的应税劳务；

（3）非正常损失的产品、库存商品所耗用的购进货物或者应税劳务；

（4）国务院财政、税务主管部门规定的纳税人自用消费品；

（5）前4项规定的货物的运输费用和销售免税货物的运输费用。

已抵扣进项税额的购进货物或者应税劳务，发生前述5种情形的（免税项目、非应税劳务除外），应将该项购进货物或者应税劳务的进项税额从当期发生的进项税额中扣减。无法确定该项进项税额的，按当期实际成本计算应扣减的进项税额。

（6）小规模纳税人不得抵扣进项税额。但是，一般纳税人取得由税务所为小规模纳税人代开的增值税专用发票，可以将专用发票上填写的税额作为进项税额计算抵扣；

（7）进口货物，在海关计算缴纳进口环节增值税税额（海关进口增值税专用缴款书上注明的增值税税额）时，不得抵扣发生在中国境外的各种税金（包括销项税额）；

（8）因进货退出或折让而收回的进项税额，应从发生进货退出或折让当期的进项税额中扣减；

（9）按简易办法征收增值税的优惠政策，不得抵扣进项税额。

3. 增值税进项税额抵扣时限

除农产品收购发票、销售发票外，其他增值税抵扣凭证进行认证、申报抵扣的时限规定如图2-11所示。

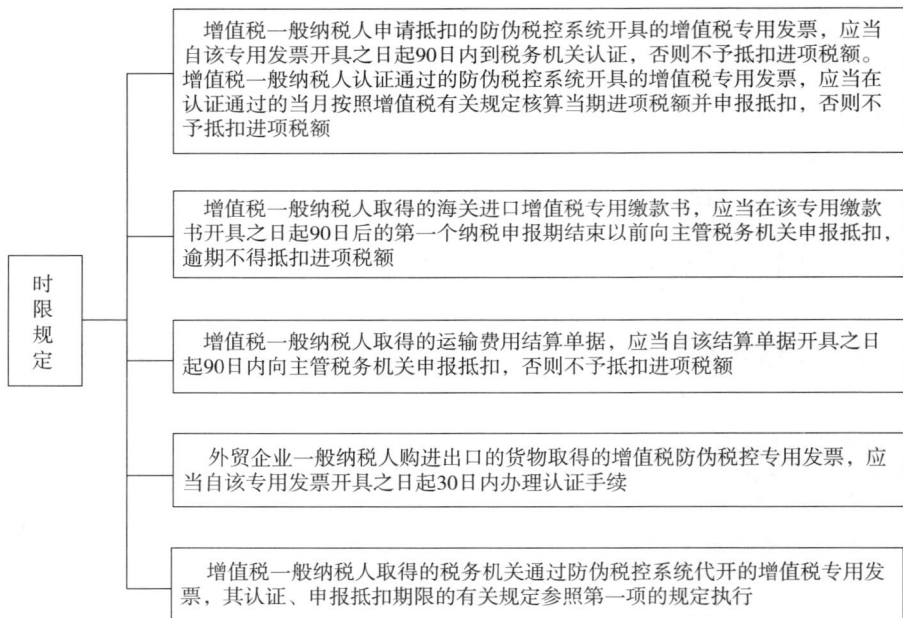

图2-11 时限规定

4. 按简易办法征收增值税的计算

（1）一般纳税人销售自己使用过的物品和旧货，适用按简易办法依3%征收率减半征收增值税政策的，按下列公式确定销售额和应纳税额：

$$销售额 = 含税销售额 \div (1 + 3\%)$$

$$应纳税额 = 销售额 \times 2\%$$

（2）一般纳税人销售自产的货物，选择按照简易办法依照3%征收率计算缴纳增值税的，不抵扣进项税额，按下列公式确定销售额和应纳税额：

$$销售额＝含税销售额÷（1＋3\%）$$
$$应纳税额＝销售额×3\%$$

（3）一般纳税人销售货物，暂按简易办法依照3%征收率计算缴纳增值税的，不抵扣进项税额，按下列公式确定销售额和应纳税额：

$$销售额＝含税销售额÷（1＋3\%）$$
$$应纳税额＝销售额×3\%$$

【例2-1】 某厂为增值税一般纳税人，2×19年11月销售产品，开出增值税专用发票，销售额为120 000元，销项税额为15 600元；销售给小规模纳税人产品，开普通发票，销售额为40 000元（含税）；将一批成本为100 000元的产品对外投资。当月购料，取得增值税专用发票，价款为60 000元，税额为7 800元；购进免税农产品为25 000元；当月用水为27 600元，增值税专用发票注明税额为2 484元。

计算该企业当月应交增值税如下：

（1）销项税额的计算：

销售给小规模纳税人销项税额＝40 000÷（1＋13%）×13%＝4 602（元）

投资产品销项税额＝100 000÷（1＋13%）×13%＝11 504（元）

销项税额合计＝15 600＋4 602＋11 504＝31 706（元）

（2）允许抵扣的进项税额的计算：

允许抵扣的进项税额合计＝7 800＋2 484＝10 284（元）

（3）应纳税额的计算：

应纳税额＝31 706－10 284＝21 422（元）

（二）小规模纳税人应纳税额的计算

小规模纳税人销售货物或提供应税劳务，其应纳税额的计算不适用扣税法，而是实行按照销售额和征收率计算应纳税额的简易办法，不得抵扣进项税额。其计算公式为：

$$应纳税额 = 销售额 \times 征收率$$

销售额，不包括收取的增值税销项税额，即为不含税销售额。

对销售货物或提供应税劳务采取销售额和增值税销项税额合并定价方法的，要分离出不含税销售额，其计算公式为：

$$销售额 = 含税销售额 \div (1 + 征收率)$$

小规模纳税人销售自己使用过的固定资产和旧货，按下列公式确定销售额和应纳税额：

$$销售额 = 含税销售额 \div (1 + 3\%)$$

$$应纳税额 = 销售额 \times 2\%$$

【例 2 - 2】 某小型工业企业是增值税小规模纳税人。2×19 年 3 月取得销售收入为 12.36 万元（含增值税）；购进材料一批，支付货款为 3.09 万元（含增值税）。计算该企业当月的应纳增值税税额如下：

$$当月的应纳增值税税额 = 12.36 \div (1 + 3\%) \times 3\% = 0.36（万元）$$

（三）进口货物应纳税额的计算

进口货物的纳税人，无论是一般纳税人还是小规模纳税人，均应按照组成计税价格和规定的税率计算应纳税额，不允许抵扣发生在境外的任何税金。其计算公式为：

$$应纳税额 = 组成计税价格 \times 税率$$

如果进口的货物不征消费税，则上述公式中的组成计税价格的计算公式为：

$$组成计税价格 = 关税完税价格 + 关税税额$$

如果进口的货物应征消费税，则上述公式中的组成计税价格的计算公式为：

$$组成计税价格 = 关税完税价格 + 关税税额 + 消费税税额$$

【例 2 - 3】 某企业是增值税一般纳税人。2×19 年 6 月从国外进口一批原材料，海关审定的完税价格为 100 万元，该批原材料分别按 9% 和 13% 的税率向海关缴纳了关税和进口环节增值税，并取得了相关完税凭证。该批原材料当月加工成产品后全部在国内销售，取得销售收入为 200

万元（不含增值税），同时支付运输费 8 万元（取得运费发票）。已知该企业适用的增值税税率为 13% 。计算该企业当月应缴纳的增值税税额如下：

（1）进口原材料的应纳增值税税额 =（100 + 100 × 9%）× 13% = 14.17（万元）

（2）允许抵扣的增值税进项税额 = 14.17 + 8 × 9% = 14.89（万元）

（3）应纳增值税税额 = 200 × 13% − 14.89 = 11.11（万元）

六、增值税的减免

为了实现不同的政策目标，我国在增值税领域规定了较多的免税项目，主要涉及扶持农业发展、促进资源综合利用、鼓励产业发展、照顾社会公共事业、促进社会福利事业发展等目标。

（一）增值税的免税项目

根据《增值税暂行条例》的规定，免征增值税项目具体如图 2 - 12 所示。

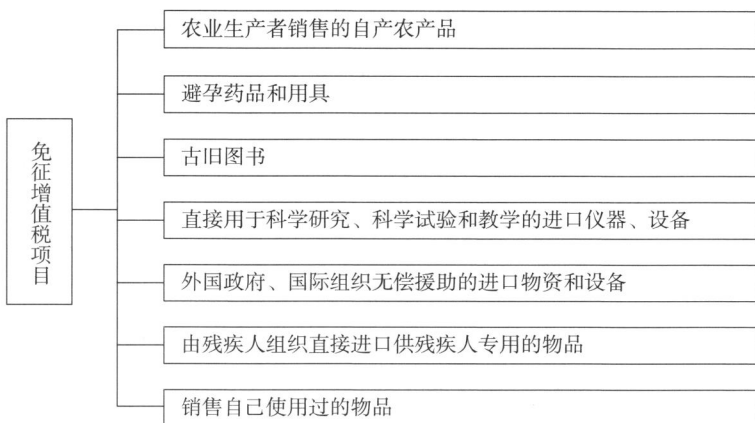

图 2 - 12　免征增值税项目

除上述规定外，增值税的免税、减税项目由国务院规定。任何地区、部门均不得规定免税、减税项目。据此，除前述规定外，国务院财政、税务主管部门颁布了一系列有关增值税的免税项目的规范性文件，主要内容如下：

（1）对销售下列自产货物实行免征增值税政策：再生水、以废旧轮胎为全部生产原料的胶粉、翻新轮胎、生产原料中掺兑废渣比例不低于30%的特定建材产品。

（2）对污水处理劳务免征增值税。

（3）对残疾人个人提供的加工、修理修配劳务免征增值税。

（4）自2009年1月1日起至2013年12月31日止，广播电影电视行政主管部门按照各自职能权限批准从事电影制片、发行、放映的电影集团公司（含成员企业）、电影制片厂及其他电影企业取得的销售电影拷贝收入、转让电影版权收入、电影发行收入以及在农村取得的电影放映收入，免征增值税。

（5）自2007年1月1日起至2010年12月31日止，对国内定点生产企业生产的国产抗艾滋病病毒药品继续免征生产环节和流通环节增值税。抗艾滋病病毒药品的生产企业和流通企业对于免税药品和征税药品应分别核算，不分别核算的，不得享受增值税免税政策。

（6）自2007年7月1日起，纳税人生产销售和批发、零售滴灌带和滴灌管产品免征增值税。

（7）自2009年1月1日起，单位和个人销售再生资源，应当依法缴纳增值税。但个人（不含个体工商户）销售自己使用过的废旧物品免征增值税。

（8）2013年以来我国针对创业就业主要环节和关键领域陆续推出了一系列税收优惠措施：

①企业初创期税收优惠：随军家属创业免征增值税；安置随军家属就业的企业免征增值税；军队转业干部创业免征增值税；安置军队转业干部就业的企业免征增值税；残疾人创业免征增值税；国家级、省级科技企业孵化器向在孵对象提供孵化服务取得的收入，免征增值税；国家级、省级大学科技园向在孵对象提供孵化服务取得的收入，免征增值税；国家备案众创空间向在孵对象提供孵化服务取得的收入，免征增值税；小额贷款公司农户小额贷款利息收入免征增值税；金融机构向农户、小微企业及个体工商户小额贷款利息收入免征增值税；向农户、小微企业及个体工商户提供融资担保及再担保服务收入免征增值税；

②企业成长期税收优惠：重大技术装备进口免征增值税；民口科技重大专项项目进口免征增值税；技术转让、技术开发和与之相关的技术咨询、技术服务免征增值税；

③企业成熟期税收优惠政策：动漫企业进口符合条件的商品免征增值税；

纳税人兼营免税、减税项目的，应当分别核算免税、减税项目的销售额；未分别核算销售额的，不得免税、减税。

（二）纳税人的放弃免税权

纳税人销售货物或应税劳务适用免税规定的，可以放弃免税，依照《增值税暂行条例》的规定缴纳增值税。放弃免税后，36个月内不得再申请免税。

生产和销售免征增值税货物或劳务的纳税人要求放弃免税权，应当以书面形式提交放弃免税权声明，报主管税务机关备案。纳税人自提交备案资料的次月起，依照现行规定缴纳增值税。纳税人一经放弃免税权，其生产销售的全部增值税应税货物或劳务均应按照适用税率征税，不得选择某一免税项目放弃免税权，也不得根据不同的销售对象选择部分货物或劳务放弃免税权。

（三）增值税的即征即退或先征后返（退）

增值税的即征即退，是指先按规定缴纳增值税，再由财政部门委托税务部门审批后办理退税手续；先征后返（退），是指先按规定缴纳增值税，再由财政部门或税务部门审批，按照纳税人实际缴纳的税额全部或部分返还或退还已纳税款。具体规定如下：

（1）对销售下列自产货物实行增值税即征即退的政策：以工业废气为原料生产的高纯度二氧化碳产品；以垃圾为燃料生产的电力或者热力；以煤炭开采过程中伴生的舍弃物油母页岩为原料生产的页岩油；以废旧沥青混凝土为原料生产的再生沥青混凝土；采用旋窑法工艺生产并且生产原料中掺兑废渣比例不低于30%的水泥（包括水泥熟料）。

（2）销售下列自产货物实现的增值税实行即征即退50%的政策：以退役军用发射药为原料生产的涂料硝化棉粉；对燃料发电厂及各类工业企业产生的烟气、高硫天然气进行脱硫生产的副产品；以废弃酒糟和酿酒底锅水为原料生产的蒸汽、活性炭、白碳黑、乳酸、乳酸钙、沼气；以煤矸石、煤泥、石煤、油母页岩为燃料生产的电力和热力；利用风力生产的电力；部分新型墙体材料产品。

（3）对销售自产的综合利用生物柴油实行增值税先征后退政策。

（4）对安置残疾人的单位，实行由税务机关按单位实际安置残疾人的人数，限额即征即退增值税的办法。实际安置的每位残疾人每年可退还的增值税的具体限额，由县级以上税务机关根据单位所在区县适用的经省级人民政府批准的最低工资标准的6倍确定，但最高不得超过每人每年3.5万元。该项税收优惠政策适用于生产销售货物或提供加工、修理修配劳务取得的收入占增值税业务收入之和达到50%的单位。

（5）纳税人销售软件产品并随同销售一并收取的软件安装费、维护费、培训费等收入，应按照增值税混合销售的有关规定征收增值税，并可享受软件产品增值税即征即退政策。

一般纳税人随同计算机网络、计算机硬件和机器设备等一并销售其自行开发生产的嵌入式软件，如果能够分别核算嵌入式软件与计算机硬件、机器设备等的销售额，可以享受软件产品增值税优惠政策。凡不能分别核算销售额的，仍不得享受增值税优惠政策。

（6）在2010年年底以前，对符合以下条件的一般纳税人销售再生资源缴纳的增值税实行先征后退政策：①按照有关规定应当向有关部门备案的，已经按照有关规定备案；②有固定的再生资源仓储、整理、加工场地；③通过金融机构结算的再生资源销售额占全部再生资源销售额的比重不低于80%；④自2007年1月1日起，未因违法受到刑事处罚或者县级以上工商、商务、环保、税务、公安机关相应的行政处罚（警告和罚款除外）。对符合退税条件的纳税人2009年销售再生资源实现的增值税，按70%的比例退回给纳税人；对其2010年销售再生资源实现的增值税，按50%的比例退回给纳税人。

（四）增值税的起征点

增值税起征点的适用范围限于个人。有关增值税起征点幅度的规定如下：

（1）销售货物的，为月销售额5 000～20 000元；

（2）销售应税劳务的，为月销售额5 000～20 000元；

（3）按次纳税的，为每次（日）销售额300～500元。

省、自治区、直辖市财政厅（局）和国家税务局应在规定的幅度内，根据实际情况确定本地区适用的起征点，并报财政部、国家税务总局备案。纳税人销售额未达到国务院财政、税务主管部门规定的增值税起征点的，免征增值税；达到起征点的，依照《增值税暂行条例》规定全额计算缴纳增值税。

七、增值税纳税义务的确认、纳税期限、纳税地点

（一）纳税义务的确认

税务会计一般也按权责发生制原则确认纳税人增值税纳税义务的发生。在具体确认时，应针对具体的销售方式、结算方式（工具）来确认。

（1）采取直接收款方式销售货物，不论货物是否发出，均为收到销售额或取得索取销售额的凭据，并将提货单交给买方的当天；

（2）采取托收承付和委托银行收款方式销售货物，为发出货物并办妥托收手续的当天；

（3）采取赊销和分期收款方式销售货物，为按合同约定的收款日期的当天；

（4）采取预收货款方式销售货物，为货物发出的当天；

（5）委托其他纳税人代销货物，为收到代销单位销售的代销清单的当天；

（6）销售应税劳务，为提供劳务同时收讫销售额或取得索取销售额的凭据的当天；

（7）纳税人发生按规定视同销售的行为（将货物交付他人代销、销售代销货物除外），为货物移送的当天。

（二）增值税的纳税期限

增值税的税款计算期分别为 1 日、3 日、5 日、10 日、15 日、一个月或者一个季度。纳税人的具体纳税期限，由主管税务机关根据纳税人应纳税额的大小分别核定；不能按固定期限纳税的，可以按次纳税。以一个季度为纳税期限的规定仅适用于小规模纳税人。小规模纳税人的具体纳税期限，由主管税务机关根据其应纳税额的大小分别核定。

纳税人以一个月或者一个季度为一个纳税期的，自期满之日起 15 日内申报纳税；以 1 日、3 日、5 日、10 日或者 15 日为一个纳税期的，自期满之日起 5 日内预缴税款，于次月 1 日起 15 日内申报纳税并结清上月应纳税款。

纳税人进口货物，应当自海关填发海关进口增值税专用缴款书之日起15日内缴纳税款。纳税人出口货物，应当按月向税务机关申报办理该项出口货物退税。

（三）增值税的纳税地点

1. 固定业户的纳税地点

固定业户应当向其机构所在地的主管税务机关申报纳税。总机构和分支机构不在同一县（市）的，应当分别向各自所在地的主管税务机关申报纳税；经国务院财政、税务主管部门或者其授权的财政、税务机关批准，可以由总机构汇总向总机构所在地的主管税务机关申报纳税。

固定业户到外县（市）销售货物或者应税劳务，应当向其机构所在地的主管税务机关申请开具外出经营活动税收管理证明，并向其机构所在地的主管税务机关申报纳税；未开具证明的，应当向销售地或者劳务发生地的主管税务机关申报纳税；未向销售地或者劳务发生地的主管税务机关申报纳税的，由其机构所在地的主管税务机关补征税款。

2. 非固定业户的纳税地点

非固定业户销售货物或者应税劳务，应当向销售地或者劳务发生地的主管税务机关申报纳税；未向销售地或者劳务发生地的主管税务机关申报纳税的，由其机构所在地或者居住地的主管税务机关补征税款。

3. 进口货物的纳税地点

进口货物应纳的增值税，应当向报关地海关申报纳税。

扣缴义务人应当向其机构所在地或者居住地的主管税务机关申报缴纳其扣缴的税款。

八、增值税的纳税申报与缴纳

（一）一般纳税人的纳税申报

凡增值税一般纳税人，不论当期是否发生应税行为，均应按规定进行纳税申报。纳税人进行纳税申报必须实行电子信息采集。使用防伪税控系统开具增值税专用发票的纳税人必须在抄报税成功后，方可进行纳税申报。

纳税申报资料如表 2 - 1 所示。

表 2 - 1　纳税申报资料

必报资料	《增值税纳税申报表（适用于增值税一般纳税人）》及其《增值税纳税申报表附列资料》
	使用防伪税控系统的纳税人，必须报送记录当期纳税信息的 IC 卡（明细数据备份在软盘上的纳税人，还须报送备份数据软盘）、《增值税专用发票存根联明细表》及《增值税专用发票抵扣联明细表》
	资产负债表、利润表
	《成品油购销存情况明细表》（发生成品油零售业务的纳税人填报）
	主管税务机关规定的其他必报资料
	备注：纳税申报实行电子信息采集的纳税人，除向主管税务机关报送上述必报资料的电子数据外，还须报送纸质的《增值税纳税申报表（适用于一般纳税人）》（主表及附表）
备查资料	已开具的增值税专用发票和普通发票存根联
	符合抵扣条件并且在本期申报抵扣的增值税专用发票抵扣联
	海关进口货物完税凭证、运输发票、购进农产品普通发票及购进废旧物资普通发票的复印件
	收购凭证的存根联或报查联
	代扣代缴税款凭证存根联
	主管税务机关规定的其他备查资料
	备注：备查资料是否需要在当期报送，由各省级国家税务局确定

（二）小规模纳税人的纳税申报

与一般纳税人要求相同，不论有无销售，均应按期向其主管税务机关报送纳税申报表。要按规定格式和要求，正确填写纳税申报表。

（三）应纳增值税款的解缴

企业除了应按规定的纳税期进行纳税申报外，还应在规定的缴库期内足额上缴税款。税款的解缴方式有两种：

1. 自行计算解缴

纳税人自行核算应纳税款，在税务机关开具税收缴款书后，于规定期限内送交纳税人开户银行办理税款入库手续，再持盖有银行转讫章的纳税凭证及纳税申报资料，报送主管税务机关。

2. 税务机关查定后解缴

纳税人在规定期限内将纳税申报资料报送所属税务机关，由税务机关查定后开具税收缴款书，交给纳税人，由纳税人持往其开户银行办理税款入库手续。

第二节　增值税专用发票

一、增值税专用发票定义及其内容

增值税专用发票是由国家税务总局监制设计印制的，只限于增值税一般纳税人领购使用的，既作为纳税人反映经济活动中的重要会计凭证又是兼记销货方纳税义务和购货方进项税额的合法证明；是增值税计算和管理中重要的决定性的合法的专用发票。

增值税专用发票不仅是纳税人从事经济活动的重要凭证，而且也是记载销货方的销项税额和购货方的进项税额的凭证。在专用发票上注明的税额既是销货方的销项税额，又是购货方的进项税额，是购货方进行税款抵扣的依据和凭证。

纳税人销售货物或者应税劳务，应当向索取增值税专用发票的购买方开具增值税专用发票，并在增值税专用发票上分别注明销售额和销项税额。属于下列情形之一的，不得开具增值税专用发票：

（1）向消费者个人销售货物或者应税劳务的；

（2）销售货物或者应税劳务适用免税规定的；

（3）小规模纳税人销售货物或者应税劳务的。

小规模纳税人以外的纳税人（即一般纳税人）因销售货物退回或者折让而退还给购买方的增值税额，应从发生销售货物退回或者折让当期的销项税额中扣减；因购进货物退出或者折让而收回的增值税额，应从发生购进货物退出或者折让当期的进项税额中扣减。

一般纳税人销售货物或者应税劳务，开具增值税专用发票后，发生销售货物退回或者折让、开票有误等情形，应按国家税务总局的规定开具红字增值税专用发票。未按规定开具红字增值税专用发票的，增值税额不得从销项税额中扣减。

二、增值税专用发票的领购和使用

为加强增值税征收管理，规范增值税专用发票使用行为，国家税务总局修订《增值税专用发票使用规定》，自 2007 年 1 月 1 日起施行。

专用发票，是指一般纳税人销售货物或者提供应税劳务开具的发票，是购买方支付增值税额并可按照增值税有关规定据以抵扣增值税进项税额的凭证。

一般纳税人应通过增值税防伪税控系统使用专用发票，包括领购、开具、撤销、认证纸质专用发票及其相应的数据电文。

专用发票由基本联次或者基本联次附加其他联次构成，基本联次为 3 联：

（1）发票联，作为购买方核算采购成本和增值税进项税额的记账凭证；

（2）抵扣联，作为购买方报送主管税务机关认证和留存备查的凭证；

（3）记账联，作为销售方核算销售收入和增值税销项税额的记账凭证。

其他联次的用途，由一般纳税人自行确定。

专用发票实行最高开票限额管理。最高开票限额，是指单份专用发票开具的销售额合计数不得达到的上限额度。一般纳税人申请最高开票限额时，须填报《最高开票限额申请表》。最高开票限额由一般纳税人申请，税务机关依法审批。最高开票限额为 10 万元及以下的，由区县级税务机关审批；最高开票限额为 100 万元的，由地市级税务机关审批；最高开票限额为 1 000 万元及以上的，由省级税务机关审批。防伪税控系统的具体发行工作由区县级税务机关负责。

一般纳税人领购专用设备后，凭《最高开票限额申请表》《发票领购簿》到主管税务机关办理初始发行。一般纳税人凭《发票领购簿》、IC 卡和经办人身份证明领购专用发票。

一般纳税人有下列情形之一的，不得领购开具专用发票：

（1）会计核算不健全，不能向税务机关准确提供增值税销项税额、进项税额、应纳税额数据及其他有关增值税税务资料的。

（2）有《中华人民共和国税收征管法》（以下简称《税收征管法》）规定的税收违法行为，拒不接受税务机关处理的。

（3）有下列行为之一的，经税务机关责令限期改正而仍未改正的：虚开增值税专用发票；私自印制专用发票；向税务机关以外的单位和个人买取专用发票；借用他人专用发票；未按该规定第十一条开具专用发票；未按规定保管专用发票和专用设备；未按规定申请办理防伪税控系统变更发行；未按规定接受税务机关检查。有上列情形的，如已领购专用发票，主管税务机关应暂扣其结存的专用发票和 IC 卡。

商业企业一般纳税人零售的烟、酒、食品、服装、鞋帽、化妆品等消费品不得开具专用发票。增值税小规模纳税人和非增值税纳税人不得领购使用专用发票。增值税小规模纳税人需开具专用发票的，可向当地主管税务机关申请代开。

专用发票应按下列要求开具：

（1）项目齐全，与实际交易相符；

（2）字迹清楚，不得压线、错格；

（3）发票联和抵扣联加盖财务专用章或者发票专用章；

（4）按照增值税纳税义务的发生时间开具。

对不符合上列要求的专用发票，购买方有权拒收。

三、增值税专用发票的保管和检查

开具发票的单位和个人，应当按照税务机关的规定存放和保管发票，不得擅自损毁，已经开具的发票存根联和发票登记簿应当保存五年。保存期满后必须经税务机关查验方可销毁。开具发票的单位和个人应当建立发票使用登记制度，设置发票记账簿，并定期向主管税务机关报告发票使用情况。如果办理变更或者注销税务登记，应同时办理发票和发票领购簿的变更、缴销手续；发票丢失应于丢失当日书面报告主管税务机关，并在报刊和电视等新闻媒体上公告声明作废。

印制发票的单位、使用发票的单位和个人，必须接受税务机关依法检查，如实反映情况，提供有关资料，不得拒绝、隐瞒。税务机关有权检查发票的印刷、领购、开具、取得和保管情况，有权调出发票查验，有权查阅、复制与发票有关的资料、凭证，有权向当事人询问与发票有关的情况，并进行记录、录音、录像、照相、复制等。

对从境外取得的与纳税有关的发票、凭证，税务机关在纳税审查有疑议时，可以要求企业提供境外公证机构或注册会计师的确认证明，经税务机关认可后，方可作为记账凭证。

违反发票管理法规的，要依法承担有关法律责任。

四、增值税专用发票的使用要点

（一）增值税专用发票的开具范围

一般纳税人销售货物（包括部分视同销售货物在内）、应税劳务，必须向购买方开具增值税专用发票。增值税专用发票的开具范围限制因素如图 2-13 所示。

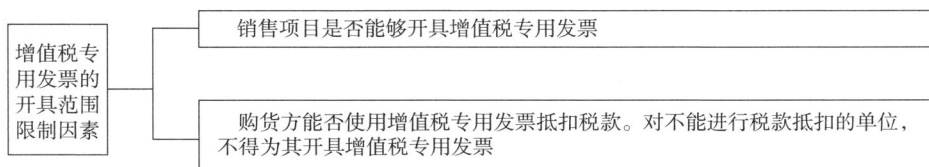

图 2-13 增值税专用发票的开具范围限制因素

（二）增值税专用发票的基本内容和联次

增值税专用发票除包括普通发票的各项内容外，还包括纳税凭证（税收缴款书和完税凭证）的内容。由于增值税专用发票的重要，纳税人必须正确填开。

增值税专用发票的主要内容如图 2-14 所示。

图 2-14 增值税专用发票的主要内容

增值税专用发票的基本联次，统一规定为四联，各联次必须按以下规定用途使用：第一联为存根联，由销货方留存备查；第二联为发票联，购货方作付款的记账凭证；第三联为税款抵扣联，购货方作扣税凭证；第四联为记账联，销货方作销售的记账凭证。

（三）增值税专用发票开具要求

从 2003 年 7 月 1 日起，增值税一般纳税人必须通过防伪税控系统开具专用发票，同时全国统一废止增值税一般纳税人所用的手写版专用发票。从 2003 年 10 月 1 日起，增值税一般纳税人所用的手写版专用发票一律不得作为增值税的扣税凭证。

纳税人可以购买国家税务总局指定的厂家生产的专用开票设备自行开票；也可以不买上述专用开票设备，按国家税务总局《增值税防伪税控主机共享服务系统管理暂行办法》的规定，聘请社会中介机构代为开票（但应按统一收费标准向社会中介机构支付开票费和防伪税控专用设备的维护费）。开具增值税专用发票的要求如图 2 - 15 所示。

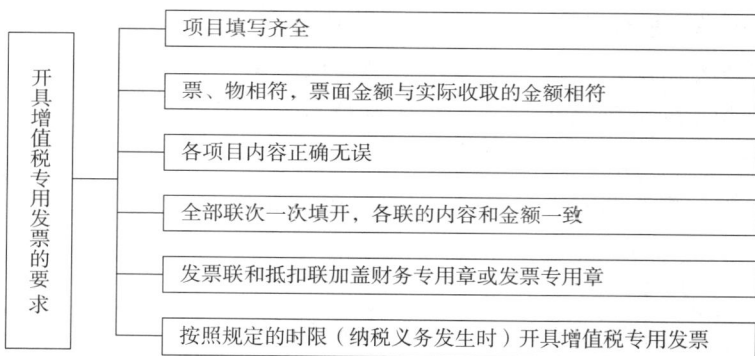

图 2 - 15　符合开具增值税专用发票的要求

开具的增值税专用发票有不符合上述要求者，不得作为扣税凭证，购买方有权拒收。

（四）专用发票抵扣联进项税额的抵扣

除购进免税农业产品和自营进口货物外，购进应税项目未按规定取得专用发票、未按规定保管专用发票者，不得抵扣进项税额。

应用增值税专用发票抵扣联信息企业采集方式（企业自行扫描、识别或人工录入抵扣联票面信息，生成电子数据，以磁盘或通过互联网方式报送税务机关，由税务机关完成认证比对，并将认证结果信息返回企业），纳税人可以自行采集增值税专用发票抵扣联电子信息报送税务部门批量认证。

由防伪税控系统开具的专用发票，必须自开具之日起，90 日之内到税务机关认证，否则不予抵扣进项税额。经过认证的专用发票，应在认证通过的当月按增值税有关规定核算当期进项税额并申报抵扣，否则不予抵扣进项税额。税务机关认证后，应向纳税人提供一式两份《增值税专用发票抵扣联认证清单》，以备企业作为纳税申报附列资料。

（五）开具增值税专用发票后发生退货或销售折让的处理

企业应视不同情况分别按以下规定办理：

购买方在未付货款并且未作会计处理的情况下，应将原发票联和税款抵扣联主动退还销售方。销售方收到后，应在该发票联和税款抵扣联及有关的存根联、记账联上注明"作废"字样，作为扣减当期销项税额的凭证。未收到购买方退还的增值税专用发票前，销售方不得扣减当期销项税额。属于销售折让的，销售方应按折让后的货款重开专用发票。

在购买方已付货款，或者货款未付但已作会计处理，而发票联和抵扣联无法退还的情况下，购买方必须取得当地主管税务机关开具的进货退出或索取折让证明单送交销售方，作为销售方开具红字增值税专用发票的合法依据。销售方在未收到"证明单"以前不得开具红字增值税专用发票；收到"证明单"后，根据退回货物的数量、价款或折让金额向购买方开具红字增值税专用发票。红字增值税专用发票的存根联、记账联，作为销售方扣减当期销项税额的凭证，其发票联、税款抵扣联作为购买方扣减进项税额的凭证。

购买方收到红字增值税专用发票后，应将红字增值税专用发票所注明的增值税税额从当期进项税额中扣减。如不扣减，造成不纳税或少纳税的，属于偷税行为。

（六）税务机关代开增值税专用发票

按规定，小规模纳税人不得领购和使用增值税专用发票。若一般纳税人向小规模纳税人购进货物，不能取得增值税专用发票，无法抵扣进项税额，会使小规模纳税人的销售受到一定影响。为了既有利于加强增值税专用发票的管理，又不影响小规模纳税人的销售，税法规定由税务机关为小规模企业代开增值税专用发票。

凡是能够认真履行纳税义务的小规模纳税人，经县（市）税务局批准，其销售货物或应税劳务可由税务机关代开增值税专用发票。税务机关应将代开增值税专用发票的情况造册，详细登记备查。但销售免税货物或将货物、应税劳务销售给消费者以及小额零星销售，不得代开增值税专用发票。

小规模纳税人在税务机关代开增值税专用发票前，应先到税务机关临时申报应纳税额，持税务机关开具的税收缴款书，到其开户银行办理税款入库手续后，凭盖有银行转讫章的纳税凭证，税务机关方能为其代开增值税专用发票。

对于不能认真履行纳税义务的小规模纳税人，不能为其代开增值税专用发票。

为小规模纳税人代开增值税专用发票，应在增值税专用发票"单价"栏和"金额"栏分别填写不含其本身应纳税额的单价和销售额；"税率"栏填写增值税征收率3%；"税额"栏填写其本身的应纳税额，即按销售额依照3%征收率计算的增值税额。一般纳税人取得由税务机关代开的增值税专用发票后，应以增值税专用发票上填写的税额为其进项税额。

|第三节　增值税进项税额及其转出的会计处理|

一、会计账户的设置

（一）一般纳税人增值税核算的会计账户

我国增值税严格实行"价外计税"的办法，即以不含增值税金的价格为计税依据。同时根据增值税专用发票注明税额实行税款抵扣制度，按购进扣税法的原则计算应纳税额。因此，货物和应税劳务的价款、税款应分别核算。

增值税一般纳税人应当在"应交税费"科目下设置"应交增值税""未交增值税""预交增值税""待抵扣进项税额""待认证进项税额""待转销项税额""增值税留抵税额""简易计税""转让金融商品应交增值税""代扣代缴增值税"等明细科目。

（1）增值税一般纳税人应在"应交增值税"明细账内设置"进项税额""销项税额抵减""已交税金""转出未交增值税""转出多交增值税""减免税款""出口抵减内销产品应纳税额""销项税额""出口退税""进项税额转出"等专栏。其中：

①"进项税额"专栏，记录一般纳税人购进货物、加工修理修配劳务、服务、无形资产或不动产而支付或负担的、准予从当期销项税额中抵扣的增值税额；

②"销项税额抵减"专栏，记录一般纳税人按照现行增值税制度规定因扣减销售额而减少的销项税额；

③"已交税金"专栏，记录一般纳税人当月已交纳的应交增值税额；

④"转出未交增值税"和"转出多交增值税"专栏，分别记录一般纳税人月度终了转出当月应交、未交或多交的增值税额；

⑤"减免税款"专栏，记录一般纳税人按现行增值税制度规定准予减免的增值税额；

⑥"出口抵减内销产品应纳税额"专栏，记录实行"免、抵、退"办法的一般纳税人按规定计算的出口货物的进项税抵减内销产品的应纳税额；

⑦"销项税额"专栏，记录一般纳税人销售货物、加工修理修配劳务、服务、无形资产或不动产应收取的增值税额；

⑧"出口退税"专栏，记录一般纳税人出口货物、加工修理修配劳务、服务、无形资产按规定退回的增值税额；

⑨"进项税额转出"专栏，记录一般纳税人购进货物、加工修理修配劳务、服务、无形资产或不动产等发生非正常损失以及其他原因而不应从销项税额中抵扣、按规定转出的进项税额。

（2）"未交增值税"明细科目，核算一般纳税人月度终了从"应交增值税"或"预交增值税"明细科目转入当月应交未交、多交或预缴的增值税额，以及当月交纳以前期间未交的增值税额。

（3）"预交增值税"明细科目，核算一般纳税人转让不动产、提供不动产经营租赁服务、提供建筑服务、采用预收款方式销售自行开发的房地产项目等，以及其他按现行增值税制度规定应预缴的增值税额。

（4）"待抵扣进项税额"明细科目，核算一般纳税人已取得增值税扣税凭证并经税务机关认证，按照现行增值税制度规定准予以后期间从销项税额中抵扣的进项税额。包括：一般纳税人自2016年5月1日后取得并按固定资产核算的不动产或者2016年5月1日后取得的不动产在建工程，按现行增值税制度规定准予以后期间从销项税额中抵扣的进项税额；实行纳税辅导期管理的一般纳税人取得的尚未交叉稽核比对的增值税扣税凭证上注明或计算的进项税额。

（5）"待认证进项税额"明细科目，核算一般纳税人由于未经税务机关认证而不得从当期销项税额中抵扣的进项税额。包括：一般纳税人已取得增值税扣税凭证、按照现行增值税制度规定准予从销项税额中抵扣，但尚未经税务机关认证的进项税额；一般纳税人已申请稽核但尚未取得稽核相符结果的海关缴款书进项税额。

（6）"待转销项税额"明细科目，核算一般纳税人销售货物、加工修理修配劳务、服务、无形资产或不动产，已确认相关收入（或利得）但尚未发生增值税纳税义务而需于以后期间确认为销项税额的增值税额。

（7）"增值税留抵税额"明细科目，核算兼有销售服务、无形资产或者不动产的原增值税一般纳税人，截止到纳入营改增试点之日前的增值税期末留抵税额按照现行增值税制度规定不得从销售服务、无形资产或不动产的销项税额中抵扣的增值税留抵税额。

（8）"简易计税"明细科目，核算一般纳税人采用简易计税方法发生的增值税计提、扣减、预缴、缴纳等业务。

（9）"转让金融商品应交增值税"明细科目，核算增值税纳税人转让金融商品发生的增值税额。

（10）"代扣代缴增值税"明细科目，核算纳税人购进在境内未设经营机构的境外单位或个人在境内的应税行为代扣代缴的增值税。

（二）小规模纳税人增值税核算的会计账户

小规模纳税人只需在"应交税费"科目下设置"应交增值税"明细科目，不需要设置上述专栏及除"转让金融商品应交增值税""代扣代交增值税"外的明细科目。

二、会计账簿和会计报表的设置

（一）账簿设置

1. 一般纳税人增值税账簿的设置

企业应根据增值税核算的会计科目设置账簿。"应交税费——应交增值税"账簿的设置有两种方法：

（1）在"应交增值税"二级账户下，按明细项目设置专栏，在一张账页上总括反映所有明细项目的发生和结转情况，可以达到一目了然的效果。

但因账页较长，登账时必须注意不要串栏、串行，以免发生记账错误。

（2）将"进项税额""销项税额"等明细项目在"应交税费"账户下分别设置明细账进行核算。

月终时，应将有关明细账的金额结转至"应交税费——应交增值税"账户的借方或贷方，然后再将期末多交或未交增值税额结转至"应交税费——未交增值税"。

外商投资企业，若以人民币为记账本位币，其"应交税费——应交增值税"的账户设置，可与内资企业相同，并在上述两种方法中选用一种。

外商投资企业，若以某种外币作为记账本位币，就不便按上述第一种办法，即按明细项目设专栏设账，可参照上述第二种方法在借方、贷方、余额三栏的基础上，增设专栏。

期末，应结出各明细账的余额，并按期末余额转账：

（1）将"出口退税""进项税额转出"明细账余额转入"进项税额"明细账的贷方；

（2）将"已交税金""出口抵减内销产品应纳税额"明细账的余额转入"销项税额"明细账的借方；

（3）作上述转账后，将"进项税额"明细账余额与"销项税额"明细账余额进行比较。如果销项税额大于进项税额，则将"进项税额"明细账的余额转入"销项税额"明细账的借方；转账后的"销项税额"明细账的余额，表示企业尚未交纳的增值税。如果进项税额大于销项税额，则应将"销项税额"明细账的余额转入"进项税额"明细账的贷方；转账后的"进项税额"明细账的余额，表示企业多交或待扣的增值税。"进项税额"或"销项税额"明细账的余额（对同一纳税人来说，两者必居其一）应与"应交税费——应交增值税"二级明细账的余额相同。最后，再将期末未交或多交（但不包括待抵扣）的增值税，结转至"应交税费——未交增值税"二级明细账。因此，这种做法不需要在"应交增值税"一级明细账下设"转出多交增值税""转出未交增值税"明细账户。

"应交税费——未交增值税"账户可设借方、贷方、余额三栏式账页，企业也可以将"应交增值税明细账"与"未交增值税明细账"合并设置，这样可以在一本账上反映增值税核算的全貌。

2. 小规模纳税人增值税账簿的设置

小规模纳税人应根据"应交税费——应交增值税"账户，设三栏式明细账页。

（二）报表设置

为了反映企业增值税的应交、已交、多交、减免、未交、欠交、未抵扣等具体情况，企业除了正常编制财务报告、纳税申报表外，还应专门编制"应交增值税明细表"，作为资产负债表的附表上报主管税务机关。

三、工业企业进项税额的会计处理

（一）外购材料进项税额的会计处理

1. 收料与付款同时进行

企业外购材料已经验收入库并支付货款或开具并承兑商业汇票，同时也收到销货方开出的增值税专用发票的发票联和抵扣联。这时，应按材料的实际成本，借记"原材料"账户；按当月已认证的可抵扣增值税额，借记"应交税费——应交增值税（进项税额）"科目，按当月未认证的可抵扣增值税额，借记"应交税费——待认证进项税额"科目；按材料的实际成本和增值税额之和，贷记"银行存款""库存现金""其他货币资金""应付票据"账户。

【例2-4】 天华工厂购入甲材料4 000千克，6元/千克，代垫运杂费为2 800元（其中运输发票上列明的运费为2 000元），增值税进项税额为3 120元（4 000×6×13%），已开出银行承兑汇票，材料验收入库。运费允许抵扣的税额为180元（2 000×9%）。天华工厂作会计分录如下：

借：原材料——甲材料　　　　　　　　　　　　　　　26 620
　　应交税费——应交增值税（进项税额）　　　　　　3 300
　　贷：应付票据——银行承兑汇票　　　　　　　　　29 920

【例2-5】 天华工厂向本市某工厂购进乙材料3 000千克，5元/千克，增值税进项税额为1 950元（3 000×5×13%），材料入库，发票收到并开出转账支票支付。天华工厂作会计分录如下：

借：原材料——乙材料   15 000
  应交税费——应交增值税（进项税额） 1 950
   贷：银行存款   16 950

2. 发票结算凭证已到，货款已经支付，但材料尚未收到

发生时应依据有关发票，借记"在途物资""应交税费"账户，贷记"银行存款""其他货币资金""应付票据"等账户；按当月已认证的可抵扣增值税额，借记"应交税费——应交增值税（进项税额）"科目，按当月未认证的可抵扣增值税额，借记"应交税费——待认证进项税额"科目；在途物资入库后，借记"原材料"账户，贷记"在途物资"账户。

【例2-6】 天华工厂6月6日收到银行转来的购买光明工厂丙材料的"托收承付结算凭证"及发票，数量为5 000千克，11元/千克，增值税进项税额为7 150元，支付运杂费为6 500元，其中运费发票金额为500元，应抵扣的运费进项税额为45元。采用验单付款。天华工厂验收付款后作会计分录如下：

借：在途物资（光明工厂）   61 455
  应交税费——应交增值税（进项税额） 7 195
   贷：银行存款   68 650

按现行税法规定，工业企业购进货物并取得防伪税控增值税专用发票后，如果在未到主管税务机关进行认证之前入账，其购进货物的进项税额还不能确认是否符合抵扣条件。若作上述会计处理，容易与符合抵扣条件的进项税额混淆。为避免因错账而给企业带来税收损失，企业可增设"待抵扣税金"账户过渡。

【例2-7】 仍按上例，在未到主管税务机关进行认证之前入账时，先作会计分录如下：

借：在途物资（光明工厂）　　　　　　　　　　61 455

　　待抵扣税金——待抵扣增值税　　　　　　　　7 195

　　贷：银行存款　　　　　　　　　　　　　　　　68 650

材料验收入库时：

借：原材料——丙材料　　　　　　　　　　　　61 445

　　贷：在途物资（光明工厂）　　　　　　　　　　61 445

企业在90天之内到主管税务机关进行认证并获得认证后：

借：应交税费——应交增值税（进项税额）　　　7 195

　　贷：待抵扣税金——待抵扣增值税　　　　　　　7 195

如果企业在90天之内到主管税务机关进行认证，但未获得认证通过，或者超过90天未到税务机关进行认证：

借：原材料——丙材料　　　　　　　　　　　　7 195

　　贷：待抵扣税金——待抵扣增值税　　　　　　　7 195

3. 预付材料款

因采购业务尚未成立，企业还未取得材料的所有权，企业在按合同规定预付款项时，借记"预付账款"账户，贷记"银行存款""其他货币资金"等账户；当企业收到所购材料并验收入库后，依增值税专用发票所列金额，借记"原材料"，按当月已认证的可抵扣增值税额，借记"应交税费——应交增值税（进项税额）"科目，按当月未认证的可抵扣增值税额，借记"应交税费——待认证进项税额"科目；贷记"预付账款"账户，同时补付或收回剩余或退回的货款。

【例2-8】　新华工厂开出转账支票预付购买本市某单位甲材料货款为30 000元。新华工厂作会计分录如下：

借：预付账款——××单位　　　　　　　　　　30 000

　　贷：银行存款　　　　　　　　　　　　　　　　30 000

预付货款购买的甲材料为7 600千克，已收到并验收入库，发票所列价款为35 000元，增值税进项税额为4 550元（35 000×13%），开出转账支票补付余款为9 550元。新华工厂作会计分录如下：

借：预付账款——××单位　　　　　　　　　　9 550
　　贷：银行存款　　　　　　　　　　　　　　　　9 550
借：原材料——甲材料　　　　　　　　　　　35 000
　　应交税费——应交增值税（进项税额）　　　 4 550
　　贷：预付账款——××单位　　　　　　　　　39 550

4. 国外进口原材料

从国外购进原材料，也应依法缴纳增值税，应根据海关开具的"完税凭证"记账。其计税依据是海关审定的关税完税价格，加上关税、消费税（如果属于应纳消费税的货物）。

【例2－9】 天华工厂从国外进口一批材料（材料已验收入库），海关审定的关税完税价格为 1 000 000 元，应纳关税为 150 000 元，消费税为 50 000 元。

增值税计算如下：

增值税进项税额 =（1 000 000 + 150 000 + 50 000）×13% = 156 000（元）

天华工厂作会计分录如下：

借：原材料　　　　　　　　　　　　　　　1 200 000
　　应交税费——应交增值税（进项税额）　　　156 000
　　贷：银行存款　　　　　　　　　　　　　　1 356 000

（二）外购材料退货、折让进项税额的会计处理

1. 发生全部退货

在未付款并未作账务处理的情况下，只需将发票联和抵扣联退还给销货方即可；如果已付款或者货款未付但已作账务处理，而发票联和抵扣联无法退还的情况下，购货方必须取得当地主管税务机关开具的进货退出及索取折让证明单（下称证明单）送交销售方，作为销售方开具红字增值税专用发票的合法依据。销售方在未收到证明单以前，不得开具红字增值税专用发票。销售方收到证明单以后，根据退回货物的数量、价款、税款或折让金额，向购买方开具红字增值税专用发票。红字增值

税专用发票的存根联、记账联作为冲销当期销项税额的凭证，其发票联、抵扣联作为购买方扣减当期进项税额的凭证。发生退货的，如原增值税专用发票已做认证，应根据税务机关开具的红字增值税专用发票作相反的会计分录；如原增值税专用发票未做认证，应将发票退回并作相反的会计分录。

【例2－10】 天华工厂8月26日收到光明厂转来的托收承付结算凭证（验单付款）及发票，所列甲材料价款为5 000元，增值税额为650元，委托银行付款。天华工厂作会计分录如下：

借：在途物资——甲材料 5 000

应交税费——应交增值税（进项税额） 650

贷：银行存款 5 650

9月10日材料运到，验收后因质量不符而全部退货并取得当地主管税务机关开具的证明单送交销售方，代垫退货运杂费为800元。9月20日收到光明厂开具的红字增值税专用发票的发票联、抵扣联。天华工厂作会计分录如下：

9月10日将证明单转交销货方时：

借：应收账款——光明厂 5 800

贷：在途物资——甲材料 5 000

银行存款 800

9月20日收到销货方开来的红字增值税专用发票及款项时：

借：银行存款 6 450

贷：应交税费——应交增值税（进项税额） 650

应收账款——光明厂 5 800

该笔业务在付款时也可借记"待扣税金"650元（不通过"应交税费"），待收到销货方开来红字增值税专用发票时，用红字借记"待扣税金"650元。

2. 部分退货

购进的材料如果发生部分退货，在货款已付、发票无法退还的情况下，应向当地税务机关索取证明单转交销货方，并根据销货方转来的红字增值税专用发票的发票联和抵扣联，借记"应收账款"或"银行存款"账户，贷记"应交税费——应交增值税（进项税额）"（记账时，用红字计入借方）、"在途物资"账户。如果部分退货而货款未付且未作账务处理，只要把增值税专用发票退还销货方，由销货方按实重新开具增值税专用发票，其账务处理同前。发生退货的，如原增值税专用发票已做认证，应根据税务机关开具的红字增值税专用发票作相反的会计分录；如原增值税专用发票未做认证，应将发票退回并作相反的会计分录。

3. 进货折让

购进的材料，如果由于质量不符，经与销售方协商，给予一部分折让。在验货付款的情况下，由于既未付款也未作账务处理，购货方应退回增值税专用发票，由销货方按折让后的价款和税额重新开具增值税专用发票。在验单付款的情况下，款已付而发票无法退回，购货方应向当地主管税务机关索取证明单，转交销货方，并根据销货方转来的红字增值税专用发票的发票联和抵扣联进行相应的账务处理。

【例2-11】 此前采用托收承付结算方式（验单付款）购进的材料为2 000千克，5元/千克，增值税进项税额为1 300元，当材料验收入库时发现质量不符，经与销货方协商后同意折让10%。作会计分录如下：

材料验收入库，按扣除折让后的金额入账，并将证明单转交销货方时：

借：原材料 9 000
　　应收账款 1 000
　　贷：在途物资 10 000

收到销货方转来的折让金额红字增值税专用发票及款项时：

借：银行存款 1 130
　　贷：应交税费——应交增值税（进项税额） 130（红字）
　　　　应收账款 1 000

（三）外购材料短缺与损耗进项税额的会计处理

由于外购材料短缺或毁损的原因不同，其损失的承担者不同，所以，短缺或毁损材料损失中所含的进项税额的会计处理也不同：

材料短缺损失若应由验收入库的材料承担，如运输途中的合理损耗，其进项税额应予以抵扣。

凡属由供应单位造成的短缺，若对方决定近期内予以补货，则短缺材料的进项税额暂不得抵扣，需待补来材料验收入库后，方可再予以抵扣；若对方决定退赔货款，应视不同情况比照销货退回进行处理。如购买方未付货款且未作账务处理，应退回原增值税专用发票，注明作废后，重开增值税专用发票。如已付款或已作账务处理，必须取得当地主管税务机关开具的进货退出或索取折让证明单交供应方，企业则应在取得对方开具的红字增值税专用发票后，以红字冲减原已登记的进项税额。

凡属运输单位造成的短缺或毁损，应向运输部门索赔，索赔款中的进项税额应由"应交税费——应交增值税（进项税额转出）"账户的贷方转入"其他应收款"账户的借方。

凡属购入途中发生的非常损失，其进项税额不得抵扣，而应由"应交税费——应交增值税（进项税额转出）"的贷方，转入"待处理财产损溢"的借方，与损失的材料成本一并处理。经批准转销时，将扣除残料价值和过失人、保险公司赔款后的净损失，计入"营业外支出"。

【例2-12】　天华工厂向外地大明厂购进丁材料，采取验单付款，收到大明厂转来的托收承付结算凭证及增值税专用发票，上列数量为400千克，60元/千克，增值税进项税额为3 120元。天华工厂作会计分录如下：

借：在途物资　　　　　　　　　　　　　　　　　　24 000
　　应交税费——应交增值税（进项税额）　　　　　　3 120
　　贷：银行存款　　　　　　　　　　　　　　　　27 120

购进材料验收入库时，发生短缺10千克，原因待查。作会计分录如下：

发生的非常损失，其进项税额不可抵扣：

　　借：待处理财产损溢　　　　　　　　　　　678
　　　　原材料　　　　　　　　　　　　　　23 400
　　　　贷：在途物资　　　　　　　　　　　　24 000
　　　　　　应交税费——应交增值税（进项税额转出）　78

（四）购建固定资产进项税额的会计处理

　　我国目前采用的是消费型增值税，因此，企业购进设备或购进用于固定资产建设项目的材料，如果取得增值税专用发票，且已注明税额，可以从销项税额中抵扣。

　　【例2-13】　天华工厂当月购进设备1台，价款为110 000元，增值税专用发票注明增值税额为14 300元；又购进用于在建工程的材料为28 000元，增值税专用发票注明增值税税额为3 640元。款已付，货已入库。天华工厂作会计分录如下：

　　　　借：固定资产　　　　　　　　　　　110 000
　　　　　　应交税费——应交增值税（进项税额）　14 300
　　　　　　　贷：银行存款　　　　　　　　　124 300
　　　　借：在建工程　　　　　　　　　　　　28 000
　　　　　　应交税费——应交增值税（进项税额）　3 640
　　　　　　　贷：银行存款　　　　　　　　　　31 640

（五）支付水电费进项税额的会计处理

　　按现行增值税法规规定，企业支付水电费，可以根据增值税专用发票注明增值税税额进行税款抵扣。

　　【例2-14】　天华工厂10月份收到电力公司开来的电力增值税专用发票，因该工厂生产经营用电和职工生活用电是一个电度表，所以，增值税专用发票的增值税税额中有属于职工个人消费的部分。10月份该企业用电总价为20 000元，其中：生产用电的电价为18 000元，职工生活用电的电价是2 000元。电力公司开来的增值税专用发票，电价为20 000元，税额为 2 600 元，价税合计为 22 600 元。该工业企业对职工个人用电的价税计算到人，在发工资时扣回。天华工厂作会计分录如下：

借：制造费用	18 000
应交税费——应交增值税（进项税额）	2 340
应付职工薪酬	2 260
贷：银行存款	22 600

（六）投资转入货物进项税额的会计处理

企业接受投资转入的货物，按照增值税专用发票上注明的增值税税额，借记"应交税费——应交增值税（进项税额）"账户，按照投资确认的价值（已扣除增值税），借记"原材料""库存商品""包装物"等账户，按照投资确认的货物价值与增值税税额的合计数，贷记"实收资本"。如果对方是以固定资产（如机器、设备等）进行投资，进项税额不通过"应交税费——应交增值税（进项税额）"核算，而是直接计入固定资产的价值。按投资确认的价值与增值税税额，借记"固定资产"账户，贷记"实收资本"账户。

【例 2-15】 某联营工业企业接受参加联营的某企业用原材料作投资，开来一份增值税专用发票，直接将货物送到仓库验收入库。增值税专用发票上注明：货价为 265 487 元，税额为 34 513 元，价税合计为 300 000 元。该联营工业企业会计分录如下：

借：原材料	265 487
应交税费——应交增值税（进项税额）	34 513
贷：实收资本——××企业	300 000

（七）接受捐赠货物进项税额的会计处理

企业接受捐赠转入的货物，按照增值税专用发票上注明的增值税税额，借记"应交税费——应交增值税（进项税额）"账户，按照捐赠确认的价值，借记"原材料"等账户，按照货物的价值和增值税税额，贷记"营业外收入"账户。

【例2-16】 天华工厂接受长虹厂捐赠的丙材料，增值税专用发票上列明：价款40 000元，税额5 200元，材料已验收入库。天华工厂会计分录如下：

借：原材料　　　　　　　　　　　　　　　　　　40 000

　　应交税费——应交增值税（进项税额）　　　　 5 200

　　贷：营业外收入　　　　　　　　　　　　　　　　　 45 200

（八）委托加工材料、接受应税劳务进项税额的会计处理

委托加工材料、提供应税劳务的单位，如为一般纳税人，应使用增值税专用发票，分别注明加工、修理修配的成本和税额，接受劳务的单位即可据以编制会计分录。按所发材料的实际成本与支付的加工费、运杂费之和，借记"原材料"等账户；按应税劳务加工费的增值税税额，借记"应交税费——应交增值税（进项税额）"账户；按所发材料的实际成本、支付的加工费、运杂费之和，贷记"委托加工物资"账户。

【例2-17】 天华工厂委托东方厂加工产品包装用木箱，发出材料为16 000元，支付加工费为3 600元和增值税税额为468元。支付往返运杂费为380元，其中运费为300元，应计运费进项税额为27元（300×9%）。天华工厂作会计分录如下：

发出材料时：

借：委托加工物资　　　　　　　　　　　　　　　16 000

　　贷：原材料　　　　　　　　　　　　　　　　　　 16 000

支付加工费和增值税税额时：

借：委托加工物资　　　　　　　　　　　　　　　 3 600

　　应交税费——应交增值税（进项税额）　　　　　 468

　　贷：银行存款　　　　　　　　　　　　　　　　　　 4 068

用银行存款支付往返运杂费时：

借：委托加工物资   353

  应交税费——应交增值税（进项税额）   27

   贷：银行存款   380

结转加工材料成本时：

借：周转材料——木箱   19 953

   贷：委托加工物资   19 953

企业接受应税劳务，按照增值税专用发票注明的增值税税额，借记"应交税费——应交增值税（进项税额）"账户；按增值税专用发票记载的加工、修理、修配费用，借记"其他业务成本""制造费用""委托加工物资""管理费用"等账户；按应付或实际支付金额，贷记"应付账款""银行存款"等账户。

（九）购入废旧物资及免税产品进项税额的会计处理

按新规定，生产企业增值税一般纳税人若从废旧物资回收单位购入所需材料，可据物资回收单位开具的普通发票（税务机关监制）上注明的金额，按 10% 计算抵扣进项税额。企业从其他企业购入生产免税产品的原材料，其进项税额不得抵扣。

【例 2-18】 某生产企业 8 月份从经营废旧物资回收单位购入废旧物资，普通发票写明金额为 8 500 元，当月企业直接收购废旧物资为 1 200 元，当月从另一生产企业甲处购入生产免税产品所需原料，专用发票注明价款为 20 000 元，增值税额为 2 600 元。该生产企业作会计分录如下：

从废旧物资回收单位购入废旧物资时：

借：材料采购   7 650

  应交税费——应交增值税（进项税额）   850

   贷：银行存款   8 500

直接收购废旧物资时：

借：材料采购   1 200

   贷：现金   1 200

购入生产免税产品的原料时：

借：材料采购　　　　　　　　　　　　　　　22 600

　　贷：应付账款　　　　　　　　　　　　　　　　22 600

（十）购进不动产或不动产在建工程按规定进项税额分年抵扣的会计处理

一般纳税人自 2019 年 4 月 1 日后取得并按固定资产核算的不动产或者 2019 年 4 月 1 日后取得的不动产在建工程，其进项税额按现行增值税制度规定自取得之日起一次性全额抵扣的，应当按取得成本，借记"固定资产""在建工程"等科目，按可抵扣的增值税额，借记"应交税费——应交增值税（进项税额）"科目，按应付或实际支付的金额，贷记"应付账款""应付票据""银行存款"等科目。

（十一）小规模纳税人的会计处理

由于小规模纳税人不实行税款抵扣制，因此，不论收到普通发票，还是增值税专用发票，其所付税款均不必单独反映，可直接计入采购成本。按应付或实际支付的价款和进项税额，借记"材料采购""原材料""管理费用"等账户，贷记"应付账款""银行存款""现金"等账户。

四、商业企业进项税额的会计处理

（一）商品批发企业进项税额的会计处理

商品批发企业增值税进项税额的会计处理，主要涉及"材料采购""库存商品"和"应交增值税（进项税额）"等账户。按现行税法规定，商业企业（一般纳税人）购进商品，进项税额实行付款抵扣制，即只有付款或开出并承兑商业汇票后，才允许抵扣进项税额。为了正确确认每期应抵扣的进项税额，也可增设"待扣税金——增值税"账户。

1. 工业品购进的进项税额会计处理

（1）同城商品购进。

批发商业企业向本地生产企业或商业企业购进商品，分提货制和送货制两种购货方式，一般采用支票、商业汇票、现金结算方式。结算货款时，按购买价格，借记"材料采购"账户，按增值税专用发票上注明的增值税额，借记"应交税费——应交增值税（进项税额）"账户，按购买价格与增值税之和，贷记"应付账款""应付票据""银行存款"等账户；商品验收入库时，借记"库存商品"账户，贷记"材料采购"或"在途商品"账户。

【例2-19】 某批发企业从本市服装厂购进女衬衣1 000件，88元/件，增值税专用发票注明：价款为88 000元，税额为11 440元（88 000×13%），以转账支票付款。该批发企业作会计分录如下：

付款时：

借：材料采购——某服装厂 88 000

应交税费——应交增值税（进项税额） 11 440

贷：银行存款 99 440

商品验收入库时：

借：库存商品——衬衣 88 000

贷：材料采购——某服装厂 88 000

（2）异地商品采购。

批发企业向外地供货单位购进商品，一般采用发货制方式，货款通常采用异地托收承付等结算方式。由于商品发运与货款结算完成时间不一致，往往形成"货到单未到"或"单到货未到"的情况。所以，会计核算一般分为两步：接收商品和结算货款。

在"单到货未到"的情况下，购货单位收到银行转来的供货单位的"托收承付结算凭证"和"发货单"及增值税专用发票后，经审核无误后，在规定承付时间内办理货款结算，应借记"材料采购"和"应交税费——应交增值税（进项税额）"账户，贷记"银行存款"账户；商品验收入库，财会部门根据仓库转来的"收货单"，应借记"库存商品"账户，贷记"材料采购"账户。

【例2-20】 某商业企业向外地某自行车厂购入自行车400辆，400元/辆，增值税专用发票上注明：价款为160 000元，税额为20 800元（400×400×13%），采用托收承付方式结算，单货俱到。该商业企业作会计分录如下：

承付货款时：

借：材料采购——××自行车厂 160 000

应交税费——应交增值税（进项税额） 20 800

贷：银行存款 180 800

验收入库时：

借：库存商品——自行车 160 000

贷：材料采购——××自行车厂 160 000

在"货到单未到"的情况下，平时先不记账。若到月终结算时，凭证仍未到达，按暂估的进货原价入账，借记"库存商品"账户，贷记"应付账款"账户；下月初再作相同的会计分录用红字冲回。

商业企业购进货物，必须在购进货物付款后才能申报抵扣进项税额，尚未付款或尚未开出商业承兑汇票的，其进项税额不得作为纳税人当期进项税额予以抵扣。

若进货时已收到发票，企业因资金周转困难暂时不能付款，在核算时，既要如实反映应付账款的金额，又不能将未付款的进项税额列入当期进项税额予以抵扣。可增设"待扣税金——增值税"或"待抵扣进项税额"账户。也可以利用"待摊费用"账户核算暂不能抵扣的进项税额。零售商业企业发生上述情况的，也可以比照这种方法进行会计处理。

2. 收购农业特产品进项税额的会计处理

对企业来说，农业特产品收购环节所缴纳的农业特产税和代生产者缴纳的农业特产税，作为农业特产品进价的组成部分，计入农业特产品的进价成本，但应扣除农业特产品收购价加农业特产税之和按抵扣率13%计算的增值税。根据增值税原理，纳税人购进免税货物不能予以抵扣，这是国际上通行的做法，但各国都将购进免税农业特产品作为特例处理。大多数国家在对农产品免税的同时，都允许扣除购进农产品价格中所含有的税金。

企业收购农业特产品，按实际支付的价款，借记"材料采购"，贷记"银行存款"或"现金"；计算收购的应税农业特产税之和与按 13% 的扣除率计算的抵扣税额，借记"应交税费——应交增值税（进项税额）"；按收购价款和应交农业特产税之和减去抵扣税额，借记"库存商品"，贷记"材料采购"。

【例2-21】 某经营农业特产品收购的商业企业，由采购员到某地收购水果，收购价格为 50 000 元。该商业企业作会计分录如下：

支付收购价款时：

借：材料采购   50 000

    贷：现金   50 000

缴纳农业特产税时：

设水果的农业特产税率为 12%。

代扣应纳农业特产 $50\ 000 \div (1 - 12\%) \times 12\% = 56\ 818 \times 12\% = 6\ 818$（元）

借：材料采购   6 818

    贷：应交税费——应交农业特产税   6 818

验收入库时：

计算应扣除的增值税 = $(50\ 000 + 6\ 818) \times 13\% = 7\ 386$（元）

水果不含增值税成本 = $50\ 000 + 6\ 818 - 7\ 386 = 49\ 432$（元）

借：库存商品——水果   49 432

    应交税费——应交增值税（进项税额）   7 386

    贷：材料采购   56 818

（二）商品零售企业进项税额的会计处理

商品零售企业在商品验收入库时，以商品的售价（含税）金额，借记"库存商品"账户，以商品的进价（不含税）金额，贷记"材料采购"账户，以商品含税零售价大于不含税进价的差额，贷记"商品进销差价"账户。"商品进销差价"账户，是商品零售企业用来核算商品售价（含税）与进价（不含税）之间的差额（毛利 + 销项税额）的专门账户。借方反映取得商品进价大于零售价的差额，月终分摊的商品进销差价和库存商品售价调整时调低售价的差额；贷方反映取得商品零售价大于进价的差额和库存商品售价调整时调高售价的差额；贷方余额反映库存商品进价小于售价的差额，借方余额则反映库存商品进价大于售价的差额，余额一般在贷方。

1. 购进商品进项税额的会计处理

零售企业购进商品、进项税额的确认及会计处理，只是库存商品实行售价金额核算，其会计处理有所不同，其他均与批发企业基本相同。

【例 2 - 22】　某零售商业企业向本市无线电厂购入 VCD 150 台，1 000 元/台，增值税专用发票上注明：价款为 150 000 元，税额为 19 500 元（150 000×13%）。该零售企业作会计分录如下：

企业付款时：

借：材料采购——××无线电厂　　　　　　　　　150 000
　　应交税费——应交增值税（进项税额）　　　　　19 500
　　贷：银行存款　　　　　　　　　　　　　　　　　169 500

商品验收入库（设每台 VCD 含税售价 1 560 元）时：

借：库存商品——××VCD　　　　　　　　　　　234 000
　　贷：材料采购——××无线电厂　　　　　　　　150 000
　　　　商品进销差价　　　　　　　　　　　　　　　84 000

当然，上述会计处理方法也有其局限性，即"商品进销差价"并不是真正的进价与销价的差价。这样，就不便于分析商品的差价率（毛利率）。为此，也可以采用以下会计处理方法：

（1）库存商品、商品进销差价均不含税

【例 2 - 23】　仍以上例，第一笔会计分录不变，第二笔会计分录如下：

每台 VCD 含税售价 = 1 560÷（1 + 13%）= 1 381（元）

借：库存商品——××VCD　　　　　　　　　　　207 150
　　贷：材料采购　　　　　　　　　　　　　　　　150 000
　　　　商品进销差价　　　　　　　　　　　　　　 57 150

（2）在"商品进销差价"账户下，设"毛利""销项税额"两个二级账户

【例2-24】 仍以上例，第一笔会计分录不变，第二笔会计分录如下：

借：库存商品——××VCD 234 000
　　贷：材料采购 150 000
　　　　商品进销差价——毛利 57 150
　　　　　　　　　　——销项税额 26 850

（3）在"库存商品"账户下，增设"销项税额"明细账

【例2-25】 仍以上例，第一笔会计分录不变，第二笔会计分录如下：

借：库存商品 234 000
　　贷：材料采购 150 000
　　　　商品进销差价 57 150
　　　　库存商品——销项税额 26 850

上述各种会计处理方法各有利弊，企业在不违反现行有关法规的前提下，可以选择其中之一或创造更好的处理方法。

2. 购进商品溢余、短缺进项税额的会计处理

商业企业购进商品，验收入库时，如发现实收数量与应收数量不符，应查明原因，针对不同原因进行相应的会计处理。其会计处理方法可参照本节关于进项税额转出的会计处理。

3. 进货退出进项税额的会计处理

进货退出是指商品已验收入库并支付货款，事后发现商品质量、规格等问题，经与供货方协商同意，将商品退回供货方。发生进货退出业务，应由业务部门填红字进货单并向当地主管税务机关取得证明单，然后将红字进货单和证明单各一联送交销货方，作为销货方开具红字增值税专用发

票的合法依据。

【例2-26】 某商业企业在拆包整理商品时，发现上月购入的乙商品有2箱不符规格，经与供货方协商，同意退回商品，进价为1 000元/箱。该企业作会计分录如下：

财会部门收到红字进货单时：

采用进价核算的企业：

借：库存商品——乙商品　　　　　　　　　　　　　　2 000
　　贷：应收账款　　　　　　　　　　　　　　　　　　2 000

采用售价核算的企业（含税零售价1 500元/箱）：

借：库存商品——乙商品　　　　　　　　　　　　　　3 000
　　贷：应收账款　　　　　　　　　　　　　　　　　　2 000
　　　　商品进销差价　　　　　　　　　　　　　　　　1 000

收到供货单位开来的红字增值税专用发票和退货款时：

借：银行存款　　　　　　　　　　　　　　　　　　　2 260
　　贷：应交税费——应交增值税（进项税额）　　　　　　260
　　　　应收账款　　　　　　　　　　　　　　　　　　2 000

上述会计分录，如果都用蓝字填制也可以，即借记"银行存款"账户，贷记"应交税费""应收账款"账户。但在登账时，"应交税费""应收账款"应用红字记入借方发生额。

4. 购入商品退补价款进项税额的会计处理

购入商品退补价是指商品流通企业在商品购进核算完成后，由于供货方计价有误，以致多付或少付货款。供货方退还多付货款，称为退价；购货方补付少付货款，称为补价。

退价与补价的核算，应在原账务处理的基础上加以调整，不涉及商品实物数量的变动。发生购入商品退补价款业务，由供货方填制销货更正单和红字或蓝字增值税专用发票转交购货方；购货方有关部门审核后，填制进货更正单，连同红字或蓝字增值税专用发票交财会部门据以办理价款结算，调整库存商品的价格。

退价时，应根据红字增值税专用发票的抵扣联调减进项税额，根据红字增值税专用发票的发票联调减库存商品或商品销售成本。如退价商品尚未出售，或虽已出售但尚未结转销售成本，则调减库存商品成本；如退货商品已全部或部分售出，并已结转销售成本，则应调减商品销售成本。补价时，也应根据补价商品的存销情况，比照退货作相应的账务处理，即根据蓝字增值税专用发票的抵扣联调增进项税额，根据蓝字增值税专用发票的发票联调增库存商品成本或商品销售成本。

【例2-27】 某商品流通企业4月初从某皮鞋厂购入皮鞋400双，进价60元/双，价款为24 000元，增值税额为3 120元，以银行存款支付。现收到银行转来的供货方信汇凭证收款通知单、退价销货更正单以及红字增值税专用发票，上列每双鞋退价为5元，计价款为2 000元，税额为260元。该商品流通企业作会计分录如下：

当该批鞋尚未销售或虽销售但尚未结转成本时：

采用进价核算的企业：

借：银行存款　　　　　　　　　　　　　　　　　　　2 260

　　贷：应交税费——应交增值税（进项税额）　　　　　　　260

　　　　库存商品——皮鞋　　　　　　　　　　　　　　　2 000

采用售价核算的企业（不调整库存商品，全部计入商品进销差价）：

借：银行存款　　　　　　　　　　　　　　　　　　　2 260

　　贷：应交税费——应交增值税（进项税额）　　　　　　　260

　　　　商品进销差价　　　　　　　　　　　　　　　　2 000

当该批鞋已全部销售并已结转成本时：

借：银行存款　　　　　　　　　　　　　　　　　　　2 260

　　贷：应交税费——应交增值税（进项税额）　　　　　　　260

　　　　商品销售成本　　　　　　　　　　　　　　　　2 000

5. 购入商品拒付货款、拒收商品进项税额的会计处理

商业企业采用托收承付结算方式和发货制向异地购入商品，当收到供货方的托收单，发现金额有错，或商品到达、验收入库时发现与合同要求不符，均可向供货方提出拒付货款或拒收商品。

五、进项税额转出的会计处理

企业购进的货物（包括商品、原材料、包装物、免税农业特产品等）发生非正常损失及改变用途等原因，其进项税额不能从销项税额中扣除。由于这些货物的增值税税额在其购进时已作为进项税额从当期的销项税额中作了扣除，因此，应将其从进项税额中转出，或将其视同销项税额，从本期的进项税额中抵减，借记有关成本、费用、损失等账户，贷记"应交税费——应交增值税（进项税额转出）"账户。另外，按我国现行出口退税政策规定，进项税额与出口退税额的差额，也应作"进项税额转出"的会计处理。

（一）购进货物改变用途转出进项税额的会计处理

为生产、销售购进的货物，企业支付的增值税已计入"进项税额"，若该货物购进后被用于免税项目、非应税项目、集体福利、个人消费（不开具发票，只填开出库单），应将其负担的增值税从"进项税额"中转出，随同货物成本计入有关账户。这类业务同在购入时就已明确自用不同，若购入时就确认用于免税项目、非应税项目、集体福利、个人消费，应将其发票上注明的增值税税额，计入购进货物及接受劳务的成本，不计入"进项税额"。这类业务与"视同销售"也不相同。视同销售是指经过自己加工的、委托加工的货物用于上述目的，或者未经加工货物对外投资和赠送的（开具发票），因而应计入"销项税额"。

【例 2－28】　某企业 8 月份购进生产经营用钢材 112 吨，3 500 元/吨，增值税专用发票上注明：价款为 392 000 元，增值税额为 50 960 元（392 000×13%），已通过银行支付，货物已验收入库。9 月份，本企业基建需要从仓库中领用上月购入钢材 28 吨。该企业作会计分录如下：

　　借：在建工程　　　　　　　　　　　　　　　　　110 740
　　　　贷：原材料——钢材　　　　　　　　　　　　　　98 000
　　　　　　应交税费——应交增值税（进项税额转出）　　12 740

（二）用于免税项目的进项税额转出的会计处理

企业购进的货物，如果既用于应税项目，又用于免税项目，而进项税额又不能单独核算时，月末应按免税项目销售额与应税免税项目销售额合计之比计算免税项目不予抵扣的进项税额，然后作"进项税额转出"的会计处理。如果企业生产的产品全部是免税项目，其购进货物的进项税额应计入采购成本，因而就不存在进项税额转出的问题。

【例2-29】 某塑料制品厂生产农用薄膜和塑料餐具产品，前者属免税产品，后者正常计税。4月份，该厂购入聚氯乙烯原料一批，增值税专用发票列明：价款为 265 000 元，税额为 34 450 元（265 000×13%），已付款并验收入库；购进包装物、低值易耗品，增值税专用发票列明：价款为 24 000 元，税额为 3 120 元（24 000×13%），已付款并验收入库；当月支付电费为 5 820 元，进项税额为 756.60 元（5 820×13%）。4月份全厂销售产品销售额为 806 000 元，其中农用薄膜销售额为 526 000 元。该厂作会计分录如下：

先计算当月全部进项税额：

34 450 + 3 120 + 756.60 = 38 326.60（元）

再计算当月不得抵扣的进项税额：

38 326.6×526 000÷806 000 = 25 012.15（元）

最后计算当月准予抵扣的进项税额：

38 326.6 - 25 012.15 = 13 314.45（元）

企业兼营免税项目，发生上述各类进项税额时，已全部借记"应交税费——应交增值税（进项税额）"账户，即已进行了税款抵扣；月末，按上述计算，将不准抵扣的进项税额算出后，应作"进项税额转出"的会计处理。

借：主营业务成本（农用薄膜）　　　　　　　　　25 012.15

贷：应交税费——应交增值税（进项税额转出）　　25 012.15

（三）非正常损失货物进项税额转出的会计处理

购进货物发生非正常损失后，不可能再出售，其税负也就不能再往下转嫁。因此，税法规定对发生损失的企业（作为应税货物的最终消费者）应征收该货物的增值税。由于进货时支付的增值税税额已计入"进项税额"并抵扣了企业"销项税额"，发生损失后要将其转出，不能抵扣应纳税额，由企业负担该项税负，即转作待处理财产损失的增值税，应与遭受损失的存货成本一起处理。

由于非正常损失的购进货物和非正常损失的在产品、库存商品所耗用的购进货物或者应税劳务的进项税额，一般都已在以前的纳税期作了抵扣。发生损失后，一般很难核实所损失的货物是在过去何时购进的。其原始进价和进项税额也无法准确核定。因此，应按货物的实际成本计算不得抵扣的进项税额。由于损失的在产品、库存商品中耗用外购货物或应税劳务的实际成本，还需要参照企业近期的成本资料加以计算。

企业应根据税法的规定，正确界定非正常损失与正常损失。正常损失额确认后，可计入"管理费用"或"销售费用"，不作"进项税额转出"。

1. 意外损失进项税额转出的会计处理

【例2-30】　某企业本月发生火灾，烧毁库存外购彩电10台，账面售价成本为40 000元，进销差率为20%。不得抵扣的进项税额为4 160元［40 000×（1-20%）×13%］。该企业作会计分录如下：

借：待处理财产损溢　　　　　　　　　　　　　　　44 160
　　贷：库存商品　　　　　　　　　　　　　　　　　40 000
　　　　应交税费——应交增值税（进项税额转出）　　4 160
借：商品进销差价　　　　　　　　　　　　　　　　8 000
　　贷：待处理财产损溢　　　　　　　　　　　　　　8 000

2. 购进货物短缺进项税额转出的会计处理

【例2-31】　某采用进价核算的商业企业从外地永明公司购进A商品4 000千克，增值税专用发票上列明：价款为80 000元，税额为10 400元。接到银行转来的托收承付结算凭证及有关凭证，经审核无误，如数以银行存款支付，商品尚未运到。该商业企业作会计分录如下：

借：材料采购——永明公司　　　　　　　　　　　　80 000
　　应交税费——应交增值税（进项税额）　　　　　　10 400
　　贷：银行存款　　　　　　　　　　　　　　　　　90 400

商品验收入库时，实收 3 000 千克，短缺 1 000 千克，原因待查。该商业企业作会计分录如下：

借：库存商品　　　　　　　　　　　　　　　60 000
　　待处理财产损溢　　　　　　　　　　　　22 600
　　贷：材料采购——永明公司　　　　　　　　　　80 000
　　　　应交税费——应交增值税（进项税额转出）　2 600

上例短缺 1 000 千克，经查属于对方单位少发，现收到对方单位补发来的商品。该商业企业作会计分录如下：

借：库存商品　　　　　　　　　　　　　　　20 000
　　应交税费——应交增值税（进项税额）　　　2 600
　　贷：待处理财产损溢　　　　　　　　　　　　22 600

六、购买方作为扣缴义务人的会计处理

按照现行增值税制度规定，境外单位或个人在境内发生应税行为，在境内未设有经营机构的，以购买方为增值税扣缴义务人。境内一般纳税人购进服务、无形资产或不动产，按应计入相关成本费用或资产的金额，借记"生产成本""无形资产""固定资产""管理费用"等科目，按可抵扣的增值税额，借记"应交税费——应交增值税（进项税额）"科目（小规模纳税人应借记相关成本费用或资产科目），按应付或实际支付的金额，贷记"应付账款"等科目，按应代扣代缴的增值税额，贷记"应交税费——代扣代交增值税"科目。实际缴纳代扣代缴增值税时，按代扣代缴的增值税额，借记"应交税费——代扣代交增值税"科目，贷记"银行存款"科目。

七、进项税额抵扣情况发生改变的账务处理

因发生非正常损失或改变用途等，原已计入进项税额、待抵扣进项税额或待认证进项税额，但按现行增值税制度规定不得从销项税额中抵扣的，借记"待处理财产损溢""应付职工薪酬""固定资产""无形资产"等科目，贷记"应交税费——应交增值税（进项税额转出）""应交税费——待

抵扣进项税额"或"应交税费——待认证进项税额"科目；原不得抵扣且未抵扣进项税额的固定资产、无形资产等，因改变用途等用于允许抵扣进项税额的应税项目的，应按允许抵扣的进项税额，借记"应交税费——应交增值税（进项税额）"科目，贷记"固定资产""无形资产"等科目。经上述调整后，固定资产、无形资产等应按调整后的账面价值在剩余尚可使用寿命内计提折旧或摊销。

一般纳税人购进时已全额计提进项税额的货物或服务等转用于不动产在建工程的，对于结转以后期间的进项税额，应借记"应交税费——待抵扣进项税额"科目，贷记"应交税费——应交增值税（进项税额转出）"科目。

第四节 增值税销项税额的会计处理

一、工业企业销项税额的会计处理

工业企业增值税销项税额的会计处理所涉及的会计账户主要有："主营业务收入""分期收款发出商品""应交税费——应交增值税（销项税额）""银行存款""应收账款""应收票据"等账户。

（一）产品销售的销项税额的会计处理

1. 采用支票、汇兑、银行本票、银行汇票结算方式（工具）销售产品的销项税额的会计处理

采用支票、汇兑、银行本票、银行汇票等结算方式销售产品，按税法的规定，属于直接收款方式销售货物，不论货物是否发出，均为收到货款或取得索取销货款的凭据，应于提货单交给购货方的当天，确认销售成立并发生纳税义务。企业应根据销售结算凭证和银行存款进账单，借记"银行存款""应收账款""应收票据"账户；按增值税专用发票上所列税额或按普通发票上所列货款乘以征收率所折算的增值税税额，按照国家统一的会计制度确认收入或利得的时点早于按照增值税制度确认增值税纳税义务发生时点的，应将相关销项税额计入"应交税费——待转销项税额"科目，待实际发生纳税义务时再转入"应交税费——应交增值税（销项税额）"或"应交税费——简易计税"科目。按照增值税制度确认增值税纳税义务发生

时点早于按照国家统一的会计制度确认收入或利得的时点的，应将应纳增值税额，借记"应收账款"科目，贷记"应交税费——应交增值税（销项税额）"或"应交税费——简易计税"科目，按照国家统一的会计制度确认收入或利得时，应按扣除增值税销项税额后的金额确认收入；按实际销货额，贷记"主营业务收入"账户。

【例2-32】 天华工厂采用汇兑结算方式向光明厂销售甲产品360件，600元/件，计价款为216 000元、增值税额为28 080元（360×600×13%），开出转账支票代垫杂费为1 000元，货款尚未收到。天华工厂会计分录如下：

借：应收账款——光明工厂   245 080
  贷：主营业务收入   216 000
    应交税费——应交增值税（销项税额）   28 080
    银行存款   1 000

2. 采用商业汇票结算方式销售产品的销项税额的会计处理

采用商业汇票结算方式销售产品，当收到购货方交来的商业汇票时，销售收入实现并发生纳税义务。按照国家统一的会计制度确认收入或利得的时点早于按照增值税制度确认增值税纳税义务发生时点的，应将相关销项税额计入"应交税费——待转销项税额"科目，待实际发生纳税义务时再转入"应交税费——应交增值税（销项税额）"或"应交税费——简易计税"科目。按照增值税制度确认增值税纳税义务发生时点早于按照国家统一的会计制度确认收入或利得的时点的，应将应纳增值税额，借记"应收账款"科目，贷记"应交税费——应交增值税（销项税额）"或"应交税费——简易计税"科目，按照国家统一的会计制度确认收入或利得时，应按扣除增值税销项税额后的金额确认收入。

【例2-33】 天华工厂向永兴厂销售甲产品100件，600元/件，价款60 000元，税额7 800元（100×600×13%），已收到购货单位交来承兑期为4个月的银行承兑汇票。作天华工厂会计分录如下：

借：应收票据——银行承兑汇票 67 800
　　贷：应交税费——应交增值税（销项税额） 7 800
　　　　主营业务收入 60 000

3. 采用委托收款、托收承付结算方式销售产品的销项税额的会计处理

企业采用委托收款或托收承付结算方式销售产品，尽管结算程序不同，但按增值税法的规定，均应于发出商品并向银行办妥托收手续的当天，确认销售实现并发生纳税义务。企业应根据委托收款或托收承付结算凭证和发票，借记"应收账款"账户，按照国家统一的会计制度确认收入或利得的时点早于按照增值税制度确认增值税纳税义务发生时点的，应将相关销项税额计入"应交税费——待转销项税额"科目，待实际发生纳税义务时再转入"应交税费——应交增值税（销项税额）"或"应交税费——简易计税"科目。按照增值税制度确认增值税纳税义务发生时点早于按照国家统一的会计制度确认收入或利得的时点的，应将应纳增值税额，借记"应收账款"科目，贷记"应交税费——应交增值税（销项税额）"或"应交税费——简易计税"科目。按照国家统一的会计制度确认收入或利得时，应按扣除增值税销项税额后的金额确认收入，并确认相关的营业收入，贷记"主营业务收入"账户。对不完全符合收入确认条件的销售业务，只要开出并转交专用发票，也应确认纳税义务的发生。

【例2-34】 天华工厂向外地胜利厂发出乙产品200件，460元/件，价款为92 000元，增值税额为11 960元（200×460×13%），代垫杂费为2 000元。根据发货票和铁路运单等，已向银行办妥委托收款手续。天华工厂作会计分录如下：

借：应收账款——胜利厂 105 960
　　贷：应交税费——应交增值税（销项税额） 11 960
　　　　主营业务收入 92 000
　　　　银行存款 2 000

若已知胜利厂近期财务状况不好，难以在规定的结算期内承付货款。但天华厂为减少库存，同时也为保持双方的长期业务关系，仍然同意以

该种结算方式将产品卖给胜利厂。已知该批发出产品成本为 400 元/件。

由于该项销售业务不具备收入确认的条件，应按其成本转账。天华工厂作会计分录如下：

借：发出商品——胜利厂　　　　　　　　　　　　　　80 000

　　贷：库存商品——乙产品　　　　　　　　　　　　　　80 000

同时：

借：应收账款——胜利厂　　　　　　　　　　　　　　13 960

　　贷：应交税费——应交增值税（销项税额）　　　　　11 960

　　　　银行存款　　　　　　　　　　　　　　　　　　2 000

若在十五日，获知对方财务状况好转，并承诺近期付款，可确认收入。作会计分录如下：

借：应收账款——胜利厂　　　　　　　　　　　　　　92 000

　　贷：主营业务收入　　　　　　　　　　　　　　　　92 000

4. 采用赊销和分期收款方式销售产品的销项税额的会计处理

采用赊销和分期收款方式销售产品，按增值税法的规定，销售实现并发生纳税义务和开具增值税专用发票的时间为合同约定收款日期的当天。发出商品时，借记"分期收款发出商品"账户，贷记"库存商品"账户，按合同约定收款日期开具增值税专用发票，并按增值税专用发票上的金额，借记"银行存款"或"应收账款"账户，按照国家统一的会计制度确认收入或利得的时点早于按照增值税制度确认增值税纳税义务发生时点的，应将相关销项税额计入"应交税费——待转销项税额"科目，待实际发生纳税义务时再转入"应交税费——应交增值税（销项税额）"或"应交税费——简易计税"科目。按照增值税制度确认增值税纳税义务发生时点早于国家统一的会计制度确认收入或利得的时点的，应将应纳增值税额，借记"应收账款"科目，贷记"应交税费——应交增值税（销项税额）"或"应交税费——简易计税"科目，按照国家统一的会计制度确认收入或利得时，应按扣除增值税销项税额后的金额确认收入，并确认相关的营业收入，贷记"主营业务收入"账户。

【例2-35】　天华工厂向阳州厂销售丙产品200件，540元/件，产品成本为80 000元，增值税率13%。按合同规定，货款分三个月支付，本月为第1期产品销售实现月，增值税专用发票上列明：价款36 000元，税额4 680元（36 000×13%），已收到款项。天华工厂作会计分录如下：

$$
\begin{array}{lr}
借：分期收款发出商品 & 80\ 000 \\
\quad 贷：库存商品 & 80\ 000 \\
借：银行存款 & 40\ 680 \\
\quad 贷：应交税费——应交增值税（销项税额） & 4\ 680 \\
\qquad 主营业务收入 & 36\ 000 \\
借：主营业务成本 & 26\ 667 \\
\quad 贷：分期收款发出商品 & 26\ 667 \\
\end{array}
$$

5. 混合销售行为的会计处理

按照增值税法的规定，从事货物生产、批发或零售的企业，在一项销售行为中，发生既涉及货物又涉及非应交增值税劳务（如交通运输、建筑安装、文化娱乐等），称为混合销售行为，应开具增值税专用发票，缴纳增值税。其他单位的混合销售行为，视为销售非应税劳务，不缴增值税。

【例2-36】　某钢窗厂销售钢制防盗门，售价为300元（含税），另收取运输及安装费50元（含税）。该企业作会计分录如下：

防盗门价 = 300 ÷（1 + 13%）= 265.49（元）

防盗门增值税销项税额 = 265.49 × 13% = 34.51（元）

非应税劳务价 = 50 ÷（1 + 13%）= 44.25（元）

非应税劳务增值税销项税额 = 44.25 × 13% = 5.75（元）

混合销售行为增值税销项税额 = 34.51 + 5.75 = 40.26（元）

$$
\begin{array}{lr}
借：现金（或银行存款） & 350 \\
\quad 贷：主营业务收入 & 265.49 \\
\qquad 其他业务收入 & 44.25 \\
\qquad 应交税费——应交增值税（销项税额） & 40.26 \\
\end{array}
$$

6. 生产周期超过一年的长期合同产品销项税额的会计处理

对生产周期超过一年的长期合同产品，由于财务会计是采用完工百分比（完工进度）法确认其业务收入的，如果在确认收入时，税务会计按增值税法规计算增值税销项税额，并进行相应的会计处理，势必增加企业的税负。为此，对长期合同产品收入应交增值税的会计处理，可借鉴所得税会计处理办法，将"递延所得税"账户的使用加以扩展，企业在按完工进度确认长期工程合同的营业收入时，借记"应收账款"账户，贷记"主营业务收入""递延所得税——增值税"账户。待工程全部完工、产品发出时，再借记"递延所得税——增值税"账户，贷记"应交税费——应交增值税（销项税额）"账户。

（二）销货退回及折让、折扣的销项税额的会计处理

企业在产品销售过程中，如果发生因品种、规格、质量等不符合要求而退货或要求折让，不论是当月销售的退货与折让还是以前月份销售的退货与折让，均应冲减当月的主营业务收入，在收到购货单位退回的增值税专用发票或寄来的证明单后，分别不同情况进行账务处理。

1. 销货退回的销项税额的会计处理

（1）全部退回。

①销货全部退回并收到购货方退回的增值税专用发票的发票联和抵扣联，因采用托收承付结算方式，对方尚未付款。其具体做法：一是如果属于当月销售，尚未登账，应在退回的发票联、抵扣联及本企业保存的存根联和记账联上均注明"作废"字样，并作废原做的记账凭证；二是如果属于以前月份的销售，应在退回的发票联、抵扣联上注明"作废"字样，并根据冲销当期的产品销售收入和销项税额的凭证，借记"主营业务收入""应交税费——应交增值税（销项税额）"（实际登账时，应以红字计入贷方）、"销售费用""应交税费——应交增值税（销项税额）"账户，贷记"应收账款"或"银行存款"（如属预收货款）、"应付账款"账户。

【例2-37】 天华工厂2×19年4月26日销售给天方公司的丁产品发生全部退货，已收到对方转来的增值税专用发票的发票联和抵扣联，上列价款为80 000元、增值税额为10 400元，并转来原代垫运费为500元（应计进项税额45元）和退货运费为600元（应计进项税额54元）

的单据。开具红字增值税专用发票（第二联、第三联与退回联订在一起保存）。天华工厂作会计分录如下：

　　借：应收账款——天方公司　　　　　　　　　　　　90 400
　　　　应交税费——应交增值税（进项税额）　　　　　　　45
　　　　销售费用　　　　　　　　　　　　　　　　　　　455
　　　　贷：主营业务收入　　　　　　　　　　　　　　80 000
　　　　　　应交税费——应交增值税（销项税额）　　　10 400
　　　　　　其他应付款　　　　　　　　　　　　　　　　500
　　借：销售费用　　　　　　　　　　　　　　　　　　　546
　　　　应交税费——应交增值税（进项税额）　　　　　　　54
　　　　贷：其他应付款——天方公司　　　　　　　　　　600

　　②销货全部退回并收到购货方转来的证明单，应根据证明单上所列退货数量、价款和增值税额，开具红字增值税专用发票，并作为冲销当月主营业务收入和当月销项税额的凭证，借记"主营业务收入""应交税费——应交增值税（销项税额）""销售费用——运输费""应交税费——应交增值税（进项税额）"账户，贷记"应收账款"（购货方未付款）、"应付账款"（购货方已付款）、"银行存款"（购货方已付款，现支付退货款）账户。实际记账时，应以红字计入"主营业务收入""应交税费——应交增值税（销项税额）"账户的借方。

　　（2）部分退回。

　　①销货部分退回并收到购货方退回的增值税专用发票的发票联和抵扣联，一般情况是对方尚未付款。

　　如果销售方尚未登账，应将退回的该发票联、抵扣联、存根联和记账联以及所填的记账凭证予以作废，然后再按购货方实收数量、价款和增值税税额重新开具增值税专用发票，并进行相应的账务处理。

　　如果属以前月份销售，销售方已填制记账凭证并登账，应将退回的发票联和抵扣联注明作废字样，然后根据购货方实收数量、价款和增值税税额重新开具增值税专用发票，根据作废的发票联、抵扣联与新开的增值税专用发票的记账联，作为冲销当月主营业务收入和当月销项税额的凭据，按原发票和新发票所列价款的差额和增值税税额的差额，借记"主营业务收入""应交税费——应交增值税（销项税额）"账户，贷记"银行存款"或"应付账款""应收账款"账户。

【例2-38】 天华工厂2×19年4月销售给长城公司的甲产品50 000元，退货款为10 000元，已收到原开具的增值税专用发票的发票联和抵扣联以及退货运杂费480元的单据，其中运费发票金额为400元。应在退回的发票联和抵扣联上注明"作废"字样，按购货方实收金额和税额开具增值税专用发票，应冲销的主营业务收入为10 000元，应冲销的销项税额为1 300元（6 500 - 5 200），应增加销售费用为444元，应计进项税额为36元。天华工厂作会计分录如下：

借：应收账款——长城公司　　　　　　　　　　　　10 820
　　应交税费——应交增值税（进项税额）　　　　　　　36
　　销售费用　　　　　　　　　　　　　　　　　　　444
　　贷：主营业务收入——甲产品　　　　　　　　　　10 000
　　　　应交税费——应交增值税（销项税额）　　　　1 300

②销货部分退回并收到购货方转来的证明单，销货方一般已作账务处理并收到款项。应根据证明单上所列退货数量、价款和增值税税额，开具红字的增值税专用发票，作为冲销当月主营业务收入和当月销项税额的依据，其账务处理基本同上。

2. 销货折让的销项税额的会计处理

销售产品因质量等原因，购销双方协商后不需退货，按折让一定比例后的价款和增值税税额收取。

（1）如果购货方尚未进行账务处理也未付款，销货方应在收到购货方转来的原开增值税专用发票的发票联和抵扣联上注明"作废"字样。

如属当月销售，销货方尚未进行账务处理，则不需要进行冲销当月产品销售收入和销项税额的账务处理，只需根据双方协商扣除折让后的价款和增值税税额重新开具增值税专用发票，并进行账务处理。

如属以前月份销售，销货方已进行账务处理，则应根据折让后的价款和增值税税额重新开具增值税专用发票，按原开增值税专用发票的发票联和抵扣联与新开的增值税专用发票的记账联的差额，冲销当月主营业务收入和当月销项税额，借记"主营业务收入""应交税费——应交增值税（销项税额）"账户，贷记"应收账款"账户。

【例2-39】 天华工厂7月20日采用托收承付结算方式（验货付款）销售给光明厂乙产品40 000元，增值税税额5 200元，由于质量原因，双方协商折让30%。8月18日收到光明厂转来增值税专用发票的发票联和抵扣联。天华工厂作会计分录如下：

7月20日办妥托收手续时：

借：应收账款——光明厂　　　　　　　　　　　　45 200
　　贷：主营业务收入——乙产品　　　　　　　　　　40 000
　　　　应交税费——应交增值税（销项税额）　　　　 5 200

8月18日光明厂转来增值税专用发票时，按扣除折让后的价款28 000元［40 000×（1-30%）］和增值税税额3 640元［5 200×（1-30%）］，重新开具专用发票，冲销后主营业务收入12 000元（40 000-28 000）和增值税税额1 560元（5 200-3 640）。天华工厂作会计分录如下：

借：主营业务收入——乙产品　　　　　　　　　　12 000
　　应交税费——应交增值税（销项税额）　　　　　 1 560
　　贷：应收账款　　　　　　　　　　　　　　　　13 560

（2）如果购货方已进行账务处理，发票联和抵扣联已无法退还。这时，销货方一般也已进行了账务处理，销货方应根据购货方转来的证明单，按折让金额（价款和税额）开具红字增值税专用发票，作为冲销当期主营业务收入和销项税额的凭据。

【例2-40】 天华工厂2×19年4月销售给耀华厂丙产品40件，由于质量不符合要求，双方协商折让20%。耀华厂转来的证明单上列明：折让后价款为20 000元，折让后增值税额为2 600元。根据证明单开出红字增值税专用发票，并通过银行汇出款项。天华工厂作会计分录如下：

借：主营业务收入——丙产品　　　　　　　　　　　20 000
　　应交税费——应交增值税（销项税额）　　　　　2 600
　　贷：银行存款　　　　　　　　　　　　　　　　22 600

实际登账时，"主营业务收入""应交税费——应交增值税（销项税额）"应以红字记入贷方发生额。

3. 销售折扣的销项税额的会计处理

在财务会计中，销售折扣分为商业折扣和现金折扣两种形式。商业折扣也就是税法所称折扣销售，它是在实现销售时确认的，销货方应在开出同一张增值税专用发票上分别写明销售额和折扣额，可按折扣后的余额作为计算销项税额的依据，其会计处理同前述产品正常销售相同。但若将折扣额另开增值税专用发票，不论财务会计如何处理，计算销项税额都要按未折扣的销售额乘以税率，以此贷记"应交税费——应交增值税（销项税额）"账户。如果是现金折扣，应在购货方实际付现时才能确认折扣额。现金折扣是企业的一种理财行为，因此，按税法的规定，这种折扣不得从销售额中抵减，应该记入"财务费用"账户。由于现金折扣的会计处理方法有全价（总价）法和净价法两种，现举例说明采用现金折扣时，购销双方各自的会计处理方法。

【例 2 - 41】　某企业销售一批产品给 B 企业，价款 200 000 元，税额 26 000 元（200 000 × 13%），规定现金折扣条件为"2/10，1/20，n/30"。双方作会计分录如下：

（1）销货方

产品发出并办理完托收手续时：

①全价法：

借：应收账款　　　　　　　　　　　　　　　　　226 000
　　贷：主营业务收入　　　　　　　　　　　　　　200 000
　　　　应交税费——应交增值税（销项税额）　　　26 000

②净价法：

借：应收账款 222 000

贷：主营业务收入 196 000

应交税费——应交增值税（销项税额） 26 000

如果上述货款在十日内付款时：

①全价法：

借：银行存款 222 000

财务费用 4 000

贷：应收账款 226 000

②净价法：

借：银行存款 222 000

贷：应收账款 222 000

如果上述货款超过二十日付款时：

①全价法：

借：银行存款 226 000

贷：应收账款 226 000

②净价法：

借：银行存款 226 000

贷：应收账款 222 000

财务费用 4 000

（2）购货方

购货方收到货物及结算凭证时：

①全价法：

借：原材料 200 000

应交税费——应交增值税（进项税额） 26 000

贷：应付账款 226 000

②净价法：

借：原材料 196 000

应交税费——应交增值税（进项税额） 26 000

贷：应付账款 222 000

上述货款在十日内付款时：

①全价法：

借：应付账款	226 000
贷：银行存款	222 000
财务费用	4 000

②净价法：

| 借：应付账款 | 222 000 |
| 贷：银行存款 | 222 000 |

上述货款超过二十日付款时：

①全价法：

| 借：应付账款 | 226 000 |
| 贷：银行存款 | 226 000 |

②净价法：

借：应付账款	222 000
财务费用	4 000
贷：银行存款	226 000

4. 销售回扣的销项税额的会计处理

销售回扣是一种不合法、不正常的销售行为。因此，不论其在财务会计上如何处理，都不能冲减销售额，都不能影响销项税额。如果企业按销售金额开出增值税专用发票，然后又按回扣额开出普通发票（红字）冲减主营业务收入、冲减销项税额，在被发现后应补缴税款，并支付滞纳金等。

（三）以物易物购销的会计处理

以物易物是一种较为特殊的购销活动。它是指业务双方进行交易时，不以货币结算，而以同等价款的货物相互结算，从而实现货物购销的一种交易方式。按增值税法的规定，以物易物，双方都要作购销处理，以各自发出的货物核定销售额并计算销项税额，以各自收到的货物核定购货额，并依据对方开具的增值税专用发票抵扣进项税额。

【例2-42】　红发厂以A产品100件，成本8 000元，售价10 000元，交换祥发厂甲材料500千克，价款10 000元，双方都为对方开具增值税专用发票。红发厂作会计分录如下：

收到材料时：

借：原材料——甲材料　　　　　　　　　　　　　　10 000

　　应交税费——应交增值税（进项税额）　　　　　 1 300

　　贷：主营业务收入　　　　　　　　　　　　　　10 000

　　　　应交税费——应交增值税（销项税额）　　　　 1 300

结转销售成本时：

借：主营业务成本　　　　　　　　　　　　　　　　 8 000

　　贷：库存商品——A产品　　　　　　　　　　　　 8 000

在进行会计处理时，只有得到对方开具的增值税专用发票，才能据以借记"进项税额"，而不能仅据"材料入库单"自行估算进项税额；再则，对发出的产品必须按售价贷记"主营业务收入"，而不能直接冲减"库存商品"，漏记收入。

（四）视同销售的销项税额的会计处理

对于视同销售货物的行为，在会计处理上需要解决以下问题：

视同销售行为是否按主营业务收入核算，在理论和实务上有两种观点、两种做法：一种是按正常的销售程序核算，即按售价计入主营业务收入并计提销项税额，再按成本结转主营业务成本；另一种是不通过主营业务收入账户核算，直接按成本结转，同时按售价计提销项税额。前者是在财务会计与税务会计不分开时，财务会计服从税法的做法；后者是在两种会计分离时，符合各自目标的做法。对后者，本书按以下原则划分：这种视同销售行为是否会使企业获得收益；这种行为体现的是企业内部关系还是企业与外部的关系。如果能获得收益或体现企业与外部的关系，就作为主营业务收入处理；除此之外，均按成本结转。

视同销售计算出的应交增值税税额，是作为"销项税额"还是作为"进项税额转出"处理。考虑到既然视同销售行为，在发生时也必须开具增值税专用发票，而增值税专用发票上记载的税额为销项税额，这与一般的进项税额转出的意义不同，为了便于征收管理，会计上将其作为"销项税额"处理。

视同销售行为的价格（税基或计税依据）如何确定，应根据国家的有关规定，有的按照确认的价值，有的按照主管税务部门认可的价格确定，有的按照销售额确定。

视同销售的账务处理，主要是区分会计销售和不形成会计销售的应税销售。对于会计销售业务，要以商事凭证为依据，确认主营业务收入，将其计入"主营业务收入""其他业务收入"等收入类账户，并将其收取的增值税税额计入"销项税额"。对于不形成会计销售的应税销售，不计入收入类账户，不作主营业务收入处理，而按成本转账，并根据税法的规定，按货物的成本或双方确认的价值、同类产品的销售价格、组成计税价格等乘以适用税率计算，并登记"销项税额"。

根据我国增值税法的现行规定，视同销售有七种类型，以下分别介绍七种视同销售的会计处理方法：

1. 将货物交给他人代销与销售代销货物的销项税额的会计处理

增值税之所以规定委托方与受托方都作销售处理，是为了保持增值税的征收链条不中断，使各环节的税负更趋合理。对销售的确认，应该先由受托方开始，即当受托方销售代销货物时，要给购买方开出增值税专用发票，自己据以作销售处理；然后再按与委托方签订的协议，定期填制货物代销清单，与委托方结算货款及手续费，委托方根据代销清单，给受托方开出增值税专用发票，并据以作销售处理。这里只介绍工业企业委托代销的会计处理方法，本节"二、商业企业销项税额的会计处理"再以商业企业为例，说明受托方、委托方各自的会计处理方法。

委托其他单位代销产品，按增值税法的规定，应于收到受托人送交的代销清单的当天，销售成立、发生纳税义务并开具增值税专用发票。收到代销清单时，借记"应收账款"或"银行存款"账户，贷记"应交税费——应交增值税（销项税额）""主营业务收入"账户。委托单位支付的代销手续费，应在接到委托单位转来的普通发票后，借记"销售费用"账户，贷记"银行存款""应收账款"账户。

【例2-43】　天华工厂委托光大商行代销甲产品200件，不含税代销价为550元/件，增值税率为13%，单位成本为400元。月末收到光大商行转来的代销清单，上列已售甲产品120件的价款为66 000元，收取增值税为8 580元，开出增值税专用发票。代销手续费按不含税代销价的5%支付，已通过银行收到扣除代销手续费的全部款项。天华工厂作会计分录如下：

发出代销商品时：

借：委托代销商品　　　　　　　　　　　　　　　　　80 000

　　贷：库存商品　　　　　　　　　　　　　　　　　　80 000

收到光大商行转来的代销清单并结转代销手续费时：

借：银行存款　　　　　　　　　　　　　　　　　　71 280

　　贷：主营业务收入　　　　　[66 000×(1-5%)] 62 700

　　　　应交税费——应交增值税（销项税额）　　　 8 580

借：销售费用　　　　　　　　　　(66 000×5%) 3 300

　　贷：主营业务收入　　　　　　　　　　　　　　　 3 300

结转代销商品成本时：

借：主营业务成本　　　　　　　　　　　　　　　　48 000

　　贷：委托代销商　　　　　　　　　　　　　　　　48 000

2. 设有两个以上机构并实行统一核算的纳税人，将货物从一个机构移送至其他机构（不在同一县、市）用于销售的会计处理

货物移送要开增值税专用发票，调出方记销项税额，调入方记进项税额。

【例2-44】　某工业联合总公司核心厂生产的货物，拨给各股东企业为原料，4月份发生如下经济业务：

（1）总公司核心厂将生产的产品给甲分厂作为原料，开出增值税专用发票，货物销售额100 000元，增值税税额13 000元，账务通过应收、应付科目核算。

（2）核心厂将生产货物分销给丙分厂作为原料，开出增值税专用发票，货物销售额 160 000 元，增值税税额 20 800 元，货款已在"其他应付款"账户划转。

对以上业务该总公司作会计分录如下：

借：应收账款   113 000

     贷：主营业务收入   100 000

         应交税费——应交增值税（销项税额）   13 000

借：其他应付款   180 800

     贷：主营业务收入   160 000

         应交税费——应交增值税（销项税额）   20 800

3. 将自产或委托加工的货物用于非应税项目的销项税额的会计处理

企业将自产或委托加工的货物用于非应税项目（包括提供非应税劳务、转让无形资产、销售不动产、固定资产、在建工程），按财务会计制度的规定，并非销售业务，但自产或委托加工的货物本身消耗的原材料、支付的加工费中，已有一部分"进项税额"从"销项税额"中扣除。另外，如果这些非应税项目直接耗用外购的包含有增值税的货物，则计入这些非应税项目的材料成本中包含有增值税。为了使各非应税项目成本便于比较，非应税项目领用自产或委托加工货物，应按税法规定视同销售货物计算应交增值税。应税销售成立、发生纳税义务并开具普通发票的时间为货物移送的当天。在移送货物时，按自产或委托加工货物的成本及其所用货物的计税价格乘以适用税率计算的应纳增值税之和，借记"其他业务成本""在建工程"等账户（纳税人新建、扩建、改建、修缮、装饰建筑物，无论会计制度规定如何核算，均属固定资产在建工程）；按自产或委托加工货物的成本，贷记"库存商品""原材料""低值易耗品"等账户；按应纳税额，贷记"应交税费——应交增值税（销项税额）"账户。

若购进货物时明确用于非应税项目，不属于增值税纳税范围，不视同销售。

【例2-45】 天华工厂新建一车间，发出水泥若干吨，价值40 000元，委托加工预制板，并支付加工费4 400元和增值税税额572元，预制板收回后直接用于该新建工程。天华工厂作会计分录如下：

发出水泥时：

借：委托加工物资   40 000

    贷：原材料——水泥   40 000

支付加工费时：

借：委托加工物资   4 400

    应交税费——应交增值税（进项税额）   572

    贷：银行存款   4 972

预制板收回结转委托加工成本时：

借：原材料——预制板   44 400

    贷：委托加工物资   44 400

领用预制板时：

该产品没有同类产品的销售价格，只能按组成计税价格计算。组成计税价格48 840元 [44 400×(1+10%)]，应纳增值税税额为6 349.20元（48 840×13%），计入在建工程50 749.20元（44 400+6 349.20）。

借：在建工程   50 749.20

    贷：应交税费——应交增值税（销项税额）   6 349.20

       原材料——预制板   44 400

4. 企业将自产、委托加工或购买的货物作为投资的销项税额的会计处理

存货投资并非销售业务，而是一种资产转变成另一种资产的经济业务，不改变所有者权益。但这种转变使存货未经"销售"而进入消费，因而自产和委托加工的货物所耗用的原材料和支付加工费中计入"进项税额"的增值税就流失了，购买货物已计入"进项税额"的增值税也流失了，企业就占了国家的便宜。因此，按税法的规定，应税货物作为投资提供给其他单位或个体经营者，应视同销售货物计算缴纳增值税。应税销售成立、发生纳税义务并开具增值税专用发票的时间为移送货物的当天。按所投资货物的售价或组成计税价格乘以适用税率计算的应纳增值税与投资货物的账

面价值之和，借记"长期股权投资"账户；按货物成本，贷记"库存商品""原材料"等账户；按货物成本或账面原价与重估价值的差额，借记或贷记"资本公积"账户；按应纳增值税税额，贷记"应交税费——应交增值税（销项税额）"账户。自1996年起，税法明确要求企业应将自产货物投资作主营业务收入处理，计缴企业所得税；但按会计制度规定，只需以成本转账，但要进行纳税调整。

【例2-46】 某工业企业6月份将购入的原材料一批对外投资，其账面成本为200 000元，未计提跌价准备。该企业作会计分录（未考虑相关税费）如下：

借：长期股权投资 226 000
　　贷：原材料 200 000
　　　　应交税费——应交增值税（销项税额） 26 000

年终，所得税的调整同前。

若上述对外投资不是外购原材料，而是本企业生产的A产品，投出的A产品成本为180 000元，市场售价为200 000元。则作会计分录如下：

对外投资时：

借：长期股权投资 226 000
　　贷：主营业务收入——A产品 200 000
　　　　应交税费——应交增值税（销项税额） 26 000

结转投出A产品成本时：

借：主营业务成本 180 000
　　贷：库存商品——A产品 180 000

5. 企业将自产的、委托加工或购买的货物分配给股东或投资者的销项税额的会计处理

这一行为视同销售行为，应按销售来处理，即应按售价或组成计税价格、市场价格计价并计入有关收入类账户。确认销售成立、发生纳税义务并开具增值税专用发票（股东或投资者为法人且为一般纳税人）或普通发票（投资者或股东为自然人或小规模纳税人）的时间，为分配货物的当天。按分配货物的售价或组成计税价格、市场价格和按其适用税率计算的应纳

增值税两项之和，借记"应付利润"账户；按应税货物的售价、组成计税价格、市场价格，贷记"主营业务收入""其他业务收入"账户；按应纳增值税税额，贷记"应交税费——应交增值税（销项税额）"账户。

【例2-47】 天华工厂将自产的甲产品和委托加工的丁产品作为应付利润分配给投资者。甲产品售价为60 000元，委托加工丁产品没有同类产品售价，委托加工成本40 000元。天华工厂作会计分录如下：

甲产品应计销项税额 = 60 000 × 13% = 7 800（元）

丁产品组成计税价格 = 40 000 × （1 + 10%）= 44 000（元）

丁产品应计销项税额 = 44 000 × 13% = 5 720（元）

借：应付利润   117 520

    贷：主营业务收入   60 000

       其他业务收入   44 000

       应交税费——应交增值税（销项税额）   13 520

6. 企业将自产、委托加工的货物用于集体福利、个人消费的销项税额的会计处理

企业将自产、委托加工的货物用于集体福利、个人消费，按财务会计制度分析，并非销售活动，不计入有关收入类账户。应税货物用于集体福利、个人消费，应视同销售货物计算缴纳增值税。其应税销售成立、发生纳税义务并开具普通发票的时间为移送货物的当天。按所用货物的成本与货物售价或组成计税价格乘以适用税率计算的应纳增值税之和，借记"在建工程""固定资产""应付福利费"等账户；按所用货物成本，贷记"库存商品""原材料"等账户；按应纳增值税税额，贷记"应交税费——应交增值税（销项税额）"账户。若购进货物直接用于集体福利、个人消费，购进时的进项税额不允许抵扣，因购入已成消费品进入最终消费领域，因此，不作视同销售。

【例2-48】 企业职工俱乐部领用本企业生产的空调器5台，生产成本为8 000元/台，售价为10 000元/台。作为职工福利，发给职工抽油烟机400台，生产成本为200元/台，售价为250元/台。该企业作会计分录如下：

$$应纳增值税额 = 5 \times 10\ 000 \times 13\% + 400 \times 250 \times 13\%$$
$$= 6\ 500 + 13\ 000 = 19\ 500（元）$$

$$应计入固定资产的价值 = 5 \times 8\ 000 + 6\ 500 = 46\ 500（元）$$

$$应计入福利费的金额 = 400 \times 200 + 13\ 000 = 93\ 000（元）$$

借：固定资产　　　　　　　　　　　　　　　　　　　46 500

　　应付职工薪酬——职工福利费　　　　　　　　　　　93 000

　　贷：应交税费——应交增值税（销项税额）　　　　　　19 500

　　　　库存商品——空调器　　　　　　　　　　　　　　40 000

　　　　　　　　——抽油烟机　　　　　　　　　　　　　80 000

年终调账时，按售价与成本的差额计入应税所得额，计算缴纳所得税。

7. 企业将自产、委托加工或购买的货物无偿赠送他人的销项税额的会计处理

按财务会计制度的规定，这类业务并非销售活动，因为企业并未获得经济利益，但按税法的规定，要视同销售货物计算缴纳增值税。其应税销售成立、发生纳税义务并开具增值税专用发票或普通发票的时间为移送货物的当天。按所赠货物的成本与所赠货物售价或组成计税价格乘以税率计算的应纳增值税之和，借记"营业外支出"账户；按所赠货物成本，贷记"库存商品""原材料"等账户；按应纳增值税税额，贷记"应交税费——应交增值税（销项税额）"账户

【例2-49】 天华工厂将自产的乙产品无偿赠送他人，生产成本为9 000元，售价为11 000元。将购进的A材料400千克无偿赠送他人，该材料计划成本30元/千克，材料成本差异率为-2%。天华工厂作会计分录如下：

$$乙产品应计销项税额 = 11\ 000 \times 13\% = 1\ 430.00（元）$$

$$A 材料实际成本 = 400 \times 30 \times（1 - 2\%）= 11\ 760.00（元）$$

$$A 材料应计销项税额 = 11\ 760 \times 13\% = 1\ 528.80（元）$$

借：营业外支出　　　　　　　　　　　　　23 718.80
　　贷：库存商品　　　　　　　　　　　　　　　9 000.00
　　　　原材料　　　　　　　　　　　　　　　11 760.00
　　　　应交税费——应交增值税（销项税额）　2 958.80

（五）包装物销售及没收押金的销项税额的会计处理

1. 包装物销售的销项税额的会计处理

（1）随同产品销售并单独计价的包装物。

按税法的规定，应作为销售计算缴纳增值税，借记"银行存款""应收账款"账户，贷记"主营业务收入""其他业务收入""应交税费——应交增值税（销项税额）"账户。不单独计价时，作为产品销售，会计处理见前。

【例2-50】　天华工厂销售给本市天众厂带包装物的丁产品600件，包装物单独计价，开出增值税专用发票列明；产品销售价款为96 000元，包装物销售价款为10 000元，增值税税额为13 780元，款未收到。天华工厂作会计分录如下：

借：应收账款——天众厂　　　　　　　　　119 780
　　贷：主营业务收入——丁产品　　　　　　　96 000
　　　　其他业务收入——包装物销售　　　　　10 000
　　　　应交税费——应交增值税（销项税额）　13 780

（2）销售产品，包装物出租。

包装物租金属于价外费用，应缴纳增值税。

【例2-51】　天华工厂采用银行汇票结算方式，销售给东平机械厂甲产品400件，400元/件，增值税税额为20 800元（400×400×13%），出租包装物400个，承租期为两个月，共计租金4 680元，一次收取包装物押金23 400元，总计结算金额208 880元（400×400＋20 800＋4 680＋23 400）。作会计分录如下：

按税法规定，收取得包装物租金应计算的销售额，不包括向购买方收取的销项税额，应倒算销售额，计算应交增值税。

包装物租金销售额 = 4 680 ÷ (1 + 13%) = 4 142（元）

包装物租金应计销项税额 = 4 142 × 13% = 538（元）

借：银行存款   208 880

    贷：主营业务收入   160 000

        其他业务收入   4 142

        应交税费——应交增值税（销项税额）   21 338

        其他应付款——存入保证金   23 400

2. 包装物押金的销项税额的会计处理

按现行财务会计制度的规定，包装物押金分类如图 2 - 16 所示。

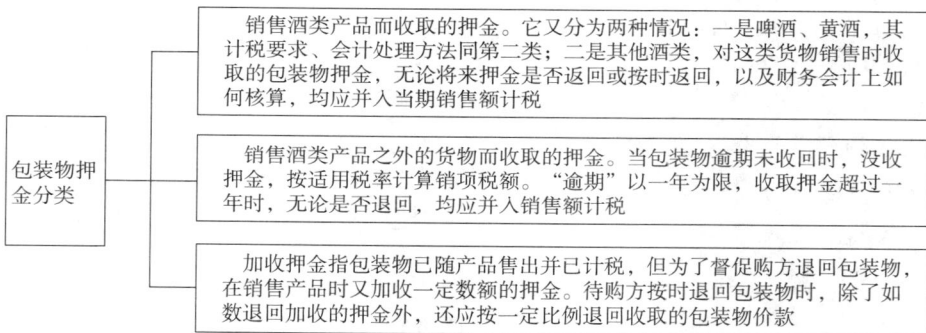

```
                    ┌──────────────────────────────────────────────┐
                    │ 销售酒类产品而收取的押金。它又分为两种情况：一是啤酒、黄酒，其 │
                    │ 计税要求、会计处理方法同第二类；二是其他酒类，对这类货物销售时收 │
                    │ 取的包装物押金，无论将来押金是否返回或按时返回，以及财务会计上如 │
                    │ 何核算，均应并入当期销售额计税                │
                    └──────────────────────────────────────────────┘
          ┌──────┐  ┌──────────────────────────────────────────────┐
          │包装物押│  │ 销售酒类产品之外的货物而收取的押金。当包装物逾期未收回时，没收 │
          │金分类  ├──┤ 押金，按适用税率计算销项税额。"逾期"以一年为限，收取押金超过一 │
          └──────┘  │ 年时，无论是否退回，均应并入销售额计税            │
                    └──────────────────────────────────────────────┘
                    ┌──────────────────────────────────────────────┐
                    │ 加收押金指包装物已随产品售出并已计税，但为了督促购方退回包装物， │
                    │ 在销售产品时又加收一定数额的押金。待购方按时退回包装物时，除了如 │
                    │ 数退回加收的押金外，还应按一定比例退回收取的包装物价款      │
                    └──────────────────────────────────────────────┘
```

图 2 - 16   包装物押金分类

此类业务应注意三点：①收取包装物押金是含税的，没收时应将包装物押金还原为不含税价格，再并入其他业务收入征税；②没收包装物押金适用的税率是包装货物的适用税率，因为没收包装物押金的行为是延期提高了该包装货物的售价；③对没收包装物押金而计提消费税，应计入"其他业务成本"账户，而不能计入"税金及附加"账户，这符合会计核算的收入与支出配比原则。

【例2-52】 某企业销售 A 产品100件，成本价350元/件，售价500元/件，每件收取包装物押金93.60元，包装物成本价为70元/件。该产品是征收消费税产品，税率为10%。该企业作会计分录如下：

销售产品时：

借：银行存款   65 860

    贷：主营业务收入——A 产品   50 000

        应交税费——应交增值税（销项税额）   6 500

        其他应付款——存入保证金   9 360

结转销售成本时：

借：主营业务成本——A 产品   35 000

    贷：库存商品——A 产品   35 000

计提消费税时：

借：税金及附加   5 000

    贷：应交税费——应交消费税   5 000

逾期未退还包装物没收押金时：

借：其他应付款——存入保证金   9 360

    贷：其他业务收入   8 283

        应交税费——应交增值税（销项税额）   1 077

结转包装物成本时：

借：其他业务成本   7 000

    贷：包装物——出租、出借包装物   7 000

计提消费税时：

借：其他业务成本   828

    贷：应交税费——应交消费税   828

（六）销售自己使用过的固定资产的销项税额的会计处理

由于出售固定资产并不是企业的经营目的，出售收入及其收益不应列作经营收入及经营利润。按现行会计制度的规定，出售固定资产，使用"固定资产清理"账户，发生净损益作为"营业外收入"或"营业外支出"。

【例2-53】 某企业出售固定资产目录所列并已使用过的机床1台，原值30 000元，已提折旧为2 000元，支付清理费用为500元，售价为34 980元。该企业作会计分录如下：

注销固定资产时：

借：固定资产清理 28 000

累计折旧 2 000

贷：固定资产 30 000

支付清理费用时：

借：固定资产清理 500

贷：银行存款 500

收到价款时：

借：银行存款 34 980

贷：固定资产清理 30 956

应交税费——应交增值税（销项税额） 4 024

结转固定资产清理后的净收益时：

借：固定资产清理 2 956

贷：营业外收入 2 956

（七）抵账货物销售的销项税额的会计处理

企业销售抵账货物行为不属于销售自己使用过的其他属于货物的固定资产。因此，应对其销售额，按简易办法即依照3%的征收率计算缴纳增值税。

【例2-54】 某厂生产汽车制动泵，无汽车经营权，但欠账方愿用1辆汽车抵顶欠款，该厂同意并收到该辆汽车。对方原欠款113 000元，该辆汽车作价110 000元，余欠3 000元，对方以银行存款支付。该厂将收到的汽车销售出去，开具普通发票，销售额为110 000元。该厂作会计分录如下：

当初售给对方汽车制动泵时：

借：应收账款——××汽车厂 113 000

　　贷：主营业务收入 100 000

　　　　应交税费——应交增值税（销项税额） 13 000

收到抵账汽车时：

借：库存商品 110 000

　　贷：应收账款——××汽车厂 110 000

收到对方划转余欠货款时：

借：银行存款 3 000

　　贷：应收账款——××汽车厂 3 000

将该辆汽车售出（采用商业汇票结算）时：

借：应收票据 110 000

　　贷：主营业务收入 97 345

　　　　应交税费——应交增值税（销项税额） 12 655

（八）小规模纳税人销售货物的销项税额的会计处理

按我国现行增值税法的规定，小规模纳税人实行简易征收法，按不含税销售额与征收率相乘，计算其应交增值税，不实行税款抵扣办法。

【例2-55】 某工业企业属小规模纳税人，2×19年5月份产品销售收入10 300元，货款尚未收到。受外单位委托代为加工产品一批，收取加工费15 450元，以银行存款结算。该企业作会计分录如下：

销售货款未收到时：

应纳增值税额 = 10 300 ÷ (1 + 3%) × 3% = 300 （元）

借：应收账款 10 300

　　贷：主营业务收入 10 000

　　　　应交税费——应交增值税 300

代外单位加工结算时：

借：银行存款 15 450

　　贷：主营业务收入 15 000

　　　　应交税费——应交增值税 450

月末缴纳增值税时：

借：应交税费——应交增值税　　　　　　　　　　　750

　　贷：银行存款　　　　　　　　　　　　　　　　　　750

二、商业企业销项税额的会计处理

（一）商品销售的销项税额的会计处理

1. 直接收款方式销售商品的销项税额的会计处理

直接收款方式销售商品，一般采用"提货制"或"送货制"，货款结算大多采用现金或支票结算方式。批发企业根据增值税专用发票的记账联和银行结算凭证，借记"银行存款"账户，贷记"主营业务收入""应交税费——应交增值税（销项税额）"账户；零售企业应在每日营业终了时，由销售部门填制销货日报表，连同销货款一并送交财会部门，倒算出销售额，借记"银行存款"账户，贷记"主营业务收入""应交税费——应交增值税（销项税额）"账户。

【例 2-56】　某商品零售企业 2×19 年 9 月 8 日各营业柜组交来销货款现金 8 475 元，货款已由财会部门集中送存银行。该企业作会计分录如下：

按税法的规定，销售给消费者个人的商品，实行价税合并收取，所以应换算销售额如下：

销售额 = 含税销售额 ÷（1 + 税率）= 8 475 ÷（1 + 13%）= 7 500（元）

销项税额 = 销售额 × 适用税率 = 7 500 × 13% = 975（元）

上述两个公式也可简写如下：

销项税额 = 销售额 × 税率 = 含税销售额 ÷（1 + 税率）× 税率

　　　　　　= 含税销售额 × 税率 ÷（1 + 税率）

如企业适用 13% 的税率时：

　　　　　　销项税额 = 含税销售额 × 11.50%

如企业适用 9% 的税率时：

　　　　　　销项税额 = 含税销售额 × 8.26%

对于该项业务，财会部门根据各柜组的内部缴款单，填制销货日报表、"进账单"等凭证，并作会计分录如下：

借：银行存款　　　　　　　　　　　　　　　　8 475
　　贷：主营业务收入　　　　　　　　　　　　　7 500
　　　　应交税费——应交增值税（销项税额）　　　975

上述做法，需要每天或每次计算销项税额，工作量大，也会出现误差。为此，对采用售价金额核算、实物负责制的企业，按实收销货款（含税），借记"银行存款"账户，贷记"主营业务收入"账户；同时按售价金额结转成本，借记"主营业务成本"账户，贷记"库存商品"账户。这里的商品销售收入暂按含税价格全部计入。月末，按含税商品销售收入乘以11.50%或8.26%计算出全店的销项税额，借记"主营业务收入"账户，贷记"应交税费——应交增值税（销项税额）"账户，使商品销售收入由含税变为不含税。按月末差价表结转实际成本，借记"商品进销差价"（差价＋销项税额）账户，贷记"主营业务成本"（含税）账户，调整"主营业务成本"账户为实际的商品销售成本。

从增值税的链条来说，企业生产（销售）的商品有对应的进项税额和销项税额，但生产（销售）的赠品只有进项税额而没有销项税额，表面上不合理，其实赠品的销项税额隐含在售品的销项税额当中，只是没有剥离出来而已，因此，对于赠品的进项税额应允许其申报抵扣，赠送赠品时也不应该单独再次计算其销项税额。

【例2-57】　某超市开展"买一赠一"的促销活动，当日卖出10大瓶花生油，每瓶售价（含税）90元，每瓶进价55元；按超市承诺，顾客购买1大瓶花生油，赠送1小瓶花生油；因此，当日赠送10小瓶花生油，每小瓶进价15元，每小瓶售价30元。该超市作会计分录如下：

销售花生油的销项税额＝90×10÷（1＋9%）×9%＝74.31（元）
应结转售出和赠送花生油的成本＝（55＋15）×10＝700.00（元）

借：银行存款   900.00

    贷：主营业务收入   825.69

        应交税费——应交增值税（销项税额）   74.31

结转销售成本时：

借：主营业务成本   700.00

    贷：库存商品   700.00

2. 平销行为的销项税额的会计处理

生产企业以商业企业经销价或高于商业企业经销价将货物销售给商业企业，商业企业再以进货成本或低于进货成本进行销售，生产企业则以返回利润等方式弥补商业企业的进销差价损失。生产企业弥补商业企业进销差价损失的方式有：通过返回资金方式，如返回利润或向商业企业投资等；赠送实物或以实物方式投资。这种平销方式近年呈增长之势，而且将不限于生产企业和商业企业，也可能进一步发展为生产企业之间、商业企业之间的平销。

对商业企业向供货方收取的与商品销售量、销售额无必然联系，且商业企业向供货方提供一定劳务的收入，例如，进场费、广告促销费、上架费、展示费、管理费等，不属于平销返利，不冲减当期增值税进项税额。

对商业企业向供货方收取的与商品销售量、销售额挂钩（如以一定比例、金额、数量计算）的各种返还收入，均应按照平销返利行为的有关规定冲减当期增值税进项税额。商业企业向供货方收取的各种收入，一律不得开具增值税专用发票。其计算公式如下：

当期应冲减进项税额 = 当期取得的返还资金 ÷（1 + 所购货物的适用

增值税税率）× 所购货物适用的增值税税率

【例2-58】 某商业企业据2×19年5月份取得的增值税专用发票等入账的进项税额为35 100元，当月从生产企业（供货方）取得返回资金为14 300元，增值税税率13%。该企业作会计分录如下：

当期应冲减进项税额 = 14 300 ÷（1 + 13%）× 13% = 1 645（元）

如果是以返还资金方式：

借：银行存款   14 300

  贷：应交税费——应交增值税（进项税额） 1 645（红字）

    本年利润   12 655

如果是以实物方式：

借：库存商品等有关账户   14 300

  贷：应交税费——应交增值税（进项税额） 1 645（红字）

    资本公积或实收资本   12 655

（二）视同销售销项税额的会计处理

这里侧重介绍委托代销和受托代销的销项税额的会计处理，其余视同销售业务的销项税额的会计处理，与工业企业基本相同。

1. 委托代销商品的销项税额的会计处理

委托代销是用来扩大企业商品销售范围和销售量的一种经营措施，是委托其他单位代为销售商品的一种销售方式。按税法的规定，将货物交付他人代销，应视同销售货物，其销售成立、发生纳税义务并开具增值税专用发票的时间为收到受托人送交的代销清单的当天。代销清单应列明已销商品的数量、单价、销售收入，委托企业据此给受托企业开具增值税专用发票，并进行账务处理。账务处理方法视委托代销方式不同而有所区别。

（1）以支付手续费方式的委托代销。

委托单位应按商品售价（不含税）反映销售收入，所支付的手续费以"销售费用——手续费"列支。如果受托单位为一般纳税人，则应给其开具增值税专用发票，列明代销商品价款和增值税税款；如果受托单位为小规模纳税人，应按税款和价款合计开具普通发票。借记"应收账款"或"银行存款"账户，贷记"主营业务收入""应交税费——应交增值税（销项税额）"账户。收到受托单位开来的手续费普通发票后，借记"销售费用——手续费"账户，贷记"应收账款"或"银行存款"账户。

【例2-59】某商品批发企业委托天方商店（一般纳税人）代销B商品400件，合同规定含税代销价为232元/件，手续费按不含税代销额的5%支付，该商品进价150元/件。

拨付委托代销商品时（按进价）：

借：库存商品——委托代销商品　　　　　　　　　　60 000

　　贷：库存商品　　　　　　　　　　　　　　　　　60 000

收到天方商店报来的代销清单而款未收到时（代销清单列明销售数量150件，金额34 800元，倒算销售额并开具增值税专用发票，列明价款30 000元，增值税税额3 900元）：

借：应收账款——天方商店　　　　　　　　　　　　33 900

　　贷：主营业务收入　　　　　　　　　　　　　　　30 000

　　　　应交税费——应交增值税（销项税额）　　　　3 900

收到天方商店汇来的款项和手续费时，普通发票列明：扣除手续费1 500元（30 000×5%），实收金额32 400元：

借：银行存款　　　　　　　　　　　　　　　　　　32 400

　　销售费用　　　　　　　　　　　　　　　　　　 1 500

　　贷：应收账款——天方商店　　　　　　　　　　　33 900

结转委托代销商品成本时：

借：主营业务成本　　　　　　　　　　　　　　　　22 500

　　贷：库存商品——委托代销商品　　　　　　　　　22 500

（2）受托单位作为自购自销的委托代销。

委托单位不采用支付手续费方式的委托代销商品，一般是通过商品售价调整，作为对代销单位的报酬。这种方式实质上是一种赊销，至于受托单位按什么价格销售，与委托单位无关。委托单位在收到受托单位的代销清单后，按商品代销价反映销售收入，其账务处理基本同前，只是不支付手续费而已。

【例2-60】　某商品零售企业委托大天商店代销A商品300件，双方协商含税代销价113元/件，原账面价128.90元/件，代销价低于原账面价的差额，冲销商品进销差价。该企业作会计分录如下：

拨付委托代销商品时：

借：库存商品——委托代销商品　　　　　　　　　33 900

　　商品进销差价　　　　　　　　　　　　　　　4 770

　　贷：库存商品　　　　　　　　　　　　　　　　　38 670

代销款收到汇入银行时（大天商店定期报来的代销清单，代销商品全部销售金额33 900元，倒算销售额并开具增值税专用发票给受托单位，销售额为30 000元，增值税税额为3 900元）：

借：银行存款　　　　　　　　　　　　　　　　　33 900

　　贷：主营业务收入　　　　　　　　　　　　　　　30 000

　　　　应交税费——应交增值税（销项税额）　　　　3 900

收到代销清单时，也可以将代销货款（包括销项税额），借记"银行存款"账户，贷记"主营业务收入"账户。月份终了时，再根据全月的商品销售收入总额，乘以11.50%或8.26%，计算销项税额并登记入账，将含税销售收入调整成为不含税销售额，借记"主营业务收入"账户，贷记"应交税费——应交增值税（进项税额）"账户。

结转委托代销商品成本时：

借：主营业务成本　　　　　　　　　　　　　　　33 900

　　贷：库存商品——委托代销商品　　　　　　　　　33 900

如果不采取支付手续费方式而是采取"库存定额、交款补货"的方式，则可将代销单位的销售额包括在本企业商品的销售额之内，收到代销单位交来的货款的同时补货，以代销单位交来货款时作为收入的实现。

2. 受托代销商品的销项税额的会计处理

受托单位在登记代销商品入库时，应填制代销商品入库单并登记代销商品明细账；代销商品销售后，有关部门应定期填制代销商品清单，并将其提供给委托单位。由于受托代销商品的所有权不属于本企业，因此，应当在表外科目核算并登记受托代销商品登记簿。若企业受托代销商品业务规模较大，与本企业自有商品在实物形态上难以划分，企业也可以设置"受托代销商品"和"代销商品款"账户进行核算，并分别以不同的代销方式进行账务处理。

受托代销的形式如图2-17所示。

收取手续费方式。受托方根据代销商品数量或金额的一定比例,向委托方收取手续费。受托方收取的手续费实际上是一种劳务收入。按照税法的有关规定,受托方代销商品应作为应税商品销售,计算增值税销项税额;收取的手续费属应税劳务,应缴纳营业税

视同自购自销方式。委托方与受托方签订协议,委托方按协议价格收取代销商品货款,商品实际售价可由受托方自定,实际售价与协议价之间的差额归受托方所有,受托方不收取手续费。这种销售方式本质上仍是代销,委托方将商品交付给受托方时,商品所有权上的风险和报酬并未转移给受托方。因此,委托方在交付商品时不能确认收入,受托方也不作购进商品处理。但受托方在销售商品时,应向购货方开具增值税专用发票,做销售处理,计算缴纳增值税

加价销售方式。受托方在双方协议价格的基础上,自行加价进行销售。委托方按协议价格收取代销商品款,售价与协议价的差额归受托方所有,受托方还根据代销商品数量或价款的一定比例向委托方收取手续费。在这种受托代销方式下,受托方的收入包括代销商品差价和加收的手续费两部分。按税法规定,受托方营业税的计税依据为差价收入与手续费收入之和

受托代销的形式

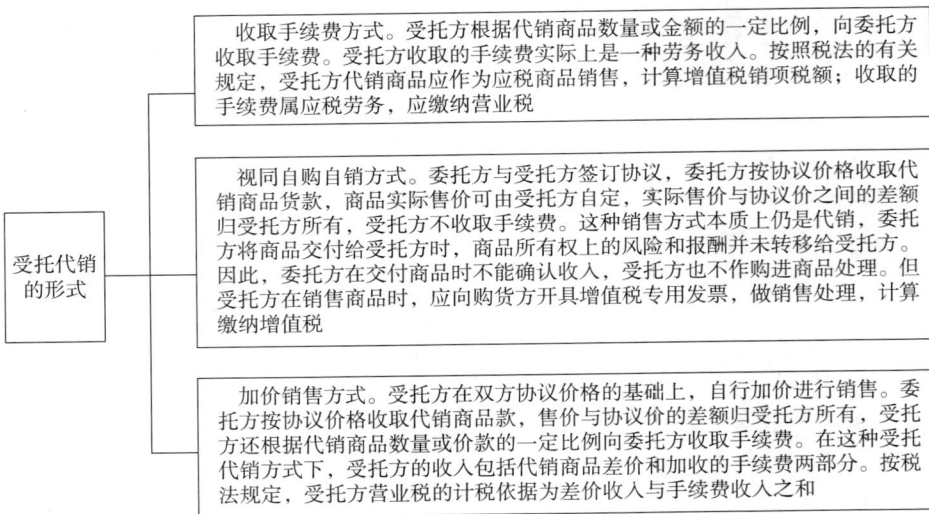

图 2-17 受托代销的形式

（1）以收取手续费方式的受托代销。

受托方一般不核算销售收入,只将代销手续费收入通过"代购代销收入"账户核算。依照现行的法规,代购代销收入属于应该缴纳增值税的应税劳务,需要计算销项税额,并向委托方开具增值税发票。

【例 2-61】 某商品零售企业接受代销 B 商品 600 件,委托方规定代销价为 60 元/件（含税）,代销手续费为不含税代销额的 5%,增值税税率为 13%。

收到代销商品时（按含税代销价）:

借:受托代销商品——××部、组（B 商品）   36 000
  贷:代销商品款   36 000

代销商品全部售出时（2×19 年 5 月 20 日代销商品全部售出,向委托单位报送代销清单,并向委托单位索要增值税专用发票。同时,计算代销商品的销项税额并调整应付账款和注销代销商品款和委托代销商品）:

代销商品销项税额 $= 600 \times 60 \div (1 + 13\%) \times 13\% = 4\ 142$（元）

借：银行存款　　　　　　　　　　　　　　　　36 000
　　贷：应交税费——应交增值税（销项税额）　　　　 4 142
　　　　应付账款　　　　　　　　　　　　　　　　31 858
借：代销商品款　　　　　　　　　　　　　　　　36 000
　　贷：受托代销商品　　　　　　　　　　　　　　36 000
收到委托单位的增值税专用发票时：
借：应交税费——应交增值税（进项税额）　　　　 4 142
　　贷：应付账款　　　　　　　　　　　　　　　　 4 142
开具代销手续费收入普通发票时：
代销手续费收入 = 31 858 × 5% = 1 593（元）
借：应付账款　　　　　　　　　　　　　　　　　 1 593
　　贷：代购代销收入　　　　　　　　　　　　　　 1 593
划转扣除代销手续费后的代销价款时：
借：应付账款　　　　　　　　　　　　　　　　　34 407
　　贷：银行存款　　　　　　　　　　　　　　　　34 407

　　零售企业商品品种繁多，业务繁忙，企业不可能把每一笔销货款都按自营和代销商品分开登记，更不可能在每天营业终了时，对代销商品进行盘点，以存计销。因此，对代销商品和自营商品在销售时全部计入"主营业务收入"账户，待代销商品全部销售或月终时，则由各部、组填报代销商品分户盘存计销表，冲销主营业务收入，增加应付账款。

　　严格意义上的代销，委托方和受托方应当签订协议书，明确规定代销货物价款、手续费率等条件，不得加价出售。此外，还有一种自营的委托代理，即只规定交接价和手续费率，而不管受托方按什么价格对外出售。这种代理的账务处理与接受代销商品作为自购自销的账务处理基本相同，不同之处就是还要收取手续费。

　　（2）作为自购自销的受托代销。

　　这种方式实属赊购商品销售，不收取手续费，委托方和受托方规定一个交接价（含税），受托方则按高于接收价的价格对外销售（批发或零售）。受托代销商品的收益不表现为代销手续费收入，而是表现为售价（批发价或零售价）与接收价之间的差额毛利。

①批发企业受托代销商品。

根据代销商品收货单，按该商品的不含税接收价（含税接收价要倒算成为不含税接收价，相当于进价），借记"受托代销商品"账户，贷记"代销商品款"账户；"受托代销商品"账户应按进价记账，因其是批发企业，还未收到委托方的增值税专用发票，"代销商品款"账户不能按含税进价记账。代销商品售出时，借记"银行存款"账户，贷记"主营业务收入""应交税费——应交增值税（销项税额）"账户，定期导出代销清单送交委托方，根据增值税专用发票，借记"代销商品款""应交税费——应交增值税（进项税额）"账户，贷记"应付账款"账户，同时转销代销商品成本，借记"主营业务成本"账户，贷记"受托代销商品"账户。

【例2-62】 某批发企业受托天明公司代销甲商品350件，按自购自销核算，合同规定接收价为35.10元/件（含税），对外批发价为36元/件（不含税）。该批发企业作会计分录如下：

接收代销商品时（应按不含税接收价入账）：

不含税接收价=350×35.10÷(1+13%)=10 872（元）

借：受托代销商品——天明公司 10 872

　　贷：代销商品款 10 872

代销商品销售时（本月销售150件，开出增值税专用发票，列明价款5 400元，增值税税款702元）：

借：银行存款（或应收账款） 6 102

　　贷：主营业务收入 5 400

　　　　应交税费——应交增值税（销项税额） 702

月终或代销商品全部售完时（应向委托方开具代销清单，并索取增值税专用发票。根据代销清单上销售甲商品250件，汇总转销代销商品成本）：

转销代销商品成本=250×35.10÷(1+13%)=7 765（元）

借：主营业务成本 7 765

　　贷：受托代销商品 7 765

取得增值税专用发票时（列明代销商品价款7 500元，增值税额975元。根据增值税专用发票，注销代销商品款）：

借：代销商品款　　　　　　　　　　　　　　7 500

　　应交税费——应交增值税（进项税额）　　　975

　　贷：应付账款　　　　　　　　　　　　　　　　8 475

支付代销商品价款及增值税时：

借：应付账款　　　　　　　　　　　　　　　8 475

　　贷：银行存款　　　　　　　　　　　　　　　　8 475

②零售企业受托代销商品。

根据代销商品收货单，按该商品本企业规定的含税零售价，借记"受托代销商品"账户；按不含税接收价，贷记"代销商品款"账户（因受托人没有取得委托方开具的增值税专用发票，还不能按代销商品价款和税款增加或有负债，只能按代销商品价款增加或有负债），按两者的差额，贷记"商品进销差价"账户。代销商品售出时，按含税零售价，借记"银行存款"账户，贷记"主营业务收入"账户。定期向委托单位开出代销清单，根据代销清单转销受托代销商品成本，借记"主营业务成本"账户，贷记"受托代销商品"账户。收到委托单位开来的增值税专用发票，借记"应交税费——应交增值税（进项税额）"账户，按已销售商品的不含税接收价，借记"代销商品款"账户，同时按委托方开具的增值税专用发票上的价款和税款之和，贷记"应付账款"账户。支付代销商品款时，借记"应付账款"账户，贷记"银行存款"账户。月末计算并结转代销商品的销项税额时，借记"主营业务收入"账户，贷记"应交税费——应交增值税（销项税额）"账户。月末计算分摊代销商品的进销差价，调整受托代销商品成本时，借记"商品进销差价"账户，贷记"主营业务成本"账户。

【例2－63】　某零售企业2×19年4月份接收代销甲商品400件，含税接收价为23.20元/件，不含税接收价为20元/件。本企业规定该商品的含税零售价为29.25元/件。

接收代销商品时：

借：受托代销商品   11 700

  贷：代销商品款   8 000

    商品进销差价   3 700

在实际操作中，自营商品和代销商品不易区分，可以把"受托代销商品"账户作为"库存商品"的二级账户处理。这样，在月末结转代销商品进销差价时，就不必区分是代销商品还是自营商品。

商品销售时（销售代销商品和自营商品共计货款6 500元）：

借：银行存款   6 500

  贷：主营业务收入   6 500

月末商品全部售完时（根据各部、组填报的代销商品分户盘存计销表所列代销商品销售240件，向委托单位开出代销清单，共计货款5 424元。一方面索要增值税专用发票，一方面转销其销售成本）：

借：主营业务成本   7 020

  贷：受托代销商品   7 020

收到委托单位开来的增值税专用发票时（增值税专用发票列明：销售货款4 800元，增值税额624元）：

借：应交税费——应交增值税（进项税额） 624

  代销商品款   4 800

  贷：应付账款   5 424

支付代销商品款时：

借：应付账款   5 424

  贷：银行存款   5 424

月末计算并结转代销商品销项税额时（若本月包括代销商品销售在内的"商品销售收入"账户为440 000元）：

应计销项税额 = 440 000 × 13% = 57 200（元）

借：主营业务收入   57 200

  贷：应交税费——应交增值税（销项税额） 57 200

月末计算分摊代销商品进销差价时（由于"商品进销差价"不分自营商品和代销商品，所以，已销代销商品与自营商品应一并分摊进销差价，经计算，本月"综合差价率"为30.45%）：

应分摊的进销差价 = 440 000 × 30.45% = 133 980（元）

借：商品进销差价　　　　　　　　　　　　　　133 980

　　贷：主营业务成本　　　　　　　　　　　　　　　133 980

3. 以物易物的销项税额的会计处理

它是指业务双方进行交易时，不以货币结算或主要不以货币结算，而以货物相互结算，从而实现货物购销的一种交易方式。在财务会计中，此类业务属非货币性交易。它分换入、换出均为货物和一方属货物、另一方是固定资产或无形资产两种类型。按增值税税法规定，属货物的以物易物，双方都要作购销处理，以各自发出的货物核定销售额并计算销项税额，以各自收到的货物核定购货额，并依据对方开具的合格增值税专用发票抵扣进项税额，即同时反映进项税额、销项税额。若一方是货物，另一方是固定资产或无形资产，后者相应的增值税额，计入其资产价值内，不单独反映。若同时换入多项资产，应按换入各项资产的公允价值占换入全部资产的公允价值总额的比例分别确认换入各项资产的入账价值。在此类交易中，还有以旧换新业务，其涉税会计处理在后面中单独说明。

在非货币性交易中，又分双方不涉及补付价款和涉及补付价款两种情况。

（1）不涉及补价的会计处理。

以非货币性交易换入的货物，如果不涉及补价，原则上应以换出资产的账面价值，加上需支付的相关税费，作为换入资产的入账价值。其计算公式如下：

换入资产入账价值 = 换出资产账面价值 + 应支付的相关税费

对上式中"税费"和"税"的处理：如果换入的资产是货物，上式中"换入资产入账价值"应减去准予抵扣的进项税额（单独反映），即"税费"中的"税"不包括增值税进项税额；如果换入的资产不是货物，"换入资产入账价值"按上式计算。若换出资产是货物，按销售货物计算销项税额，贷记"应交税费——应交增值税（销项税额）"账户；若换出资产不是货物，应按其账面价值转出。但对换出的固定资产、无形资产，应按税法规定，计算缴纳增值税，并在会计中正确反映。详见本书第五章。

【例2-64】 某酒厂2×19年10月份自产其他酒10吨（账面价值20 000元），从农业生产者手中换取造酒原料（高粱）若干吨，双方不涉及补价，也没有发生相关费用。当月销售同类其他酒，最高售价为2 500元/吨，最低售价为2 100元/吨，加权平均价格为2 250元/吨。该酒厂作会计分录如下：

按加权平均售价计算销项税额 = 2 250 × 10 × 13% = 2 925（元）

应交消费税（按最高售价）= 2 500 × 10 × 10% = 2 500（元）

①销售10吨其他酒

借：应收账款　　　　　　　　　　　　　　　　　22 925

　　贷：库存商品　　　　　　　　　　　　　　　　20 000

　　　　应交税费——应交增值税（销项税额）　　　2 925

②换回高粱

借：原材料　　　　　　　　　　　　　　　　　　21 032

　　应交税费——应交增值税（进项税额）　　　　　1 893

　　贷：应收账款　　　　　　　　　　　　　　　　22 925

从农业生产者手中换回，按9%计算进项税额；若从粮食企业换取，可按增值税专用发票注明的税款借记"进项税额"。

③应交消费税

借：原材料　　　　　　　　　　　　　　　　　　2 500

　　贷：应交税费——应交消费税　　　　　　　　　2 500

（2）涉及补价的会计处理。

按会计准则、企业会计制度的规定，当收到补价占换出资产公允价值的比例等于或小于25%时，作为非货币性交易；如高于25%时，则作为货币性交易。不论何种交易方式，只要涉及货物，必须按税法规定正确计算反映增值税额。如果涉及补价，则一方收到补价，一方支付补价，其换入资产的入账价值确认有所不同：

①支付补价时

换入资产入账价值 = 换出资产的账面价值 + 补价 +

应支付的相关税费 – 可抵扣的进项税额

②收到补价时

$$换入资产入账价值 = 换出资产的账面价值 - 补价 - 待抵扣的进项税额 +$$
$$应支付的相关税费 + 应确认的收益$$

如果在非货币性交易中不涉及"货物",则"换入资产入账价值"计算公式中也不涉及"可抵扣的进项税额"。收取补价方所收取的补价,如果确认的是损失,则应减去确认的损失。能否弥补其换出资产的公允价值大于换入资产的公允价值的差额以及因收取补价而需要缴纳的税费,即由此而产生的损益需要予以确认:

$$应确认的收益 = 补价 - 补价 \div 换出资产公允价值 \times 换出资产账面价值$$
$$补价 \div 换出资产公允价值 \times 应交税费及附加$$

$$或应确认的收益 = 补价 \times (1 - 换出资产账面价值 \div 换出资产公允价值) -$$
$$补价 \div 换出资产公允价值 \times 应交税费及附加$$

$$应交税费及附加 = 换出资产的计税价值 \times 税率$$

如果换出资产是单项资产,则换出资产的公允价值和计税价格均是唯一的,对上述公式的理解和应用不会有偏差;若是多项资产,则在考虑税收因素时,其"换出资产公允价值"是交易中的全部资产还是单项资产,应予以明确。本书认为应该是全部资产。这样,应确认的收益公式如下:

$$应确认收益 = 补价 - 补价 \div 全部换出资产公允价值 \times$$
$$全部换出资产账面价值 - 补价 \div$$
$$全部换出资产公允价值 \times \sum 应交税费及附加$$

上述计算的应确认的收益额,不论正负均应计入当期损益账户。

涉及补价时,增值税处理与不涉及补价基本相同,只是因为一方需向另一方补付价差款,如果换出、换入的都是货物,其借、贷方反映的进、销项税额不等。应予指出的是:如果换入的资产是货物(不是固定资产、无形资产),换入资产的入账价值实际上采用倒挤的方法,因为其他账户的金额都是明确的、既定的。

(三) 商业企业以旧换新的销项税额的会计处理

1. 一般商品以旧换新的会计处理

以旧换新销售方式,就是企业在销售自己的货物时,有偿收回旧货物的行为。按我国现行增值税法的规定,采取以旧换新方式销售货物的,应按新货物的同期销售价格确定销售额，不得冲减旧货物的收购价格。销售货物与有偿收购旧的货物是两项不同的业务活动，销售额与收购额不能相互抵减。

【例2-65】 某百货大楼销售 A 牌电冰箱，零售价 3 390 元/台，若顾客交还同品牌旧冰箱作价为 1 000 元，交差价为 2 390 元就可换回全新冰箱。当月采用此种方式销售 A 牌电冰箱 100 台。百货大楼作会计分录如下：

借：银行存款　　　　　　　　　　　　　　　　　239 000
　　库存商品——旧冰箱　　　　　　　　　　　　100 000
　　贷：主营业务收入——A 牌冰箱　　　　　　　　　300 000
　　　　应交税费——应交增值税（销项税额）　　　　39 000

应特别注意的是：收回的旧冰箱不能计算进项税额。因为该商店不是专门从事废旧物资的收购单位。更不应以实际收到价款 239 000 元作为零售价格入账，因为那样就会少记销售收入，偷逃增值税税款。

2. 金银首饰以旧换新的会计处理

鉴于金银首饰以旧换新业务的特殊情况，财政部、国家税务总局《关于金银首饰等货物征收增值税问题的通知》明确规定，对金银首饰以旧换新业务，按销售方实际收取的不含增值税的全部价款计缴增值税。

【例2-66】 某金银首饰零售商店为小规模纳税人，2×19 年 10 月取得含税销售收入 60 000 元；以旧换新业务收入 30 000 元（含税），其中收回旧首饰折价 21 000 元，实收 9 000 元。该商店作会计分录如下：

应交增值税 = (60 000 + 9 000) ÷ (1 + 3%) × 3% = 2 010（元）
商品销售收入 = (60 000 + 9 000) ÷ (1 + 3%) + 21 000 = 87 990（元）

借：银行存款　　　　　　　　　　　　　　　　　69 000
　　材料物资——旧金银首饰　　　　　　　　　　21 000
　　贷：主营业务收入——金银首饰　　　　　　　　87 990
　　　　应交税费——应交增值税　　　　　　　　　2 010

三、营改增期间税收的会计处理

全面试行营业税改征增值税后，"营业税金及附加"科目名称调整为"税金及附加"科目，该科目核算企业经营活动发生的消费税、城市维护建设税、资源税、教育费附加及房产税、城镇土地使用税、车船税、印花税等相关税费；利润表中的"营业税金及附加"项目调整为"税金及附加"项目。

四、差额征收的会计处理

（一）企业发生相关成本费用允许扣减销售额的账务处理

按现行增值税制度规定企业发生相关成本费用允许扣减销售额的，发生成本费用时，按应付或实际支付的金额，借记"主营业务成本""存货""工程施工"等科目，贷记"应付账款""应付票据""银行存款"等科目。待取得合规增值税扣税凭证且纳税义务发生时，按照允许抵扣的税额，借记"应交税费——应交增值税（销项税额抵减）"或"应交税费——简易计税"科目（小规模纳税人应借记"应交税费——应交增值税"科目），贷记"主营业务成本""存货""工程施工"等科目。

（二）金融商品转让按规定以盈亏相抵后的余额作为销售额的账务处理

金融商品实际转让月末，如产生转让收益，则按应纳税额借记"投资收益"等科目，贷记"应交税费——转让金融商品应交增值税"科目；如产生转让损失，则按可结转下月抵扣税额，借记"应交税费——转让金融商品应交增值税"科目，贷记"投资收益"等科目。交纳增值税时，应借记"应交税费——转让金融商品应交增值税"科目，贷记"银行存款"科目。年末，本科目如有借方余额，则借记"投资收益"等科目，贷记"应交税费——转让金融商品应交增值税"科目。

| 第五节　增值税减免、上缴及查补调账的会计处理 |

一、减免增值税的会计处理

为核算纳税人出口货物应收取的出口退税款，设置"应收出口退税款"科目，该科目借方反映销售出口货物按规定向税务机关申报应退回的增值税、消费税等，贷方反映实际收到的出口货物应退回的增值税、消费税等。期末借方余额，反映尚未收到的应退税额。

（1）未实行"免、抵、退"办法的一般纳税人出口货物按规定退税的，按规定计算的应收出口退税额，借记"应收出口退税款"科目，贷记"应交税费——应交增值税（出口退税）"科目，收到出口退税时，借记"银行存款"科目，贷记"应收出口退税款"科目；退税额低于购进时取得的增值税专用发票上的增值税额的差额，借记"主营业务成本"科目，贷记"应交税费——应交增值税（进项税额转出）"科目。

（2）实行"免、抵、退"办法的一般纳税人出口货物，在货物出口销售后结转产品销售成本时，按规定计算的退税额低于购进时取得的增值税专用发票上的增值税额的差额，借记"主营业务成本"科目，贷记"应交税费——应交增值税（进项税额转出）"科目；按规定计算的当期出口货物的进项税抵减内销产品的应纳税额，借记"应交税费——应交增值税（出口抵减内销产品应纳税额）"科目，贷记"应交税费——应交增值税（出口退税）"科目。在规定期限内，内销产品的应纳税额不足以抵减出口货物的进项税额，不足部分按有关税法规定给予退税的，应在实际收到退税款时，借记"银行存款"科目，贷记"应交税费——应交增值税（出口退税）"科目。

（一）先征收后返回、先征后退增值税的会计处理

1. 按指定用途返回的会计处理

（1）用于新建项目。

实际收到返回的增值税税款时，直接转作国家资本金。作会计分录如下：

借：银行存款

　　贷：实收资本——国家投入资本

（2）用于改建扩建、技术改造。

收到返回的增值税税款时，视同国家专项拨款。作会计分录如下：

借：银行存款

　　贷：专项应付款——××专项拨款

实际用于工程支出时，作会计分录如下：

借：在建工程——××工程

　　贷：银行存款等

工程完工，报经主管财政机关批准，对按规定予以核销的部分（不构成固定资产价值），作会计分录如下：

借：专项应付款——××专项拨款

　　贷：在建工程

对构成固定价值的部分，作会计分录如下：

借：固定资产

　　贷：在建工程

借：专项应付款

　　贷：资本公积

（3）用于归还长期借款。

经批准归还长期借款，即"贷改投"时，可转为国家资本金。作会计分录如下：

借：银行存款

　　贷：实收资本——国家投入资本

借：长期借款

　　贷：银行存款

2. 用于弥补企业亏损和未指定专门用途的会计处理

当纳税人实际收到返回的增值税时，作会计分录如下：

借：银行存款

　　贷：补贴收入

也可以通过"应收补贴款"反映应收和实收过程。反映应收退税款时，作会计分录如下：

借：应收补贴款——增值税款

　　贷：补贴收入

实际收到退税款时：

借：银行存款

　　贷：应收补贴款——增值税款

（二）即征即退的会计处理

国家根据需要，可以规定对进口的某些商品应计征的增值税采取即征即退的办法，退税额冲减采购成本，退税的直接受益者必须是以购进商品从事再加工的生产企业。

【例2-67】　某外贸企业进口原棉一批，进口棉花所征增值税实行即征即退办法。该批棉花价值折合人民币500 000元，应交增值税65 000元。作会计分录如下：

外贸企业入账时：

借：材料采购　　　　　　　　　　　　　　　　　　500 000

　　应交税费——应交增值税（进项税额）　　　　　 65 000

　　　　贷：应付账款或银行存款等　　　　　　　　565 000

收到进口商品退税款时：

借：银行存款　　　　　　　　　　　　　　　　　　 65 000

　　　　贷：应付账款——待转销进口退税　　　　　　65 000

外贸企业将进口商品销售给生产企业时（假设销售价款为600 000元，增值税税额为78 000元）：

借：应收账款等　　　　　　　　　　　　　　　　　613 000

　　应付账款——待转销进口退税　　　　　　　　　 65 000

　　　　贷：主营业务收入　　　　　　　　　　　　600 000

　　　　　　应交税费——应交增值税（销项税额）　 78 000

生产企业购进上述商品实际支付时（外贸企业要出具退税款证明）：

借：材料采购　　　　　　　　　　　　　　　　　　535 000

　　应交税费——应交增值税（进项税额）　　　　　 78 000

　　　　贷：应付账款等　　　　　　　　　　　　　613 000

（三）直接减免增值税的会计处理

1. 小规模纳税人直接减免增值税的会计处理

月份终了时，将应免税的销售收入折算为不含税销售额，按 6% 或 4% 的征收率计算免征增值税税额。作会计分录如下：

借：主营业务收入

　　贷：应交税费——应交增值税

借：应交税费——应交增值税

　　贷：补贴收入

2. 一般纳税人直接减免增值税的会计处理

（1）企业部分产品（商品）免税。

月份终了，按免税主营业务收入和适用税率计算出销项税额，然后减去按税法规定方法计算的应分摊的进项税额，其差额即为当月销售免税货物应免征的税额。

结转免税产品（商品）应分摊的进项税额，作会计分录如下：

借：主营业务成本（应分摊的进项税额）

　　贷：应交税费——应交增值税（进项税额转出）

结转免税产品（商品）销项税额时，作会计分录如下：

借：主营业务收入

　　贷：应交税费——应交增值税（销项税额）

结转免缴增值税税额时，作会计分录如下：

借：应交税费——应交增值税（减免税款）

　　贷：补贴收入

（2）企业全部产品（商品）免税。

如果按税法的规定，企业的全部产品（商品）都免税，工业企业应在月终将免税主营业务收入参照上年度实现的增值率计算出增值额（产销较均衡的企业也可以按月用"购进扣税法"计算），并将其折算为不含税增值额，然后依适用税率，计算应免缴增值税税额；零售商业企业（批发企业可比照工业企业）应在月终将销售直接免税商品已实现的进销差价折算为不含税增值额，然后按适用税率计算应免缴增值税税额。

根据上述计算结果，作会计分录如下：

计算免缴税额时：

借：主营业务收入

　　贷：应交税费——应交增值税（销项税额）

结转免缴税额时：

借：应交税费——应交增值税（减免税款）

　　贷：补贴收入

对生产经营粮油、饲料、氮肥等免税产品的企业，虽然其主产品免税，但也可能发生增值税应税行为，如粮食企业。按国家规定价格销售免税粮食时，可免缴增值税；但若加价销售，就不能免税。饲料企业如果将购入的原粮又卖出或在生产饲料的同时还生产供居民食用的制品，则要交纳增值税，会计上应分别设账和分别核算。

二、上缴增值税的会计处理

（一）按月缴纳增值税的会计处理

平时，企业在"应交税费——应交增值税"多栏式明细账户中核算增值税业务；月末，结出借、贷方合计和差额（余额，下同）。

若"应交税费——应交增值税"为借方差额，表示本月尚未抵扣的进项税额，应继续留在该账户借方，不再转出；若为贷方差额，表示本月应交增值税税额，通过"应交税费——应交增值税（转出未交增值税）"账户，转入"应交税费——未交增值税"账户的贷方。作会计分录如下：

借：应交税费——应交增值税（转出未交增值税）

　　贷：应交税费——未交增值税

由于以一个月为纳税期限的企业不存在当月预缴当月税款的情况，月末也不会有多交情况。若月末"应交税费——未交增值税"有借方余额，只能是当月尚未抵扣完的进项税额（以后月份继续抵扣）。

（二）按日缴纳增值税的会计处理

若主管税务机关核定纳税人按日（1、3、5、10、15 日）缴纳增值税，则平时按核定纳税期纳税时，属预缴性质；月末，在核实上月应交增值税后，应于下月 10 日前清缴。

平时，企业在"应交税费——应交增值税"明细账中核算增值税业务。其中，当月上交当月增值税额时，作会计分录如下：

借：应交税费——应交增值税（已交税金）

贷：银行存款

编制"应交增值税明细表"时，填入"本期转入数"项目，下同。

月末，结出该账户借方、贷方合计和差额。

若"应交税费——应交增值税"账户为贷方差额，表示本月应交未交的增值税税额，应转至"应交税费——未交增值税"账户的贷方，作会计分录如下：

借：应交税费——应交增值税（转出未交增值税）

　　贷：应交税费——未交增值税

若"应交税费——应交增值税"账户为借方差额，由于月中有预缴税款的情况，故该借方差额不仅可能是尚未抵扣的进项税额，而且还可能包含了多交的部分。多交税额是多少，尚未抵扣额又是多少，一般有以下三种情况：

（1）当"应交税费——应交增值税"账户借方差额大于"已交税金"合计数时，表明当月已交的税金全部为多交。同时，两者差额为本月尚未抵扣的进项税额。

【例2－68】　某企业2×19年4月份"应交税费——应交增值税"账户资料：

借方差额1 500元中包括多交的1 200元税款和留待抵扣的300元（2 550－2 850）进项税额，多交税额应从"转出多交增值税"账户转至"应交税费——未交增值税"账户的借方，尚未抵扣税额留在"应交税费——应交增值税"账户的借方。该企业作会计分录如下：

借：应交税费——未交增值税　　　　　　　　　　　1 200

　　贷：应交税费——应交增值税（转出多交增值税）　　1 200

结转后的"应交税费——应交增值税"账户为借方余额300元。

（2）当"应交税费——应交增值税"账户借方差额等于"已交税金"的合计数时，表明已交税金全部为多交。同时，本月无待抵扣进项税额。

（3）当"应交税费——应交增值税"账户借方差额小于"已交税金"的合计数时，表明已交税金中部分为应交税额、部分为多交税额，借方差额即是多交税额。

（三）实际上缴增值税的会计处理

（1）当月预缴、上缴当月应交增值税时，作会计分录如下：

借：应交税费——应交增值税（已交税金）

贷：银行存款

（2）月初结清上月应交增值税或上缴以前月份（年度）欠缴增值税时，作会计分录如下：

借：应交税费——未交增值税

贷：银行存款

（四）以进项留抵税额抵减欠缴增值税的会计处理

若企业既存在欠缴增值税，同时又有增值税的留抵税额，在当期销项税额小于同期进项税额而产生期末留抵税额时，应以期末留抵税额抵减增值税欠税。在企业用进项留抵税额抵减欠缴增值税时，如果增值税欠税额大于期末留抵税额，按期末留抵税额用红字借记"应交税费——应交增值税（进项税额）"账户，贷记"应交税费——未交增值税"账户；如果增值税欠税额小于期末留抵税额，按增值税欠税税额用红字借记"应交税费——应交增值税（进项税额）"账户，贷记"应交税费——未交增值税"账户。

（五）增值税期末留抵税额的会计处理

纳入营改增试点当月月初，原增值税一般纳税人应按不得从销售服务、无形资产或不动产的销项税额中抵扣的增值税留抵税额，借记"应交税费——增值税留抵税额"科目，贷记"应交税费——应交增值税（进项税额转出）"科目。待以后期间允许抵扣时，按允许抵扣的金额，借记"应交税费——应交增值税（进项税额）"科目，贷记"应交税费——增值税留抵税额"科目。

（六）增值税税控系统专用设备和技术维护费用抵减增值税额的会计处理

按现行增值税制度规定，企业初次购买增值税税控系统专用设备支付的费用以及缴纳的技术维护费允许在增值税应纳税额中全额抵减的，按规定抵减的增值税应纳税额，借记"应交税费——应交增值税（减免税款）"科目（小规模纳税人应借记"应交税费——应交增值税"科目），贷记"管理费用"等科目。

（七）关于小微企业免征增值税的会计处理规定

小微企业在取得销售收入时，应当按照税法的规定计算应交增值税，并确认为应交税费，在达到增值税制度规定的免征增值税条件时，将有关应交增值税转入当期损益。

三、增值税查补税款的会计处理

（一）查补偷税应纳税额的确定

增值税一般纳税人不报、少报销项税额或多报进项税额，均影响增值税的缴纳。编制"应交增值税明细表"时，在"本期已交款"项目反映是偷税行为。其偷税数额应当按销项税额的不报、少报部分或进项税额的多报部分确定。如果销项、进项均查有偷税问题，其偷税数额应当为两项偷税数额之和。

一般纳税人若采取账外经营，即购销活动均不入账，而造成不缴、少缴增值税的，其偷税数额应按账外经营部分的销项税额抵扣账外经营部分中已销货物进项税额后的余额确定。此时偷税数额为应纳税额。即：

应纳税额 = 账外经营部分销项税额 − 账外经营部分中已销货物进项税额

已销货物进项税额 = 账外经营部分购货的进项税额 −

账外经营部分存货的进项税额

（二）查补税款金额的确定

一般纳税人发生偷税行为，确定偷税数额补征入库时，其补税数额应根据纳税人不同情况分别处理。即：根据检查核实的一般纳税人与其全部销项税额与进项税额（包括当期留抵扣税额），重新计算当期全部应纳税额。若应纳税额为正数，应当作补税处理；若应纳税额为负数，应按《增值税日常稽查办法》的规定执行。

（三）查补税款的会计处理

增值税经税务机关检查后，应进行相应的会计调整。为此，应设立"应交税费——增值税检查调整"账户。凡检查后应调减账面进项税额或调增销项税额和进项税转出的数额，借记有关账户，贷记本账户；凡检查后应调增账面进项税额或调减销项税额和进项税额转出的数额，借记本账户，贷记有关账户；全部调账事项入账后，应结出本账户的余额，并对该余额进行处理：

（1）若余额在借方，全部视同留抵进项税额，按借方余额数，借记"应交税费——应交增值税（进项税额）"账户，贷记本账户。

（2）若余额在贷方，且"应交税费——应交增值税"账户无余额，按贷方余额数，借记本账户，贷记"应交税费——未交增值税"账户。

（3）若本账户余额在贷方，"应交税费——应交增值税"账户有借方余额且等于或大于这个贷方余额，按贷方余额数，借记本账户，贷记"应交税费——应交增值税"账户。

（4）若本账户余额在贷方，"应交税费——应交增值税"账户有借方余额但小于这个贷方余额，应将这两个账户的余额冲出，其差额贷记"应交税费——未交增值税"账户。

【例2-69】 某工业企业为增值税一般纳税人。2×19年12月份增值税纳税资料：当期销项税额236 000元，当期购进货物的进项税额为247 000元。"应交税费——应交增值税"账户的借方余额为11 000元。次年1月15日税务机关对其检查时，发现有如下两笔业务会计处理有误：

12月3日，发出产品一批用于捐赠，成本价80 000元，无同类产品售价，企业已作如下会计处理：

借：营业外支出 80 000

　　贷：产成品 80 000

12月24日，为基建工程购入材料33 900元，企业已作如下会计处理：

借：在建工程 30 000

　　应交税费——应交增值税（进项税额） 3 900

　　贷：银行存款 33 900

针对上述问题，应作查补税款的会计处理：

1. 对查出的问题进行会计调整

（1）企业对外捐赠产品，应视同销售，计算销项税额，无同类产品售价的，按组成计税价格计算。企业按成本价直接冲减库存商品，但未计算销项税额，属偷税行为。

销项税额 = 80 000 × （1 + 10%） × 13% = 11 440（元）

据此，应调账如下：

借：营业外支出　　　　　　　　　　　　　　　　　11 440

　　贷：应交税费——增值税检查调整　　　　　　　　　　11 440

（2）企业用于非应税项目的购进货物，其进项税额不得抵扣，企业这种多报进项税额行为，属偷税行为。

据此，应调账如下：

借：在建工程　　　　　　　　　　　　　　　　　　3 900

　　贷：应交税费——增值税检查调整　　　　　　　　　　3 900

2. 确定企业偷税数额

偷税数额 = 不报销项税额 + 多报进项税额

　　　　　= 11 440 + 3 900 = 15 340（元）

应按偷税额的 1 倍罚款。

3. 确定应补交税额

当期应补税额 = 236 000 - 247 000 + 15 340 = 4 340（元）

4. 进行会计处理

借：应交税费——增值税检查调整　　　　　　　　　15 340

　　利润分配——未分配利润　　　　　　　　　　　15 340

　　　贷：应交税费——未交增值税　　　　　　　　　　　4 340

　　　　　　　　　　——应交增值税　　　　　　　　　11 000

　　　其他应交款——税收罚款　　　　　　　　　　　15 340

补缴税款及罚款时：

借：应交税费——未交增值税　　　　　　　　　　　4 340

　　其他应交款——税收罚款　　　　　　　　　　　15 340

　　　贷：银行存款　　　　　　　　　　　　　　　　　19 680

从此例可见，企业的偷税数额，不一定等于补税数额；罚款额是税务机关根据《中华人民共和国税收征及管理法》（以下简称《征管法》）作出的。

【例 2-70】　某商业企业为增值税一般纳税人，2×19 年 12 月份增值税纳税资料：当期销项税额 50 000 元，当期进项税额 35 000 元，当期已纳增值税 15 000 元。次年年初税务机关检查时，发现如下两笔业务未作会计处理：

（1）12月2日，企业购入商品100件，取得了增值税专用发票，其上注明价款50 000元，税款6 500元，但未作任何会计处理。

（2）12月21日，企业又将上述购入商品出售45件，取得现金33 900元，也未作任何会计处理。

经税务人员检查核实，认定企业在搞账外经营。偷税数额如下：

已销货物进项税额=账外经营部分购货的进项税额－账外经营部分存货的进项税额

$$=8\ 000 - 8\ 000 \times 55\% = 3\ 600\ （元）$$

应纳税额=账外经营部分销项税额－账外经营部分中已销货物的进项税额

$$=4\ 800 - 3\ 600 = 1\ 200\ （元）$$

由于企业当期正常的增值税税额核算已经结束，此笔应纳税额1 200元，既是偷税数额，又是补税数额。

第三章　消费税会计

本章导读

消费税是以特定消费品为课税对象所征收的一种税，属于流转税的范畴，它在对货物普遍征收增值税的基础上，选择少数消费品再征收的一个税种，消费税主要是为了调节产品结构，引导消费方向，保证国家财政收入。目前，世界上已有一百多个国家开征了这一税种或类似税种。我国现行消费税是 1994 年税制改革中新设置的一个税种，并与增值税构成了对流转额交叉征税的格局。

本章我们将对消费税的概念和会计计量进行详细的阐述，从会计角度分析消费税的作用和计量方法。

第一节　消费税概述

消费税是以特定消费品的流转额为计税依据而征收的一种商品税。消费税是各国普遍开征的一个重要税种。

一般认为，消费税包括直接消费税和间接消费税两类：

（1）直接消费税是以个人的实际消费支出额为计税依据而向消费者课征的一种直接税。

（2）间接消费税是以消费品的流转额为计税依据而向消费品的生产经营者课征的一种间接税。间接消费税还可以分为一般消费税和特种消费税。

一、消费税的纳税人和纳税范围

（一）消费税的纳税人

消费税是对中华人民共和国境内从事生产、委托加工应当缴纳消费税的消费品的单位和个人，就其销售额或销售数量在特定环节征收的一种税。消费税的纳税人，是在中国境内生产、委托加工和进口应税消费品的单位和个人，以及国务院确定的销售应税消费品的其他单位和个人。"单位"是指企业、行政单位、事业单位、军事单位、社会团体及其他单位；"个人"是指个体工商户及其他个人。

（二）消费税的纳税范围

为适应社会经济形势的客观发展需要，进一步完善消费税制，财政部国家税务总局于 2006 年 3 月 20 日联合发布了《关于调整和完善消费税政策的通知》（财税〔2006〕33 号），从当年 4 月 1 日起，对我国消费税的税目、税率及相关政策进行调整，税目由原来的 11 个增加调整为 14 个税目。其中，扩大了石油制品的消费税征收范围，新设成品油税目；为了增强人们的环保意识、引导消费和节约木材资源，增加木制一次性筷子税目；为了鼓励节约使用木材资源，保护生态环境，增加实木地板税目；为了合理引导消费，间接调节收入分配，增加高尔夫球及球具税目；为了体现对高档消费品的税收调节，增加高档手表税目。2008 年 11 月 5 日，国务院第 34 次常务会议修订通过《中华人民共和国消费税暂行条例》，自 2009 年 1 月 1 日起施行。为促进节能环保，经国务院批准，自 2015 年 2 月 1 日起对电池涂料征收消费税。自 2016 年 1 月 1 日起铅蓄电池按 4% 税率征收消费税。2016 年 10 月取消对普通美容修饰类化妆品征收消费税，将"化妆品税目名称更名为高档化妆品"。税率调整为 15%。自 2016 年 12 月 1 日起，对超豪华小汽车在零售环节加征 10% 的消费税。

二、消费税的税目、税率

（一）税目

消费税共设置 15 个税目、若干个子目，征税主旨明确，课税对象清晰。

1. 烟

本税目的征收范围包括凡是以烟叶为原料加工生产的产品，无论其使用何种辅料。

（1）卷烟。

对卷烟的征收范围包括工业和商业批发两个子目，分别在生产环节和批发环节征收。

①甲类卷烟，是指每标准条调拨价格在70元（不含增值税）以上（含70元）的卷烟。

②乙类卷烟，是指每标准条调拨价格在70元（不含增值税）以下的卷烟。

（2）雪茄烟。

对雪茄烟的征收范围包括各种规格、型号的雪茄烟。

（3）烟丝。

对烟丝的征收范围包括以烟叶为原料加工生产的不经卷制的散装烟。

2. 酒及酒精

（1）白酒。

对白酒的征收范围包括粮食白酒、薯类白酒等。

①粮食白酒。对企业生产的白酒应按照其所用原料确定适用税率。凡是既有外购粮食、或者有自产或外购粮食白酒（包括粮食酒精），又有自产或外购薯类和其他原料酒（包括酒精）的企业其生产的白酒凡所用原料无法分清的，一律按粮食白酒征收消费税。

对企业以白酒和酒精为酒基，加入果汁、香料、色素、药材、补品、糖、调料等配制或泡制的酒，不再按"其他酒"子目中的"复制酒"征税，一律按照酒基所用原料确定白酒的适用税率。凡酒基所用原料无法确定的，一律按粮食白酒的税率征收消费税。

②薯类白酒。用甜菜酿制的白酒，比照薯类白酒征税。

对以粮食原酒作为酒基与薯类酒精或薯类酒进行勾兑生产的白酒应按粮食白酒的税率征收消费税。白酒生产企业向商业销售单位收取的"品牌使用费"是随着应税白酒的销售而向购货方收取的，属于应税白酒销售价款的组成部分，因此，不论企业采取何种方式或以何种名义收取价款，均应并入白酒的销售额中缴纳消费税。

（2）黄酒。

对黄酒的征收范围包括各种原料酿制的黄酒和酒度超过 12 度（含 12 度）的土甜酒。

（3）啤酒。

对啤酒的征收范围包括各种包装和散装的啤酒。无醇啤酒比照啤酒征税。

对饮食业、商业、娱乐业经营的啤酒屋（啤酒坊）利用啤酒生产设备生产的啤酒，应当征收消费税。

啤酒源是以大麦或其他粮食为原料，加入啤酒花，经糖化、发酵酿制而成的含二氧化碳的酒。在产品特性、使用原料和生产工艺流程上，啤酒源与啤酒一致，只缺少过滤过程。因此，对啤酒源应按啤酒征收消费税。

菠萝啤酒是以大麦或其他粮食为原料，加入啤酒花，经糖化、发酵，并在过滤时加入菠萝精（汁）、糖酿制的含有二氧化碳的酒。其在产品特性、使用原料和生产工艺流程上与啤酒相同，只是在过滤时加上适量的菠萝精（汁）和糖，因此，对菠萝啤酒应按啤酒征收消费税。

果啤是口味介于啤酒和饮料之间的低度酒精饮料，主要成分为啤酒和果汁。尽管其口味和成分有别于普通啤酒，但从产品名称及其含啤酒的本质来看，果啤属于啤酒，应征收消费税。

对啤酒生产企业销售的啤酒，不得以向其关联企业的啤酒销售公司销售的价格作为确定消费税税额的标准，而应当以其关联企业的啤酒销售公司对外的销售价格（含包装物及包装物押金）作为确定销售税税额的标准，并依此确定该啤酒消费税单位税额。

啤酒消费税单位税额按照出厂价格（含包装物及包装物押金）划分档次，上述包装物押金不包括供重复使用的塑料周转箱的押金。

啤酒生产集团将有糖化能力而无包装能力的企业生产的啤酒液销售（调拨）给异地企业进行灌装，应由啤酒液生产企业按规定申报缴纳消费税。购入方企业应依据取得的销售方销售啤酒液所开具的增值税专用发票上记载的销售数量、销售额、销售单价确认销售方啤酒液适用的消费税单位税额，单独建立外购啤酒液购入使用台账，计算外购啤酒液已纳消费税额；购入方使用啤酒液连续灌装生产并对外销售的啤酒，应依据其销售价格确定适用单位税额计算缴纳消费税，但其外购啤酒液已纳的消费税额，可以从其当期应纳消费税税额中抵减。

（4）其他酒。

对其他酒的征收范围包括糠麸白酒、其他原料白酒、土甜酒、复制酒、果木酒、汽酒、药酒等。对以黄酒为酒基生产的配制或泡制酒，按其他酒税目征收消费税。

葡萄酒，是指以葡萄为原料，经破碎（压榨）、发酵而成的酒精度在1度（含）以上的葡萄原酒和成品酒（不含以葡萄为原料的蒸馏酒），属于其他酒税目。

（5）酒精。

对酒精的征收范围包括用蒸馏法和合成方法生产的各种工业酒精、医药酒精、食用酒精。

以外购酒精为原料、经蒸馏脱水处理后生产的无水乙醇，属于酒精税目征收范围。

另外，调味料酒是指以白酒、黄酒或食用酒精为主要原料，添加食盐、植物香辛料等配制加工而成的产品名称标注（在食品标签上标注）为调味料酒的液体调味品。根据国家新出台的调味品分类的国家标准，调味料酒属于调味品，不属于配制酒和泡制酒，不征收消费税。

3. 高档化妆品

根据财税〔2016〕103号文件规定，自2016年10月1日起，原"化妆品"税目改为"高档化妆品"税目。

本税目征收范围包括高档美容、修饰类化妆品、高档护肤类化妆品和成套化妆品。

高档美容、修饰类化妆品和高档护肤类化妆品是指生产（进口）环节销售（完税）价格（不含增值税）在10元/毫升（克）或15元/片（张）及以上的美容、修饰类化妆品和护肤类化妆品。

4. 贵重首饰及珠宝玉石

本税目征收范围包括：各种金银珠宝首饰和经采掘、打磨、加工的各种珠宝玉石。

（1）金银珠宝首饰包括：凡以金、银、白金、宝石、珍珠、钻石、翡翠、珊瑚、玛瑙等高贵稀有物质以及其他金属、人造宝石等制作的各种纯金银首饰及镶嵌首饰（含人造金银、合成金银首饰等）。

（2）珠宝玉石包括：钻石、珍珠、松石、青金石、欧泊石、橄榄石、长石、玉、石英、玉髓、石榴石、锆石、尖晶石、黄玉、碧玺、金绿玉、绿柱石、刚玉、琥珀、珊瑚、煤玉、龟甲、合成刚玉、合成宝石、双合石、玻璃仿制品。

宝石坯是经采掘、打磨、初级加工的珠宝玉石半成品，因此，对宝石坯应按规定征收消费税。

5. 鞭炮、焰火

鞭炮又称爆竹，是用多层纸密裹火药，接以药引线制成的一种爆炸品。焰火是指烟火剂，一般系包扎品，内装药剂，点燃后烟火喷射，呈各种颜色，有的还变幻成各种景象，分平地小焰火和空中大焰火两类。鞭炮、焰火的征收范围包括各种鞭炮、焰火。通常分为 13 类，即喷花类、旋转类、旋转升空类、火箭类、吐珠类、线香类、小礼花类、烟雾类、造型玩具类、爆竹类、摩擦炮类、组合烟花类、礼花弹类。体育上用的发令纸、鞭炮引线，不按本税目征收。

6. 成品油

本税目包括汽油、柴油、石脑油、溶剂油、航空煤油、润滑油、燃料油 7 个子目。

（1）汽油。汽油是指用原油或其他原料加工生产的辛烷值不小于 66 的可用作汽油发动机燃料的各种轻质油。汽油分为车用汽油和航空汽油。以汽油、汽油组分调和生产的甲醇汽油、乙醇汽油也属于本税目征收范围。

（2）柴油。柴油是指用原油或其他原料加工生产的倾点或凝点在 −50 号至 30 号的可用作柴油发动机燃料的各种轻质油和以柴油组分为主、经调和精制可用作柴油发动机燃料的非标油。以柴油柴油组分调和生产的生物柴油也属于本税目征收范围。

从 2009 年 1 月 1 日起，对同时符合下列条件的纯生物柴油免征消费税〔《财政部　国家税务总局关于对利用废弃的动植物油生产纯生物柴油免征消费税的通知》（财税〔2010〕118 号）〕：

①生产原料中废弃的动物油和植物油用量所占比重不低于 70%。

②生产的纯生物柴油符合国家《柴油机燃料调和用生物柴油（BD100）》标准。对不符合规定的生物柴油，或者以柴油、柴油组分调和生产的生物柴油照章征收消费税。

所称"废弃的动物油和植物油"的范围如下：

餐饮、食品加工单位及家庭产生的不允许食用的动植物油脂。主要包括泔水油、煎炸废弃油、地沟油和抽油烟机凝析油等。

③利用动物屠宰分割和皮革加工修削的废弃物处理提炼的油脂，以及肉类加工过程中产生的非食用油脂。

④食用油脂精炼加工过程中产生的脂肪酸甘油酯及含少量杂质的混合物。主要包括酸化油、脂肪酸、棕榈酸化油、棕榈油脂肪酸、白土油及脱臭溜出物等。

⑤油料加工或油脂储存过程中产生的不符合食用标准的油脂。

（3）石脑油。石脑油又叫化工轻油，是以原油或其他原料加工生产的用于化工原料的轻质油。石脑油的征收范围包括除汽油、柴油航空煤油、溶剂油以外的各种轻质油。非标汽油重整生成油、拔头油戊烷原料油、轻裂解料（减压柴油 VGO 和常压柴油 AGO）、重裂解料加氢裂化尾油、芳烃抽余油均属轻质油，属于石脑油征收范围。

（4）溶剂油。溶剂油是用原油或其他原料加工生产的用于涂料、油漆、食用油、印刷油墨、皮革、农药、橡胶、化妆品生产和机械清洗、胶黏行业的轻质油。橡胶填充油、溶剂油原料，属于溶剂油征收范围。

（5）航空煤油。航空煤油也叫喷气燃料，是用原油或其他原料加工生产的用作喷气发动机和喷气推进系统燃料的各种轻质油。

（6）润滑油。润滑油是用原油或其他原料加工生产的用于内燃机、机械加工过程的润滑产品。润滑油分为矿物性润滑油、植物性润滑油、动物性润滑油和化原料合成润滑油。润滑油的征收范围包括矿物性润滑油、矿物性润滑油基础油、植物性润滑油、动物性润滑油和化工原料合成润滑油。

（7）燃料油。燃料油也称重油渣油，是用原油或其他原料加工生产，主要用作电厂发电锅炉用燃料加热炉燃料冶金和其他工业炉燃料。蜡油、船用重油常压重油减压重油、180CTS 燃料油 7 号燃料油棣醛油工业燃料油。4 – 6 号燃料油等油品的主要用途是作为燃料燃烧，属于燃料油征收范围。

根据《财政部　国家税务总局关于对成品油生产企业生产自用油免征消费税的通知》（财税〔2010〕98 号）规定，从 2009 年 1 月 1 日起，对成品油生产企业在生产成品油过程中，作为燃料、动力及原料消耗掉的自产成品油，免征消费税。对用于其他用途或直接对外销售的成品油照章征收消费税。

根据《国家税务总局关于催化料、焦化料征收消费税的公告》（国家税务总局公告 2012 年第 46 号）的规定，自 2012 年 11 月 1 日起，催化料、焦化料属于燃料油的征收范围，应当征收消费税。

7. 摩托车

摩托车的征收范围包括：

（1）轻便摩托车。最大设计车速不超过 50km/h、发动机汽缸总工作容积不超过 50mL 的两轮机动车。

（2）摩托车。最大设计车速超过 50km/h、发动机汽缸总工作容积超过 50mL、空车重量不超过 400kg（带驾驶室的正三轮车及特种车的空车重量不受此限）的两轮和三轮机动车。

8. 小汽车

汽车是指由动力驱动，具有 4 个或 4 个以上车轮的非轨道承载的车辆。

本税目征收范围包括含小汽车、中轻型商用客车、超豪华小汽车 [《财政部　国家税务总局关于对超豪华小汽车加征消费税有关事项的通知》（财税〔2016〕129 号）规定，自 2016 年 12 月 1 日起，增设此税目]。

（1）小汽车。驾驶员座位在内最多不超过 9 个座位（含）的，在设计和技术特性上用于载运乘客和货物的各类乘用车。用排气量小于 1.5 升（含）的乘用车底盘（车架）改装、改制的车辆属于乘用车征收范围。用排气量大于 1.5 升的乘用车底盘（车架）或用中轻型商用客车底盘（车架）改装、改制的车辆属于中轻型商用客车征收范围。

对于购进乘用车或中轻型商用客车整车改装生产的汽车应按规定征收消费税。

（2）中轻型商用客车。驾驶员座位在内的座位数在 10—23 座（含 23 座）的在设计和技术特性上用于载运乘客和货物的各类中轻型商用客车。车身长度大于 7 米（含），并且座位在 10—23 座（含）以下的商用客车，不属于中轻型商用客车征税范围，不征收消费税。含驾驶员人数（额定载客）为区间值的（如 8—10 人；17—26 人）小汽车，按其区间值下限人数确定征收范围。

（3）超豪华小汽车。为每辆零售价格 130 万元（不含增值税）及以上的乘用车和中轻型商用客车，即乘用车和中轻型商用客车子税目中的超豪华小汽车。

电动汽车、沙滩车、雪地车、卡丁车、高尔夫车不属于消费税征收范围，不征收消费税。根据《国家税务总局关于厢式货车改装生产的汽车征收消费税问题的批复》（国税函〔2008〕452号）规定，企业购进货车或厢式货车改装生产的商务车、卫星通信车等专用汽车不属于消费税征税范围，不征收消费税。

9. 高尔夫球及球具

高尔夫球及球具是指从事高尔夫球运动所需的各种专用装备，包括高尔夫球、高尔夫球杆及高尔夫球包（袋）等。

高尔夫球是指重量不超过45.93克、直径不超过42.67毫米的高尔夫球运动比赛、练习用球；高尔夫球杆是指被设计用来打高尔夫球的工具，由杆头杆身和握把三部分组成；高尔夫球包（袋）是指专用于盛装高尔夫球及球杆的包（袋）。

本税目征收范围包括高尔夫球高尔夫球杆高尔夫球包（袋）。高尔夫球杆的杆头、杆身和握把属于本税目的征收范围。

10. 高档手表

高档手表是指销售价格（不含增值税）每只在10 000元（含）以上的各类手表。本税目征收范围包括符合以上标准的各类手表。

11. 游艇

游艇是指长度大于8米小于90米，船体由玻璃钢、钢铝合金、塑料等多种材料制作，可以在水上移动的水上浮载体。按照动力划分，游艇分为无动力艇帆艇和机动艇。

本税目征收范围包括艇身长度大于8米（含）小于90米（含），内置发动机，可以在水上移动，一般为私人或团体购置，主要用于水上运动和休闲娱乐等非营利活动的各类机动艇。

12. 木制一次性筷子

木制一次性筷子，又称卫生筷子，是指以木材为原料经过锯段、浸泡、旋切、创切、烘干、筛选、打磨、倒角、包装等环节加工而成的各类一次性使用的筷子。

本税目征收范围包括各种规格的木制一次性筷子。未经打磨、倒角的木制一次性筷子属于本税目征税范围。

13. 实木地板

实木地板是指以木材为原料，经锯割、干燥、刨光、截断、开榫、涂漆等工序加工而成的块状或条状的地面装饰材料。实木地板按生产工艺不同，可分为独板（块）实木地板、实木指接地板、实木复合地板三类；按表面处理状态不同，可分为未涂饰地板（白坯板、素板）和漆饰地板两类。

14. 电池

电池，是一种将化学能、光能等直接转换为电能的装置，一般由电极、电解质、容器极端，通常还有隔离层组成的基本功能单元，以及用一个或多个基本功能单元装配成的电池组。范围包括原电池、蓄电池、燃料电池、太阳能电池和其他电池。

（1）原电池。

原电池又称一次电池，是按不可以充电设计的电池。按照电极所含的活性物质分类，原电池包括锌原电池、锂原电池和其他原电池。

①锌原电池。以锌做负极的原电池，包括锌二氧化锰原电池、碱性锌二氧化锰原电池锌氧原电池（又称"锌空气原电池"）、锌氧化银原电池（又称"锌银原电池"）、锌氧化汞原电池（又称"汞电池""氧化汞原电池"）等。

②锂原电池。以锂做负极的原电池，包括锂氧化锰原电池锂亚硫酰氯原电池、锂二硫化铁原电池、锂二氧化硫原电池、锂氧原电池（又称"锂空气原电池"）锂氟化碳原电池等。

③其他原电池。指锌原电池、锂原电池以外的原电池。

原电池又可分为无汞原电池和含汞原电池。汞含量低于电池重量的0.000 1%（扣式电池按0.000 5%）的原电池为无汞原电池；其他原电池为含汞原电池。

（2）蓄电池。

蓄电池又称二次电池，是按可充电、重复使用设计的电池；包括酸性蓄电池碱性或其他非酸性蓄电池、氧化还原液流蓄电池和其他蓄电池。

①酸性蓄电池。一种含酸性电解质的蓄电池，包括铅蓄电池（又称"铅酸蓄电池"）等。

铅蓄电池，指含以稀硫酸为主电解质、一氧化铅正极和铅负极的蓄电池。

②碱性或其他非酸性蓄电池。一种含碱性或其他非酸性电解质的蓄电池，包括金属锂蓄电池、锂离子蓄电池、金属氢化物镍蓄电池（又称"氢

镍蓄电池"或"镍氢蓄电池")、镉镍蓄电池、铁镍蓄电池、锌氧化银蓄电池（又称"锌银蓄电池"）、碱性锌二氧化锰蓄电池（又称"可充碱性锌二氧化锰电池"）、锌氧蓄电池（又称"锌空气蓄电池"）、锂氧蓄电池（又称"锂空气蓄电池"）等。

③氧化还原液流电池。一种通过正负极电解液中不同价态离子的电化学反应来实现电能和化学能互相转化的储能装置，目前主要包括全钒液流电池。全钒液流电池是通过正负极电解液中不同价态钒离子的电化学反应来实现电能和化学能互相转化的储能装置。

④其他蓄电池。

（3）燃料电池。

燃料电池，指通过一个电化学过程，将连续供应的反应物和氧化剂的化学能直接转换为电能的电化学发电装置。

（4）太阳能电池。

太阳能电池，是将太阳光能转换成电能的装置，包括晶体硅太阳能电池、薄膜太阳能电池、化合物半导体太阳能电池等，但不包括用于太阳能发电储能用的蓄电池。

（5）其他电池。

除原电池、蓄电池、燃料电池、太阳能电池以外的电池。

15. 涂料

涂料是指涂于物体表面能形成具有保护、装饰或特殊性能的固态涂膜的类液体或固体材料之总称。

涂料由主要成膜物质、次要成膜物质等构成。按主要成膜物质涂料可分为油脂类、天然树脂类、酚醛树脂类、沥青类、醇酸树脂类、氨基树脂类、硝基类、过滤乙烯树脂类、烯类树脂类、丙烯酸酯类树脂类、聚酯树脂类、环氧树脂类、聚氨酯树脂类、元素有机类、橡胶类、纤维素类、其他成膜物类等。

（二）税率

消费税的税率包括比例税率和定额税率两类。由于针对不同税目或子目适用不同的税率，消费税的税率档次较为复杂。多数适用比例税率，成品油税目和甲类、乙类啤酒、黄酒等子目适用定额税率，甲类、乙类卷烟和白酒等同时适用比例税率和定额税率，即复合税率。

纳税人兼营不同税率的应税消费品，是指纳税人生产销售两种税率以上的应税消费品，应当分别核算不同税率应税消费品的销售额、销售数量。未分别核算销售额、销售数量的，或者将不同税率的应税消费品组成成套消费品销售的，从高适用税率。

有关消费税税率的具体规定如下：

1. 烟

（1）卷烟：

①甲类卷烟：56%加0.003元/支；②乙类卷烟：36%加0.003元/支；③商业批发卷烟：5%。

（2）雪茄，36%。

（3）烟丝，30%。

2. 酒及酒精

（1）白酒，20%加0.5元/500克（或者500毫升）。

（2）黄酒，240元/吨。

（3）啤酒，包括：①甲类啤酒，250元/吨；②乙类啤酒，220元/吨。

（4）其他酒，10%。

3. 高档化妆品，15%。

4. 贵重首饰及珠宝玉石

（1）金银首饰、铂金首饰和钻石及钻石饰品，5%。

（2）其他贵重首饰和珠宝玉石，10%。

5. 鞭炮、焰火，15%。

6. 成品油

（1）汽油，1.52元/升。

（2）柴油，1.20元/升。

（3）航空煤油，1.20元/升。

（4）石脑油，1.52元/升。

（5）溶剂油，1.52元/升。

（6）润滑油，1.52元/升。

（7）燃料油，1.20元/升。

7. 摩托车

（1）气缸容量（排气量，下同）在250毫升（含250毫升）以下的，3%。

（2）气缸容量在250毫升以上的，10%。

8. 小汽车

（1）乘用车：

①气缸容量（排气量，下同）在1.0升（含1.0升）以下的，1%；

②气缸容量在1.0升以上至1.5升（含1.5升）的，3%；

③气缸容量在1.5升以上至2.0升（含2.0升）的，5%；

④气缸容量在2.0升以上至2.5升（含2.5升）的，9%；

⑤气缸容量在2.5升以上至3.0升（含3.0升）的，12%；

⑥气缸容量在3.0升以上至4.0升（含4.0升）的，25%；

⑦气缸容量在4.0升以上的，40%。

（2）中轻型商用客车，5%。

（3）超豪华小汽车（零售环节），10%。

9. 高尔夫球及球具，10%。

10. 高档手表，20%。

11. 游艇，10%。

12. 木制一次性筷子，5%。

13. 实木地板，5%。

14. 铅蓄电池，4%。

15. 涂料，4%。

三、消费税的纳税期限、纳税地点

（一）纳税义务的确认和纳税环节

消费税的纳税环节，即纳税人发生纳税义务的环节。具体地说，存在下列情况时，就发生了纳税义务：

（1）纳税人销售应税消费品的，按不同的销售结算方式分别为：

①采取赊销和分期收款结算方式的，为书面合同约定的收款日期的当天，书面合同没有约定收款日期或者无书面合同的，为发出应税消费品的当天；

②采取预收货款结算方式的，为发出应税消费品的当天；

③采取托收承付和委托银行收款方式的，为发出应税消费品并办妥托

收手续的当天；

④采取其他结算方式的，为收讫销售款或者取得索取销售款凭据的当天。

（2）纳税人自产自用应税消费品的，为移送使用的当天。

（3）纳税人委托加工应税消费品的，为纳税人提货的当天。

（4）纳税人进口应税消费品的，为报关进口的当天。

（二）纳税期限

消费税的纳税期限和税款的缴纳期限，与增值税相同。

（三）纳税地点

国内消费税由税务机关征收，进口的应税消费品的消费税由海关代征。个人携带或者邮寄进境的消费品所应纳的消费税，连同关税一并征收。具体征收办法由国务院关税税则委员会会同有关部门制定。

关于消费税的纳税地点，具体规定如下：

（1）纳税人销售的应税消费品，以及自产自用的应税消费品，除国务院财政、税务主管部门另有规定外，应当向纳税人机构所在地或者居住地的主管税务机关申报纳税。

纳税人到外县（市）销售或者委托外县（市）代销自产应税消费品的，于应税消费品销售后，向机构所在地或者居住地主管税务机关申报纳税。

纳税人的总机构与分支机构不在同一县（市）的，应当分别向各自机构所在地的主管税务机关申报纳税；经财政部、国家税务总局或者其授权的财政、税务机关批准，可以由总机构汇总向总机构所在地的主管税务机关申报纳税。

（2）委托个人加工的应税消费品，由委托方向其机构所在地或者居住地主管税务机关申报纳税。

（3）进口的应税消费品，由进口人或者其代理人向报关地海关申报纳税。

四、消费税的减免与退补

（一）消费税的减免

消费税是对少数特定消费品选择征收的一种商品税，应税消费品的购买者一般都具有较高的税收负担能力。因此，除了极少数特殊情况外，消费税一般不给予减免税优惠。消费税的税收减免，主要有以下两种情况：

（1）纳税人出口应税消费品，除法律另有规定外，免征消费税。出口应税消费品的免税办法，由国务院财政、税务主管部门规定。

（2）纳税人自产自用的应税消费品，用于连续生产应税消费品的，不纳税。

（二）消费税的退税

在消费税的退税方面，主要包括以下两种情况：

（1）纳税人销售的应税消费品，如因质量等原因由购买者退回时，经机构所在地或者居住地主管税务机关审核批准后，可退还已缴纳的消费税税款。

（2）纳税人出口按规定可以免税的应税消费品，在货物出口后，可以按照国家有关规定办理退税手续。

计算出口应税消费品应税消费税的税率或单位税额，按照《消费税税目税率（税额）表》执行。这是消费税退（免）税与增值税退（免）税的重要区别。当出口的货物是应税消费品时，其退还增值税要按规定的退税率计算，而其退还消费税则按应税消费品所适用的消费税税率计算。出口应税消费品退（免）消费税有以下三种情况：出口免税并退税、出口免税但不退税、出口不免税也不退税。外贸企业从生产企业购进货物直接出口或受其他外贸企业委托代理出口应税消费品的消费税税款，分以下情况计算：

①属于从价定率计征消费税的应税消费品，应按照外贸企业从工厂购进货物时征收消费税的价格计算应退税款。其计算公式为：

$$应退税款 = 出口货物的工厂销售额 × 税率$$

②属于从量定额计征消费税的应税消费品，应按照货物购进和报关出口的数量计算应退税款。其计算公式为：

$$应退税款 = 出口数量 × 单位税额$$

（三）消费税的补税

消费税的补税，与出口退税制度相关。

出口的应税消费品办理退税后，发生退关，或者国外退货进口时予以免税的，报关出口者必须及时向其机构所在地或者居住地主管税务机关申报补缴已退的消费税税款。

纳税人直接出口的应税消费品办理免税后，发生退关或者国外退货，进口时已予以免税的，经机构所在地或者居住地主管税务机关批准，可暂不办理补税，待其转为国内销售时，再申报补缴消费税。

出口应税消费品同时涉及退（免）增值税和消费税，且增值税与消费税的退（免）范围、程序、管理等方面都是较为一致的，但应退消费税额应按照消费税的法定税率（税额）执行，这与应退增值税额适用比法定增值税税率更低的出口退税率是不同的。

|第二节　消费税的计算|

一、销售额的确定

销售额为纳税人销售应税消费品向购买方收取的全部价款和价外费用。

销售额，不包括应向购货方收取的增值税税款。如果纳税人应税消费品的销售额中未扣除增值税税款或者因不得开具增值税专用发票而发生价款和增值税税款合并收取的，在计算消费税时，应当换算为不含增值税税款的销售额。其换算公式为：

应税销售额 = 含增值税的销售额 ÷（1 + 增值税税率或者征收率）

价外费用，是指价外向购买方收取的手续费、补贴、基金、集资费、返还利润、奖励费、违约金、滞纳金、延期付款利息、赔偿金、代收款项、代垫款项、包装费、包装物租金、储备费、优质费、运输装卸费以及其他各种性质的价外收费。但下列项目不包括在内：

（1）同时符合以下条件的代垫运输费用：

①承运部门的运输费用发票开具给购买方的；

②纳税人将该项发票转交给购买方的。

（2）同时符合以下条件代为收取的政府性基金或者行政事业性收费：

①由国务院或者财政部批准设立的政府性基金，由国务院或者省级人民政府及其财政、价格主管部门批准设立的行政事业性收费；

②收取时开具省级以上财政部门印制的财政票据；

③所收款项全额上缴财政。

应税消费品连同包装物销售的，无论包装物是否单独计价以及在会计上如何核算，均应并入应税消费品的销售额中缴纳消费税。如果包装物不作价随同产品销售，而是收取押金，此项押金则不应并入应税消费品的销售额中征税。但对因逾期未收回的包装物不再退还的或者已收取的时间超过 12 个月的押金，应并入应税消费品的销售额，按照应税消费品的适用税率缴纳消费税。

对既作价随同应税消费品销售，又另外收取押金的包装物的押金，凡纳税人在规定的期限内没有退还的，均应并入应税消费品的销售额，按照应税消费品的适用税率缴纳消费税。

二、销售数量的确定

销售数量是指应税消费品的数量。其含义包括：

（1）销售应税消费品的，为应税消费品的实际销售量；

（2）自产自用应税消费品的，为应税消费品的移送使用量；

（3）委托加工应税消费品的，为纳税人收回的应税消费品量；

（4）进口的应税消费品，为海关核定的应税消费品进口征税量。

根据我国现行税法，消费税中只有黄酒、啤酒、汽油、柴油四种产品是以销售数量作为计税依据。

三、应纳税额的计算

（一）销售应税消费品应纳税额的计算

采用从价定率办法的应纳消费税税额 = 销售额 × 消费税税率

采用从量定额办法的应纳消费税税额 = 销售量 × 单位消费税额

复合计税应纳消费税额 = 销售量 × 单位税额 + 销售额 × 消费税税率

在从量定额计税时，黄酒、啤酒是以吨为税额单位，汽油、柴油是以升为税额单位。为了规范不同产品的计量单位，准确计算应纳税额，税法对吨与升两个计量单位的换算标准规定如下：

黄酒 1 吨 = 962 升　啤酒 11 吨 = 988 升　汽油 1 吨 = 1 388 升

柴油 1 吨 = 1 176 升　　石脑油 1 吨 = 1 385 升　　溶剂油 1 吨 = 1 282 升

润滑油 1 吨 = 1 126 升　　燃料油 1 吨 = 1 015 升　　航空煤油 1 吨 = 1 246 升

【例 3-1】 某烟厂出售卷烟 20 个标准箱，每标准条调拨价格 60 元，共计 300 000 元，烟丝 45 000 元，不退包装物，采用托收承付结算方式，货已发出并办好托收手续。计算应纳消费税税额如下：

$$20 \times 150 + 300\,000 \times 45\% + 45\,000 \times 30\% = 151\,500（元）$$

【例 3-2】 某烟厂购买已税烟丝 2 000 千克，每千克 30 元，未扣增值税。加工成卷烟 200 个标准箱，每标准箱调拨价格 7 500 元，全部售出。计算应纳消费税税额如下：

烟丝不含增值税销售额 $= 2\,000 \times 30 \div (1 + 13\%) = 53\,097（元）$

卷烟应纳消费税额 $= 200 \times 150 + 200 \times 7\,500 \times 30\% - 53\,097 \times 30\% = 464\,070.90（元）$

（二）自产自用应税消费品应纳税额的计算

自产自用就是纳税人生产应税消费品后，不是用于直接对外销售，而是用于连续生产应税消费品或用于其他方面。

纳税人若是用于连续生产应税消费品的（作为生产最终应税消费品的直接材料，并构成最终产品实体的应税消费品，如卷烟厂生产的烟丝，再用于本厂连续生产出最终产品——卷烟），根据税不重征的原则，不纳消费税。生产企业将自产石脑油用于本企业连续生产汽油等应税消费品的，不缴纳消费税；用于连续生产乙烯等非应税消费品或其他方面的，于移送使用时缴纳消费税。

纳税人若是用于其他方面，应于移送时缴纳消费税。"用于其他方面"是指纳税人用于生产非应税消费品和在建工程，以及用于馈赠、赞助、集资、广告、样品、职工福利、奖励等方面的应税消费品。

纳税人自产自用的应税消费品，不是用于连续生产应税消费品，而是用于其他方面，应按照纳税人生产同类消费品的销售价格为计税依据；若没有同类消费品的销售价格，则可按组成计税价格计算纳税。组成计税价格的计算公式如下：

$$组成计税价格 = （成本 + 利润）÷ （1 - 消费税税率）$$

纳税人自产自用的卷烟，销售的白包卷烟，按照纳税人生产的同牌号规格卷烟的销售（计税）价格确定征税类别和适用税率（白包卷烟一律按50%税率）。没有同牌号规格卷烟销售（计税）价格的，按照组成计税价格依50%的税率计算纳税。组成计税价格的计算公式如下：

$$组成计税价格 = （成本 + 利润）÷ （1 - 50\%）$$

其中：成本是应税消费品的产品生产成本；利润是按应税消费品的全国平均成本利润率计算的利润。

应税消费品的全国平均成本利润率如下：烟类消费品甲类卷烟为10%、乙类卷烟为5%；酒和酒精类消费品，除粮食白酒为10%，其余为5%；化妆品、鞭炮焰火、汽车轮胎等为5%；贵重首饰及珠宝玉石、摩托车、越野汽车为6%；乘用车为8%；高尔夫球及球具为10%；高档手表为20%；游艇为10%；木制一次性筷子为5%；实木地板为5%；中轻型商用客车为5%。

"同类消费品的销售价格"是指纳税人当月销售的同类消费品的销售价格。如果当月同类消费品各期销售价格不同，应按销售数量加权平均计算。但销售价格明显偏低又无正当理由或无销售价格的，不得列入加权平均计算。如果当月无销售或者当月未完结，应按照同类消费品上月或最近月份的销售价格计算纳税。

自产自用应税消费品应纳消费税税额的计算公式如下：

　　　应纳消费税税额 = 纳税人生产同类消费品销售额 × 消费税税率

或　　　　　　　 = 销售数量 × 单位消费税额

或　　　　　　　 = 组成计税价格 × 消费税税率

纳税人用于换取生产资料和消费资料、投资入股和抵偿债务等方面的应税消费品，应以纳税人同类应税消费品的最高售价作为计税依据。如果自产自用应税消费品是复合计税，则"组成计税价格"应在原计算公式的基础上，加"视同销售数量 × 单位税额"。

【例3-3】 某汽车制造厂将自产乘用车（汽缸容量2.0升）一辆，转作自用（固定资产），该种汽车对外销售价格180 000元。计算应纳消费税额如下：

180 000×5%＝9 000（元）

如果该自用车没有同类消费品的销售价格，其生产成本为150 000元，则组成计税价格如下：

消费税组成计税价格＝150 000×（1＋8%）÷（1－5%）＝170 526（元）

应交消费税税额＝170 526×5%＝8 526（元）

增值税组成计税价格＝150 000×（1＋8%）＋8 526＝170 526（元）

应交增值税税额＝170 526×13%＝22 168（元）

（三） 委托加工应税消费品应纳税额的计算

委托加工应税消费品是指由委托方提供原料或主要材料，受托方只收取加工费和代垫部分辅助材料进行加工的应税消费品。

如确属税法规定的委托加工行为，受托方必须严格履行代收代缴义务，正确计算和按时代缴税款（若受托方为个体经营者，一律于委托方收回后，在委托方所在地缴纳消费税）。在与委托方办理交货结算时，代收代缴消费税。

委托加工应税消费品，按照受托方的同类消费品的销售价格计算纳税。否则，按照组成计税价格计税。组成计税价格的计算公式如下：

组成计税价格＝（材料成本＋加工费）÷（1－消费税税率）

"同类消费品的销售价格"是指受托方（代扣代缴义务人）当月销售的同类消费品的销售价格。如果当月同类消费品各期销售价格高低不同，应按销售数量加权平均计算。但当销售价格明显偏低又无正当理由或无销售价格的，不能列入加权平均计算。如果当月无销售或当月未完结，应按照同类消费品上月或最近月份的销售价格计算纳税。

组成计税价格中的"材料成本"，是指委托方所提供加工的材料实际成本。凡未提供材料成本或所在地主管税务机关认为不合理，税务机关有权要求重新核定材料成本。"加工费"是受托方加工应税消费品向委托方收取的全部费用（包括代垫的辅助材料实际成本）。

委托加工的卷烟，按照受托方同牌号规格卷烟的销售（计税）价格确定征税类别和适用税率，没有同牌号规格卷烟销售（计税）价格的，按照组成计税价格依 50% 的税率计算纳税。组成计税价格的计算公式如下：

$$组成计税价格 = （材料成本 + 加工费）÷ （1 - 50\%）$$

委托加工产品应纳税额的计算公式如下：

应纳消费税税额 = 按受托方同类消费品的销售价格计算的销售额 ×
　　　　　　　　消费税税率

或　　　　　　 = 销售额 × 单位消费税税额

或　　　　　　 = 组成计税价格 × 消费税税率

【例 3 - 4】　A 企业受托加工一批应税消费品，委托方提供的材料成本 9 500 元，双方协商加工费为 1 200 元，消费税税率为 10%，计算 A 企业应代收代缴的消费税税额如下：

　组成计税价格 = （9 500 + 1 200）÷ （1 - 10%）= 11 889 （元）

　应纳消费税税额 = 11 889 × 10% = 1 189 （元）

　委托方在向 A 企业付款时，除了按合同规定支付 1 200 元加工费外，还应向其支付 1 189 元的消费税税额。

（四）外购应税消费品已纳税款的扣除

（1）外购应税消费品连续生产应税消费品。

由于某些应税消费品是用外购已缴纳消费税的应税消费品连续生产出来的，在对这些连续生产出来的应税消费品计算征税时，税法规定应按当期生产领用数量计算准予扣除外购的应税消费品已纳的消费税税款。扣除范围包括：

①外购已税烟丝生产的卷烟；

②外购已税高档化妆品生产的高档化妆品；

③外购已税珠宝玉石生产的贵重首饰及珠宝玉石；

④外购已税鞭炮焰火生产的鞭炮焰火；

⑤外购已税杆头、杆身和握把为原料生产的高尔夫球杆；

⑥外购已税木制一次性筷子为原料生产的木制一次性筷子；

⑦外购已税实木地板为原料生产的实木地板；

⑧对外购已税汽油、柴油、石脑油、燃料油、润滑油用于连续生产应税成品油；

当期准予扣除外购或委托加工的应税消费品的已纳消费税税款，应按当期生产领用数量计算。

（2）外购、委托加工和进口的应税消费品，用于连续生产应税消费品的，准予从消费税应纳税额中扣除原料已纳消费税税款，按照不同行为分别规定如下：

①外购应税消费品（从价定率）连续生产应税消费品，其计算公式如下：

当期准予扣除外购应税消费品已纳税款 = 当期准予扣除外购应税消费品买价×外购应税消费品适用税率

当期准予扣除外购应税消费品买价 = 期初库存外购应税消费品买价 + 当期购进的外购应税消费品买价 – 期末库存的外购应税消费品买价

②外购应税消费品（从量定额）连续生产应税消费品，其计算公式如下：

当期准予扣除外购应税消费品已纳税款 = 当期准予扣除外购应税消费品数量×外购应税消费品单位税额

当期准予扣除外购应税消费品数量 = 期初库存外购应税消费品数量 + 当期购进的外购应税消费品数量 – 期末库存的外购应税消费品数量

③委托加工收回应税消费品连续生产应税消费品，其计算公式如下：

当期准予扣除的委托加工应税消费品已纳税款 = 期初库存的委托加工应税消费品已纳税款 + 当期收回的委托加工应税消费品已纳税款 – 期末库存的委托加工应税消费品已纳税款

④进口应税消费品连续生产的应税消费品，其计算公式如下：

当期准予扣除的进口应税消费品已纳税款 = 期初库存的进口应税消费品已纳税款 + 当期进口应税消费品已纳税款 – 期末库存的进口应税消费品已纳税款

【例 3-5】　某日化厂 2×19 年 9 月份委托甲厂加工高档化妆品 A，收回时被代扣消费税为 4 000 元，委托乙厂加工化妆品 B，收回时被代扣消费税为 5 000 元。该厂将两者继续加工生产化妆品 M 出售，当月销售额为 440 000 元。该厂期初库存的委托加工应税消费品已纳税款 2 700 元，期末库存的委托加工应税消费品已纳税款 3 300 元。根据上述公式计算如下：

当月准予扣除的委托加工应税消费品已纳税款 = 2 700 + 4 000 + 5 000 - 3 300 = 8 400（元）

本月应纳消费税款 = 440 000 × 15% - 8 400 = 57 600（元）

【例 3-6】　某卷烟厂 8 月份外购烟丝价款为 100 000 元，月初库存外购已税烟丝 75 000 元，月末库存外购已税烟丝为 36 000 元；当月以外购烟丝生产卷烟的销售量为 28 个标准箱，每标准条调拨价格为 40 元，共计 280 000 元。有关的计算公式如下：

当月准予扣除的外购应税消费品买价 = 75 000 + 100 000 - 36 000 = 139 000（元）

当月准予扣除的外购应税消费品已纳税款 = 139 000 × 30% = 41 700（元）

当月应纳消费税税额 = 28 × 150 + 280 000 × 36% - 41 700 = 105 000 - 41 700 = 63 300（元）

（五）进口应税消费品应纳税额的计算

进口的应税消费品，于报关进口时缴纳消费税，并由海关代征。

进口应税消费品有关的计算公式如下：

$$应纳消费税税额 = 组成计税价格 × 消费税税率$$

$$组成计税价格 = （关税完税价格 + 关税）÷ （1 - 消费税税率）$$

实行从量定额计税的应税消费品，应纳税额的计算公式如下：

$$应纳消费税税额 = 应税消费品数量 × 消费品单位税额$$

进口环节消费税，除国务院另有规定者外，一律不得给予减税、免税。

【例 3 - 7】 某公司进口成套化妆品一批。该成套化妆品中，CIF 价格为 400 000 元，设关税税率 40% ，消费税税率 30% 。有关的计算公式如下：

消费税组成计税价格 = （400 000 + 400 000 × 40%）÷（1 - 30%）= 800 000 （元）

应纳消费税税额 = 800 000 × 30% = 240 000 （元）

增值税组成计税价格 = 400 000 + 400 000 × 40% + 240 000 = 800 000 （元）

应纳增值税税额 = 800 000 × 13% = 104 000 （元）

四、纳税申报

纳税人无论当期有无销售，均应在次月一日起至十日内填制 "消费税纳税申报表"，并向主管税务机关进行纳税申报。纳税申报表一式两联：第一联为申报联，第二联为收执联。

|第三节 消费税的会计处理|

一、会计账户的设置

纳税人应在 "应交税费" 账户下设置 "应交消费税" 明细账户进行会计处理。该明细账户采用三栏式账户记账，贷方核算企业按规定应缴纳的消费税，借方核算企业实际缴纳的消费税或待扣的消费税；期末贷方余额表示尚未缴纳的消费税，借方余额表示企业多交的消费税。企业应交消费税应计入损益类账户 "税金及附加"。

二、销售应税消费品的会计处理

因消费税是价内税，企业销售应税消费品的售价包含消费税（但不包含增值税），所以，企业缴纳的消费税应计入 "税金及附加"，由销售收入补偿。作会计分录如下：

销售实现时：

借：税金及附加

贷：应交税费——应交消费税

实际缴纳消费税时：

借：应交税费——应交消费税

贷：银行存款

发生销货退回及退税时，作相反的会计分录。企业出口应税消费品，如按规定不予免税或退税的，应视同国内销售，按上述规定进行会计处理。其销售的会计处理与前述增值税的会计处理密切相关，也受销售方式、结算方式的影响，是在进行增值税会计处理的基础上，进行消费税的会计处理。

【例3-8】 某企业2×19年9月份销售乘用车15辆，汽缸容量为2.2升，出厂价150 000元/辆，价外收取有关费用11 000元/辆。有关的计算公式如下：

应纳消费税税额 = (150 000 + 11 000) × 9% × 15 = 217 350（元）

应纳增值税税额 = (150 000 + 11 000) × 13% × 15 = 313 950（元）

根据上述有关凭证和数据，作会计分录如下：

借：银行存款　　　　　　　　　　　　　　　　2 728 950

贷：主营业务收入　　　　　　　　　　　　2 415 000

应交税费——应交增值税（销项税额）　　313 950

借：税金及附加　　　　　　　　　　　　　　　217 350

贷：应交税费——应交消费税　　　　　　　217 350

上缴税金时，作会计分录如下：

借：应交税费——应交增值税（已交税金）　　　313 950

——应交消费税　　　　　　217 350

贷：银行存款　　　　　　　　　　　　　　531 300

三、应税消费品视同销售的会计处理

（一）企业以生产的应税消费品作为投资的会计处理

企业以生产的应税消费品作为投资，应视同销售缴纳消费税；但在会计处理上，投资不宜作销售处理。因为投资与销售两者性质不同，投资作价与用于投资的应税消费品账面成本之间的差额应由整个投资期间的损益来承担，而不应仅由投资当期损益承担。但现行税法要求作销售处理，主要是基于不影响所得税的计算。

企业在投资时，借记"长期股权投资"及"存货跌价准备"等账户，按该应税消费品的账面成本，贷记"库存商品"或"自制半成品"及"银行存款"等（反映支付的相关税费）账户，按合同作价与账面成本的差额，借记或贷记"资本公积"账户，但税法规定，其金额要计入同期应税所得额。按投资应税消费品售价或组成计税价格计算的应交消费税，贷记"应交税费——应交消费税"账户。

【例3-9】 某企业2×19年7月份以20辆乘用车（2.0升）向市出租汽车公司投资。双方协议，税务机关认可的每辆汽车售价为150 000元，每辆车的实际成本为120 000元。有关的计算公式如下：

应交增值税税额=150 000×13%×20=390 000（元）

应交消费税税额=150 000×5%×20=150 000（元）

根据上述有关凭证和数据，作会计分录如下：

借：长期股权投资 　　　　　　　　　　　　　　　2 400 000
　　贷：库存商品 　　　　　　　　　　　　　　　　　2 400 000
借：长期股权投资 　　　　　　　　　　　　　　　　540 000
　　贷：应交税费——应交增值税 　　　　　　　　　　390 000
　　　　　　　　——应交消费税 　　　　　　　　　　150 000

（二）企业以生产的应税消费品换取生产资料、消费资料或抵偿债务的会计处理

企业以生产的应税消费品换取生产资料、消费资料或抵偿债务、支付

代购手续费等，应视同销售行为，在会计上作销售处理。

以应税消费品换取生产资料和消费资料的，应按售价（若有不同售价，计算增值税时按加权平均售价，计算消费税时，应按最高售价）借记"材料采购"等账户，贷记"主营业务收入"账户；以应税消费品抵偿债务，按售价借记"应付账款"等账户，贷记"主营业务收入"账户；以应税消费品支付代购手续费，按售价借记"应付账款""材料采购"等账户，贷记"主营业务收入"账户。同时，按售价计算应交消费税，借记"税金及附加"账户，贷记"应交税费——应交增值税"账户，并结转销售成本。

【例3-10】　某白酒厂2×19年6月份用粮食白酒10吨，抵偿胜利农场大米款50 000元。该粮食白酒每吨本月售价在4 800～5 200元浮动，平均销售价格为5 000元/吨。计算该酒厂应交消费税税额并作会计处理。

以物抵债属销售货物范畴。计算应纳增值税的销项税额如下：

$5\ 000 \times 10 \times 13\% = 6\ 500$（元）

纳税人用于换取生产资料和消费资料，投资入股和抵偿债务等方面的应税消费品，应当以纳税人同类应税消费品的最高销售价格作为计税依据计算消费税。该粮食白酒的最高销售价格为5 200元/吨。计算应纳消费税税额并作会计分录如下：

$10 \times 1\ 000 \times 1 + 5\ 200 \times 10 \times 25\% = 23\ 000$（元）

借：应付账款——胜利农场　　　　　　　　　　48 000
　　贷：主营业务收入　　　　　　　　　　　　　　41 500
　　　　应交税费——应交增值税（销项税额）　　　6 500
借：税金及附加　　　　　　　　　　　　　　23 000
　　贷：应交税费——应交消费税　　　　　　　　23 000
借：应交税费——应交消费税　　　　　　　　23 000
　　贷：银行存款　　　　　　　　　　　　　　23 000

（三）企业以自产应税消费品用于在建工程、职工福利的会计处理

其计税依据的确认同上。

企业将自产的产品自用是一种内部结转关系，不存在销售行为，企业并没有因此而增加现金流量，因此，应按产品成本转账，并据其用途计入相应账户。但也有一种意见是：将其视为销售进行会计处理，这样会使企业凭空增加一部分利润，于企业不利。本书按前一种意见，当企业将应税消费品移送自用时，按其成本结转。即：借记"在建工程""营业外支出""销售费用"等账户，贷记"库存商品"或"自制半成品"账户。

按自用产品的销售价格或组成计税价格计算应交消费税时，则借记"在建工程""营业外支出""销售费用"等账户（不通过"税金及附加"账户），贷记"应交税费——应交消费税"账户。

【例3-11】 某啤酒厂将自己生产的啤酒20吨发给职工作为福利，10吨用于广告宣传，让客户及顾客免费品尝。该啤酒每吨成本2 000元，出厂价格2 600元/吨。计算应交增值税、消费税税额并作会计分录如下：

应交消费税税总额 = 30 × 220 = 6 600（元）

应交增值税税总额 2 600 × 30 × 13% = 10 140（元）

结转税金及成本时：

借：应付福利费		51 160
销售费用		25 580
贷：应交税费——应交消费税		6 600
——应交增值税（销项税额）		10 140
库存商品		60 000

实际缴纳消费税时：

借：应交税费——应交消费税		6 600
贷：银行存款		6 600

四、应税消费品包装物应交消费税的会计处理

实行从价定率计征消费税的消费品连同包装物销售的，无论包装物是否单独计价，均应并入应税消费品的销售额中缴纳消费税。对出租、出借包装物收取的押金和包装物已作价随同应税消费品销售，又另外加收的押金，因逾期未收回包装物而没收的部分，也应并入应税消费品的销售额中缴纳消费税。

（一）随同产品销售而不单独计价

因为其收入已包括在产品销售收入中，其应纳消费税与产品销售一并进行会计处理。

（二）随同产品销售而单独计价

因为其收入计入"其他业务收入"账户，其应纳消费税则应计入"其他业务成本"账户。

【例3－12】　某酒厂异地销售粮食白酒，包装物单独计价，收取包装费700元（不含税）。计算应纳增值税和消费税税额并作会计分录如下：

包装物应交的消费税税额＝700×25%＝175（元）

包装物应交的增值税税额＝700×13%＝91（元）

借：应收账款　　　　　　　　　　　　　　　　791
　　贷：其他业务收入　　　　　　　　　　　　　　700
　　　　应交税费——应交增值税（销项税额）　　　91
借：其他业务成本　　　　　　　　　　　　　　175
　　贷：应交税费——应交消费税　　　　　　　　175

（三）出租、出借包装物逾期未收回而没收的押金

因没收的押金而应交的税金，贷记"应交税费"账户，其差额贷记"营业外收入"账户。

【例3－13】　某企业销售化妆品，出借包装物收取押金1 500元，包装物逾期未还，没收押金。计算应纳增值税和消费税税额并作会计分录如下：

应纳增值税税额＝1 500÷（1＋13%）×13%＝173（元）

应纳消费税税额＝1 500÷（1＋13%）×15%＝199（元）

借：其他应付款　　　　　　　　　　　　　　1 500
　　贷：营业外收入　　　　　　　　　　　　　1 128
　　　　应交税费——应交增值税　　　　　　　　173
　　　　　　　　——应交消费税　　　　　　　　199

（四）包装物已作价随同产品销售，另外又加收押金，逾期未收回而没收的押金

为促使购货方将包装物退回，即使包装物已作价销售，还可以另外加收押金。若包装物逾期未收回，没收的押金应缴纳消费税，该项消费税可直接冲抵"其他应付款"，冲抵后的余额再转入"营业外收入"。

【例3-14】 某企业销售木制一次性筷子一批，包装物不单独计价，在销售价款之外，另加收押金800元，包装物逾期未收回。计算应纳消费税税额并作会计分录如下：

应交消费税税额 = $800 \div (1 + 13\%) \times 5\% = 35$（元）

借：其他应付款　　　　　　　　　　　　　　　127

　　贷：应交税费——应交消费税　　　　　　　　35

　　　　　　　　——应交增值税　　　　　　　　92

借：其他应付款　　　　　　　　　　　　　　　673

　　贷：营业外收入　　　　　　　　　　　　　　673

五、委托加工应税消费品的会计处理

（一）委托方的会计处理

1. 收回后直接用于销售的

委托加工的应税消费品收回后直接用于销售的，在销售时不再交消费税。因此，委托方应将受托方代收代缴的消费税随同应支付的加工费一并计入委托加工的应税消费品成本。

委托方根据受托方代收代缴的消费税、向受托方支付的加工费等有关凭证，借记"委托加工物资"或"生产成本""自制半成品"账户，贷记"应付账款"或"银行存款"账户。

【例3-15】 某卷烟厂委托A厂加工烟丝，卷烟厂和A厂均为一般纳税人。卷烟厂提供烟叶为55 000元，A厂收取加工费为20 000元，增

值税 2 600 元。计算 A 厂应代扣代缴消费税并作会计分录如下：

发出材料时：

借：委托加工物资　　　　　　　　　　　　　　　　55 000

　　贷：原材料　　　　　　　　　　　　　　　　　　55 000

支付加工费时：

借：委托加工物资　　　　　　　　　　　　　　　　20 000

　　应交税费——应交增值税（进项税额）　　　　　2 600

　　贷：银行存款　　　　　　　　　　　　　　　　22 600

支付代扣代缴消费税时：

代扣消费税税额 =（55 000 + 20 000）÷（1 − 30%）× 30% = 32 143

（元）

借：委托加工物资　　　　　　　　　　　　　　　　32 143

　　贷：银行存款　　　　　　　　　　　　　　　　32 143

加工烟丝入库时：

借：库存商品　　　　　　　　　　　　　　　　　　107 143

　　贷：委托加工物资　　　　　　　　　　　　　　107 143

产品销售时，不再缴纳消费税。

2. 收回后连续生产应税消费品的

收回后连续生产应税消费品时，已纳消费税款准予抵扣。因此，委托方应将受托方代扣代缴的消费税，借记"应交税费——应交消费税"账户，待最终应税消费品销售时，允许从应缴纳的消费税中抵扣。

（二）**受托方的会计处理**

受托方可按本企业同类消费品的销售价格计算代收代缴消费税；若没有同类消费品销售价格的，按照组成计税价格计算。

【例 3 – 16】　接上例，按组成计税价格计算，税率为 30%，则：

组成计税价格 =（55 000 + 20 000）÷（1 − 30%）= 107 143 （元）

应纳消费税税额 = 107 143 × 30% = 32 143 （元）

A 厂作会计分录如下：

收加工费时：

借：银行存款　　　　　　　　　　　　　　　　　　22 600

　　贷：主营业务收入　　　　　　　　　　　　　　　20 000

　　　　应交税费——应交增值税（销项税额）　　　2 600

收取代扣代缴消费税时：

借：银行存款　　　　　　　　　　　　　　　　　　32 143

　　贷：应交税费——应代交消费税　　　　　　　　32 143

上交代扣税金时：

借：应交税费——应代交消费税　　　　　　　　　　32 143

　　贷：银行存款　　　　　　　　　　　　　　　　32 143

六、进口应税消费品的会计处理

进口应税消费品时，进口单位缴纳的增值税、消费税应计入应税消费品成本中。按进口成本连同应纳增值税、消费税，借记"固定资产""材料采购"等账户；由于进口货物在海关交税，与提货联系在一起，即交税后方能提货。为了简化核算，关税、消费税可以不通过"应交税费"账户，直接贷记"银行存款"账户。若特殊情况下，先提货后交税时，可以通过"应交税费"账户。

【例 3 - 17】　某企业从国外购进化妆品一批，CIF 价为 US＄40 000。关税税率假定为 20%，增值税税率为 13%；假定当日汇率为 US＄100 ＝ ￥800。

组成计税价格 ＝（40 000 ＋ 40 000 × 20%）÷（1 － 30%）× 8 ＝ 548 571（元）

应纳关税 ＝ 40 000 × 20% × 8 ＝ 64 000（元）

应纳消费税 ＝ 548 571 × 30% ＝ 164 571（元）

应纳增值税 ＝ 548 571 × 13% ＝ 71 314（元）

作会计分录如下：

借：材料采购 548 571

应交税费——应交增值税（进项税额） 71 314

贷：应付账款——××供货商 320 000

银行存款 299 885

七、金银首饰、钻石首饰零售业务的会计处理

（一）自购自销

企业销售金银首饰、钻石首饰应交的消费税，借记"税金及附加"账户，贷记"应交税费——应交消费税"账户。

金银首饰、钻石首饰连同包装物一起销售的，无论包装物是否单独计价，均应并入金银首饰、钻石首饰的销售额计缴消费税。

随同首饰销售但不单独计价的包装物，其收入及应交消费税，均与主营业务收入和税金及附加一起计算和处理；随同首饰销售而单独计价的包装物，其收入贷记"其他业务收入"账户，其应交消费税（税率同商品）借记"其他业务成本"账户。

【例3-18】 某金银首饰商店是经过中国人民银行总行批准经营金银首饰的企业。2×19年8月份实现以下销售业务：

（1）销售给经中国人民银行总行批准的经营金银首饰单位金项链一批，销售额为2 648 000元；

（2）销售给未经中国人民银行总行批准的经营金银首饰单位金首饰一批，销售额为1 845 000元；

（3）门市零售金银首饰销售额3 415 800元；

（4）销售金银首饰连同包装物销售，其包装物金额为314 500元，未合并入金银首饰销售额内，作为其他业务收入；

（5）采取以旧换新方式销售金银首饰，换出金银首饰按同类品种销售价计算为 1 644 000 元，收回旧金银首饰作价 916 000 元，实收回金额为 728 000 元。

该商品 8 月份应交消费税、增值税如下：

（1）消费税税额。

金银首饰零售应纳消费税税额 = （1 845 000 + 3 415 800 + 728 000）÷ 1.13 × 5%

$$= 264\ 991.15\ （元）$$

包装物应纳消费税税额 = 314 500 ÷ 1.13 × 5% = 13 915.93（元）

（2）增值税销项税额。

金银首饰 = （2 648 000 + 1 845 000 + 3 415 800 + 728 000）÷ 1.13 × 13%
$$= 993\ 614.16\ （元）$$

包装物销项税额 = 314 500 ÷ 1.13 × 13% = 36 181.42（元）

计提金银首饰消费税（不计算附加税）时：

借：税金及附加　　　　　　　　　　　　　　　264 991.15

　　贷：应交税费——应交消费税　　　　　　　　264 991.15

随金银首饰销售包装物作收入时：

借：银行存款　　　　　　　　　　　　　　　　314 500.00

　　贷：其他业务收入　　　　　　　　　　　　　278 318.58

　　　　应交税费——应交增值税（销项税额）　　 36 181.42

计提包装物收入的消费税时：

借：其他业务成本　　　　　　　　　　　　　　 13 915.93

　　贷：应交税费——应交消费税　　　　　　　　 13 915.93

（二）受托代销

企业受托代销金银首饰时，消费税由受托方负担，即受托方是消费税的纳税义务人。

如果是以收取手续费的方式代销金银首饰，收取的手续费计入代购代销收入，根据销售价格计算的应交消费税，相应冲减代购代销收入，销售实现时，借记"代购代销收入"账户，贷记"应交税费——应交消费税"账户。

不采用收取手续费方式代销的，通常是由双方签订首饰的协议价，委托方按协议价收取代销货款，受托方实际销售的货款与协议价之间的差额归己所有。在这种情况下，受托方缴纳消费税的会计处理与自购自销相同。

第四章　企业所得税会计

|第一节　企业所得税概述|

企业所得税，是以企业的生产经营所得和其他所得为计税依据而征收的一种所得税。企业所得税是各个国家普遍开征的重要税种，是国家参与企业利润分配、正确处理国家与企业分配关系的一个重要税种。

一、企业所得税的纳税人

企业所得税的纳税人，是依据企业所得税法负有纳税义务的企业和其他取得收入的组织。在中国境内，企业和其他取得收入的组织（统称企业）为企业所得税纳税人，依照《中华人民共和国企业所得税法》（以下简称《企业所得税法》）的规定缴纳企业所得税。同时，考虑到个人独资企业、合伙企业属于自然人性质企业，没有法人资格，股东承担无限责任，《企业所得税法》及其《中华人民共和国企业所得税法实施条例》（以下简称《实施条例》）规定：依照中国法律、行政法规成立的个人独资企业、合伙企业，不适用《企业所得税法》。企业所得税纳税人包括各类企业、事业单位、社会团体、民办非企业单位和从事经营活动的其他组织。

《企业所得税法》按照登记注册地标准和实际管理机构标准，把企业分为居民企业和非居民企业，分别确定不同的纳税义务。居民企业承担无限纳税义务，就来源于中国境内、境外的全部所得纳税；非居民企业承担有限纳税义务，一般只就来源于我国境内的所得纳税。

（一）居民企业

《企业所得税法》规定：居民企业，是指依法在中国境内成立，或者依照外国（地区）法律成立但实际管理机构在中国境内的企业。居民企业应当就其来源于中国境内、境外的所得缴纳企业所得税。

（1）企业登记注册地，是指企业依照国家有关规定登记注册的住所地，包括

①依法在中国境内成立的企业，包括依照中国法律、行政法规在中国境内成立的企业、事业单位、社会团体以及其他取得收入的组织；

②依照外国（地区）法律成立的企业，包括依照外国（地区）法律成立的企业和其他取得收入的组织。

（2）实际管理机构，是指对企业的生产经营、人员、账务、财产等实施实质性全面管理和控制的机构。对于实际管理机构的判断，应当遵循实质重于形式的原则。

（二）非居民企业

《企业所得税法》规定：非居民企业，是指依照外国（地区）法律成立且实际管理机构不在中国境内，但在中国境内设立机构、场所的，或者在中国境内未设立机构、场所，但有来源于中国境内所得的企业。非居民企业在中国境内设立机构、场所的，应当就其所设机构、场所取得的来源于中国境内的所得，以及发生在中国境外但与其所设机构、场所有实际联系的所得，缴纳企业所得税。非居民企业在中国境内未设立机构、场所的，或者虽设立机构、场所但取得的所得与其所设机构、场所没有实际联系的，应当就其来源于中国境内的所得缴纳企业所得税。

（1）机构、场所，是指在中国境内从事生产经营活动的机构、场所，包括：

①管理机构、营业机构、办事机构；

②工厂、农场、开采自然资源的场所；

③提供劳务的场所；

④从事建筑、安装、装配、修理、勘探等工程作业的场所；

⑤其他从事生产经营活动的机构、场所。

非居民企业委托营业代理人在中国境内从事生产经营活动的，包括委托单位或者个人经常代其签订合同，或者储存、交付货物等，该营业代理人视为非居民企业在中国境内设立的机构、场所。

（2）来源于中国境内、境外的所得，按照以下原则确定：

①销售货物所得，按照交易活动发生地确定；

②提供劳务所得，按照劳务发生地确定；

③转让财产所得，不动产转让所得按照不动产所在地确定，动产转让所得按照转让动产的企业或者机构、场所所在地确定，权益性投资资产转让所得按照被投资企业所在地确定；

④股息、红利等权益性投资所得，按照分配所得的企业所在地确定；

⑤利息所得、租金所得、特许权使用费所得，按照负担、支付所得的企业或者机构、场所所在地确定，或者按照负担、支付所得的个人的住所地确定；

⑥其他所得，由国务院财政、税务主管部门确定。

（3）实际联系，是指非居民企业在中国境内设立的机构、场所拥有据以取得所得的股权、债权，以及拥有、管理、控制据以取得所得的财产等。

（4）在中国境内未设立机构、场所的，或者虽设立机构、场所但取得的所得与其所设机构、场所没有实际联系的非居民企业，就其取得的来源于中国境内的所得应缴纳的所得税，实行源泉扣缴，以支付人为扣缴义务人。税款由扣缴义务人在每次支付或者到期应支付时，从支付或者到期应支付的款项中扣缴。

对非居民企业在中国境内取得工程作业和劳务所得应缴纳的所得税，税务机关可以指定工程价款或者劳务费的支付人为扣缴义务人。

二、企业所得税的征收范围

企业所得税的征收范围，是符合《企业所得税法》规定的纳税人所取得的应纳税所得。所得，包括销售货物所得、提供劳务所得、转让财产所得、股息红利等权益性投资所得、利息所得、租金所得、特许权使用费所得、接受捐赠所得和其他所得。

（一）所得的类型

根据不同的标准，所得可以分为不同的类型。

1. 生产经营所得和其他所得

（1）生产经营所得，是指从事物质生产、交通运输、商品流通、劳务服务以及经国家主管部门确认的其他营利事业取得的合法所得，还包括卫生、物资、供销、城市公用和其他行业的企业，以及一些社会团体、事业单位、民办非企业单位开展多种经营和有偿服务活动，取得的合法经营所得。

（2）其他所得，是指股息、利息、租金、特许权使用费和营业外收益等所得以及企业解散或破产后的清算所得。

2. 在业经营所得和清算所得

（1）在业经营所得，是指纳税人在开业经营时账册上所记载的生产、经营所得和其他所得。

（2）清算所得，是指企业的全部资产可变现价值或交易价格减除资产净值、清算费用以及相关税费等后的余额。

投资方企业从被清算企业分得的剩余财产，其中相当于从被清算企业累计未分配利润和累计盈余公积中应当分得的部分，应当确认为股息所得；剩余资产减除上述股息所得后的余额，超过或者低于投资成本的部分，应当确认为投资资产转让所得或者损失。

（二）所得来源的确定

所得，包括我国居民企业来源于境内和境外的各项所得，以及非居民企业来源于境内的应税所得。行使收入来源地税收管辖权，不但要对在我国境内从事经济活动和来源于我国境内的所得行使征税权，而且还要对本国居民来源于各国的全部所得行使征税权。内资企业是中国企业，国家对其行使居民税收管辖权。因此，内资企业应就其来源于境内和境外的所得扣除为取得这些所得而发生的成本费用支出后的余额，作为应纳税所得额。为避免重复征税，对本国企业在境外缴纳的所得税税款，准予在总机构汇总纳税时，从其应纳税额中予以抵免。

来源于中国境内、境外的所得，按照以下原则确定：

（1）销售货物所得，按照交易活动发生地确定；

（2）提供劳务所得，按照劳务发生地确定；

（3）转让财产所得，不动产转让所得按照不动产所在地确定，动产转让所得按照转让动产的企业或者机构、场所所在地确定，权益性投资资产转让所得按照被投资企业所在地确定；

（4）股息、红利等权益性投资所得，按照分配所得的企业所在地确定；

（5）利息所得、租金所得、特许权使用费所得，按照负担、支付所得的企业或者机构、场所所在地确定，或者按照负担、支付所得的个人的住所地确定；

（6）其他所得，由国务院财政、税务主管部门确定。

三、企业所得税的税率

（一）标准税率

居民企业以及在中国境内设立机构、场所且取得的所得与其所设机构、场所有实际联系的非居民企业，应当就其来源于中国境内、境外的所得缴纳企业所得税，适用税率为25%。

非居民企业在中国境内未设立机构、场所的，或者虽设立机构、场所但取得的所得与其所设机构、场所没有实际联系的，应当就其来源于中国境内的所得缴纳企业所得税，适用税率为20%。

（二）优惠税率

对于居民企业和在中国境内设立机构、场所且取得的所得与其所设机构、场所有实际联系的非居民企业，《企业所得税法》规定了20%和15%两档优惠税率；对于在中国境内未设立机构、场所的，或者虽设立机构、场所但取得的所得与其所设机构、场所没有实际联系的非居民企业，《企业所得税法》规定了10%的优惠税率。

1. 20%的优惠税率

符合条件的小型微利企业，减按20%的税率征收企业所得税。

符合条件的小型微利企业，是指从事国家非限制和禁止行业，并符合下列条件的企业：

（1）工业企业，年度应纳税所得额不超过 30 万元，从业人数不超过 100 人，资产总额不超过 3 000 万元；

（2）其他企业，年度应纳税所得额不超过 30 万元，从业人数不超过 80 人，资产总额不超过 1 000 万元。

2．15% 的优惠税率

国家需要重点扶持的高新技术企业，减按 15% 的税率征收企业所得税。

国家需要重点扶持的高新技术企业，是指拥有核心自主知识产权，并同时符合下列条件的企业：

（1）产品（服务）属于《国家重点支持的高新技术领域》（2009）规定的范围；

（2）研究开发费用占销售收入的比例不低于规定比例；

（3）高新技术产品（服务）收入占企业总收入的比例不低于规定比例；

（4）科技人员占企业职工总数的比例不低于规定比例；

（5）高新技术企业认定管理办法规定的其他条件。

3．10% 的优惠税率

（1）在中国境内未设立机构、场所的，或者虽设立机构、场所但取得的与其所设机构、场所没有实际联系的，应当就其来源于中国境内的所得，减按 10% 的税率征收企业所得税。

（2）中国居民企业向境外 H 股非居民企业股东派发 2008 年及以后年度股息时，统一按 10% 的税率代扣代缴企业所得税。

非居民企业股东在获得股息之后，可以自行或通过委托代理人或代扣代缴义务人，向主管税务机关提出享受税收协定（安排）待遇的申请，提供证明自己为符合税收协定（安排）规定的实际收益所有人的资料。主管税务机关审核无误后，应就已征税款和根据税收协定（安排）规定税率计算的应纳税款的差额予以退税。

（3）合格境外机构投资者取得来源于中国境内的股息、红利和利息收入，应当按照企业所得税法规定缴纳 10% 的企业所得税。

|第二节　企业资产的税务处理|

企业资产是指企业拥有或者控制的、用于经营管理活动且与取得应税收入有关的资产。企业的各项资产，包括固定资产、生产性生物资产、无形资产、长期待摊费用、投资资产、存货等，以历史成本为计税基础。历史成本，是指企业取得该项资产时实际发生的支出。企业持有各项资产期间资产增值或者减值，除国务院财政、税务主管部门规定可以确认损益外，不得调整该资产的计税基础。企业转让资产，该项资产的净值，准予在计算应纳税所得额时扣除。资产的净值，是指有关资产、财产的计税基础减除已经按照规定扣除的折旧、折耗、摊销、准备金等后的余额。除另有规定外，企业在重组过程中，应当在交易发生时确认有关资产的转让所得或者损失，相关资产应当按照交易价格重新确定计税基础。

一、固定资产

在计算应纳税所得额时，企业按照规定计算的固定资产折旧，准予扣除。

（1）固定资产，是指企业为生产产品、提供劳务、出租或者经营管理而持有的、使用时间超过 12 个月的非货币性资产，包括房屋、建筑物、机器、机械、运输工具以及其他与生产经营活动有关的设备、器具、工具等。

（2）下列固定资产不得计算折旧扣除：

①房屋、建筑物以外未投入使用的固定资产；

②以经营租赁方式租入的固定资产；

③以融资租赁方式租出的固定资产；

④已足额提取折旧仍继续使用的固定资产；

⑤与经营活动无关的固定资产；

⑥单独估价作为固定资产入账的土地；

⑦其他不得计算折旧扣除的固定资产。

（3）固定资产按照以下方法确定计税基础：

①外购的固定资产，以购买价款和支付的相关税费以及直接归属于使

该资产达到预定用途发生的其他支出为计税基础；

②自行建造的固定资产，以竣工结算前发生的支出为计税基础；

③融资租入的固定资产，以租赁合同约定的付款总额和承租人在签订租赁合同过程中发生的相关费用为计税基础，租赁合同未约定付款总额的，以该资产的公允价值和承租人在签订租赁合同过程中发生的相关费用为计税基础；

④盘盈的固定资产，以同类固定资产的重置完全价值为计税基础；

⑤通过捐赠、投资、非货币性资产交换、债务重组等方式取得的固定资产，以该资产的公允价值和支付的相关税费为计税基础；

⑥改建的固定资产，除法定的支出外，以改建过程中发生的改建支出增加计税基础。

（4）固定资产按照直线法计算的折旧，准予扣除。企业应当自固定资产投入使用月份的次月起计算折旧；停止使用的固定资产，应当自停止使用月份的次月起停止计算折旧。企业应当根据固定资产的性质和使用情况，合理确定固定资产的预计净残值。固定资产的预计净残值一经确定，不得变更。

（5）除国务院财政、税务主管部门另有规定外，固定资产计算折旧的最低年限如下：

①房屋、建筑物，为20年；

②飞机、火车、轮船、机器、机械和其他生产设备，为10年；

③与生产经营活动有关的器具、工具、家具等，为5年；

④飞机、火车、轮船以外的运输工具，为4年；

⑤电子设备，为3年。

（6）从事开采石油、天然气等矿产资源的企业，在开始商业性生产前发生的费用和有关固定资产的折耗、折旧方法，由国务院财政、税务主管部门另行规定。

二、生产性生物资产

（1）生产性生物资产，是指企业为生产农产品、提供劳务或者出租等而持有的生物资产，包括经济林、薪炭林、产畜和役畜等。

（2）生产性生物资产按照以下方法确定计税基础：

①外购的生产性生物资产，以购买价款和支付的相关税费为计税基础；

②通过捐赠、投资、非货币性资产交换、债务重组等方式取得的生产性生物资产，以该资产的公允价值和支付的相关税费为计税基础。

（3）生产性生物资产按照直线法计算的折旧，准予扣除。企业应当自生产性生物资产投入使用月份的次月起计算折旧；停止使用的生产性生物资产，应当自停止使用月份的次月起停止计算折旧。企业应当根据生产性生物资产的性质和使用情况，合理确定生产性生物资产的预计净残值。生产性生物资产的预计净残值一经确定，不得变更。

（4）生产性生物资产计算折旧的最低年限如下：

①林木类生产性生物资产，为 10 年；

②畜类生产性生物资产，为 3 年。

三、无形资产

在计算应纳税所得额时，企业按照规定计算的无形资产摊销费用，准予扣除。

（1）无形资产，是指企业为生产产品、提供劳务、出租或者经营管理而持有的、没有实物形态的非货币性长期资产，包括专利权、商标权、著作权、土地使用权、非专利技术、商誉等。

（2）下列无形资产不得计算摊销费用扣除：

①自行开发的支出已在计算应纳税所得额时扣除的无形资产；

②自创商誉；

③与经营活动无关的无形资产；

④其他不得计算摊销费用扣除的无形资产。

（3）无形资产按照以下方法确定计税基础：

①外购的无形资产，以购买价款和支付的相关税费以及直接归属于使该资产达到预定用途发生的其他支出为计税基础；

②自行开发的无形资产，以开发过程中该资产符合资本化条件后至达到预定用途前发生的支出为计税基础；

③通过捐赠、投资、非货币性资产交换、债务重组等方式取得的无形资产，以该资产的公允价值和支付的相关税费为计税基础。

（4）无形资产按照直线法计算的摊销费用，准予扣除。外购商誉的支出，在企业整体转让或者清算时，准予扣除。

（5）无形资产的摊销年限不得低于10年。作为投资或者受让的无形资产，有关法律规定或者合同约定了使用年限的，可以按照规定或者约定的使用年限分期摊销。

四、长期待摊费用

在计算应纳税所得额时，企业发生的下列支出作为长期待摊费用，按照规定摊销的，准予扣除：

（1）已足额提取折旧的固定资产的改建支出，按照固定资产预计尚可使用年限分期摊销。

（2）租入固定资产的改建支出，按照合同约定的剩余租赁期限分期摊销。

（3）固定资产的大修理支出，按照固定资产尚可使用年限分期摊销，是指同时符合下列条件的支出：

①修理支出达到取得固定资产时的计税基础50%以上；

②修理后固定资产的使用年限延长2年以上。

（4）其他应当作为长期待摊费用的支出，自支出发生月份的次月起，分期摊销，摊销年限不得低于3年。

五、投资资产

企业对外投资期间，投资资产的成本在计算应纳税所得额时不得扣除。

投资资产，是指企业对外进行权益性投资和债权性投资形成的资产。

企业在转让或者处置投资资产时，投资资产的成本，准予扣除。投资资产按照以下方式确定成本：

（1）通过支付现金方式取得的投资资产，以购买价款为成本；

（2）通过支付现金以外的方式取得的投资资产，以该资产的公允价值和支付的相关税费为成本。

六、存货

企业使用或者销售存货，按照规定计算的存货成本，准予在计算应纳税所得额时扣除。

存货，是指企业持有以备出售的产品或者商品、处在生产过程中的在产品、在生产或者提供劳务过程中耗用的材料和物料等。存货按照以下方法确定成本：

（1）通过支付现金方式取得的存货，以购买价款和支付的相关税费为成本；

（2）通过支付现金以外的方式取得的存货，以该存货的公允价值和支付的相关税费为成本；

（3）生产性生物资产收获的农产品，以产出或者采收过程中发生的材料费、人工费和分摊的间接费用等必要支出为成本。

企业使用或者销售的存货的成本计算方法，可以在先进先出法、加权平均法、个别计价法中选用一种。计价方法一经选用，不得随意变更。

七、资产损失

资产损失，是指企业在生产经营活动中实际发生的、与取得应税收入有关的资产损失，包括现金损失，存款损失，坏账损失，贷款损失，股权投资损失，固定资产和存货的盘亏、毁损、报废、被盗损失，自然灾害等不可抗力因素造成的损失以及其他损失。企业发生上述资产损失，应在按税法规定实际确认或者实际发生的当年申报扣除，不得提前或延后扣除。

（1）企业实际发生的资产损失按税务管理方式可分为自行计算扣除的资产损失和须经税务机关审理后才能扣除的资产损失。下列资产损失，属于由企业自行计算扣除的资产损失：

①企业在正常经营管理活动中因销售、转让、变卖固定资产、生产性生物资产、存货发生的资产损失；

②企业各项存货发生的正常损耗；

③企业固定资产达到或超过使用年限而正常报废清理的损失；

④企业生产性生物资产达到或超过使用年限而正常死亡发生的资产损失；

⑤企业按照有关规定通过证券交易所、银行间市场买卖债券、股票、基金以及金融衍生产品等发生的损失；

⑥其他经国家税务总局确认不需经税务机关审批的资产损失。

（2）企业发生的资产损失，凡无法准确辨别是否属于自行计算扣除的资产损失，可向税务机关提出审批申请。税务机关对企业资产损失税前扣除的审批是对纳税人按规定提供的申报材料与法定条件进行符合性审查。企业资产损失税前扣除不实行层层审批，企业可直接向有权审批税务机关申请。负责审批的税务机关应对企业资产损失税前扣除审批申请即报即批。

（3）企业发生属于由企业自行计算扣除的资产损失，应按照企业内部管理控制的要求，做好资产损失的确认工作，并保留好有关资产会计核算资料和原始凭证及内部审批证明等证据。

企业按规定向税务机关报送资产损失税前扣除申请时，均应提供能够证明资产损失确属已实际发生的合法证据，包括具有法律效力的外部证据和特定事项的企业内部证据。

（4）企业货币资产损失包括现金损失、银行存款损失和应收（预付）账款损失等。

①企业清查出的现金短缺扣除责任人赔偿后的余额，确认为现金损失；

②企业将货币性资金存入法定具有吸收存款职能的机构，因该机构依法破产、清算，或者政府责令停业、关闭等原因，确实不能收回的部分，确认为存款损失；

③逾期不能收回的应收款项中，单笔数额较小、不足以弥补清收成本的，由企业作出专项说明，对确实不能收回的部分，认定为损失；

④逾期3年以上的应收款项，企业有依法催收磋商记录，确认债务人已

资不抵债、连续 3 年亏损或连续停止经营 3 年以上的，并能认定 3 年内没有任何业务往来，可以认定为损失。

（5）企业非货币资产损失包括存货损失、固定资产损失、在建工程损失、生物资产损失等。

①存货盘亏损失，其盘亏金额扣除责任人赔偿后的余额部分，存货报废、毁损和变质损失，其账面价值扣除残值及保险赔偿或责任赔偿后的余额部分，以及存货被盗损失，其账面价值扣除保险理赔以及责任赔偿后的余额部分，依据相关证据认定损失。

②固定资产盘亏、丢失损失，其账面净值扣除责任人赔偿后的余额部分；固定资产报废、毁损损失，其账面净值扣除残值、保险赔偿和责任人赔偿后的余额部分；以及固定资产被盗损失，其账面净值扣除保险理赔以及责任赔偿后的余额部分，依据相关证据认定损失。

③在建工程停建、废弃和报废、拆除损失，其账面价值扣除残值后的余额部分；在建工程自然灾害和意外事故毁损损失，其账面价值扣除残值、保险赔偿及责任赔偿后的余额部分，依据相关证据认定损失。工程物资发生损失的，比照存货损失的规定进行认定。

④生产性生物资产盘亏损失，其账面净值扣除责任人赔偿后的余额部分；因森林病虫害、疫情、死亡而产生的生产性生物资产损失，其账面净值扣除残值、保险赔偿和责任人赔偿后的余额部分；对被盗伐、被盗、丢失而产生的生产性生物资产损失，其账面净值扣除保险理赔以及责任赔偿后的余额部分，依据相关证据认定损失。

⑤企业由于未能按期赎回抵押资产，使抵押资产被拍卖或变卖，其账面净值大于变卖价值的差额部分，依据拍卖或变卖证明，认定为资产损失。

（6）企业投资损失包括债权性投资损失和股权（权益）性投资损失。

①各类符合坏账损失条件的债权投资，依据相关证据认定损失；

②金融企业符合坏账条件的银行卡透支款项以及相关的已计入应纳税所得额的其他应收款项，依据相关证据认定损失；

③金融企业符合坏账条件的助学贷款，依据相关证据认定损失；

④企业符合条件的股权（权益）性投资损失，应依据相关证据认定

损失；

⑤企业的股权（权益）投资当有确凿证据表明已形成资产损失时，应扣除责任人和保险赔款、变价收入或可收回金额后，再确认发生的资产损失。

第三节　企业所得税的税收优惠政策

我国企业所得税的税收优惠包括免税收入、可以减免税的所得、优惠税率、民族自治地方的减免税、加计扣除、抵扣应纳税所得额、加速折旧、减计收入、抵免应纳税额和其他专项优惠政策。企业同时从事适用不同企业所得税待遇的项目的，其优惠项目应当单独计算所得，并合理分摊企业的期间费用；没有单独计算的，不得享受企业所得税优惠。

一、免税收入

企业所得税的免税收入包括：

（1）国债利息收入。

国债利息收入，是指企业持有国务院财政部门发行的国债取得的利息收入。

（2）符合条件的居民企业之间的股息、红利等权益性投资收益。

符合条件的居民企业之间的股息、红利等权益性投资收益，是指居民企业直接投资于其他居民企业取得的投资收益。

（3）在中国境内设立机构、场所的非居民企业从居民企业取得与该机构、场所有实际联系的股息、红利等权益性投资收益。

股息、红利等权益性投资收益，不包括连续持有居民企业公开发行并上市流通的股票不足12个月取得的投资收益。

（4）符合条件的非营利组织的收入。

符合条件的非营利组织的收入，不包括非营利组织从事营利性活动取得的收入，但国务院财政、税务主管部门另有规定的除外。对非营利组织从事非营利性活动取得的收入给予免税，但从事营利性活动取得的收入则要征税。

二、企业所得税的减、免税所得

（1）企业从事下列项目的所得，免征企业所得税：

①蔬菜、谷物、薯类、油料、豆类、棉花、麻类、糖料、水果、坚果的种植；

②农作物新品种的选育；

③中药材的种植；

④林木的培育和种植；

⑤牲畜、家禽的饲养；

⑥林产品的采集；

⑦灌溉、农产品初加工、兽医、农技推广、农机作业和维修等农、林、牧、渔服务业项目；

⑧远洋捕捞。

（2）企业从事下列项目的所得，减半征收企业所得税：

①花卉、茶以及其他饮料作物和香料作物的种植；

②海水养殖、内陆养殖。

（3）从事国家重点扶持的公共基础设施项目投资经营的所得。

国家重点扶持的公共基础设施项目，是指《公共基础设施项目企业所得税优惠目录》规定的港口码头、机场、铁路、公路、城市公共交通、电力、水利等项目。

①企业从事上述国家重点扶持的公共基础设施项目的投资经营的所得，自项目取得第1笔生产经营收入所属纳税年度起，第1年至第3年免征企业所得税，第4年至第6年减半征收企业所得税。

②企业承包经营、承包建设和内部自建自用上述项目，不得享受上述企业所得税优惠。

（4）从事符合条件的环境保护、节能节水项目的所得。

符合条件的环境保护、节能节水项目，包括公共污水处理、公共垃圾处理、沼气综合开发利用、节能减排技术改造、海水淡化等。项目的具体条件和范围由国务院财政、税务主管部门会商国务院有关部门制定，报国务院批准后公布施行。

企业从事上述规定的符合条件的环境保护、节能节水项目的所得，自项目取得第 1 笔生产经营收入所属纳税年度起，第 1 年至第 3 年免征企业所得税，第 4 年至第 6 年减半征收企业所得税。

（5）符合条件的技术转让所得。

符合条件的技术转让所得免征、减征企业所得税，是指一个纳税年度内，居民企业技术转让所得不超过 500 万元的部分，免征企业所得税；超过 500 万元的部分，减半征收企业所得税。其计算公式为：

技术转让所得＝技术转让收入－技术转让成本－相关税费

（6）非居民企业所得。

在中国境内未设立机构、场所的，或者虽设立机构、场所但取得的所得与其所设机构、场所没有实际联系的非居民企业，其取得的来源于中国境内的所得，减按 10% 的税率征收企业所得税。

下列所得可以免征企业所得税：

①外国政府向中国政府提供贷款取得的利息所得。

②国际金融组织向中国政府和居民企业提供优惠贷款取得的利息所得。

③经国务院批准的其他所得。

（7）从 2014 年 11 月 17 日起，对合格境外机构投资者（QFII）、人民币合格境外机构投资者（RQFII）取得来源于中国境内的股票等权益性投资资产转让所得，暂免征收企业所得税。

三、不同类型企业的企业所得税税收优惠

（1）符合条件的小型微利企业，减按 20% 的税率征收企业所得税。

自 2019 年 1 月 1 日至 2021 年 12 月 31 日，对小型微利企业年应纳税所得额不超过 100 万元的部分，减按 25% 计入应纳税所得额，按 20% 的税率缴纳企业所得税；对年应纳税所得额超过 100 万元但不超过 300 万元的部分，减按 50% 计入应纳税所得额，按 20% 的税率缴纳企业所得税。

小型微利企业是指从事国家非限制和禁止行业，且同时符合年度应纳税所得额不超过 300 万元、从业人数不超过 300 人、资产总额不超过 5 000 万元三个条件的企业。

从业人数，包括与企业建立劳动关系的职工人数和企业接受的劳务派遣用工人数。从业人数和资产总额指标，应按企业全年的季度平均值确定。具体计算公式如下：

$$季度平均值 = （季初值 + 季末值）÷ 2$$
$$全年季度平均值 = 全年各季度平均值之和 ÷ 4$$

年度中间开业或者终止经营活动的，以其实际经营期作为一个纳税年度确定上述相关指标。

小型微利企业无论按查账征收方式还是按核定征收方式缴纳企业所得税，均可享受优惠政策。

（2）国家需要重点扶持的高新技术企业，减按15%的税率征收企业所得税。

（3）自2018年1月1日起，对经认定的技术先进型服务企业（服务贸易类），减按15%的税率征收企业所得税。

（4）依法成立且符合条件的集成电路设计企业和软件企业，在2018年12月31日前自获利年度起计算优惠期，第一年至第二年免征企业所得税，第三年至第五年按照25%的法定税率减半征收企业所得税，并享受至期满为止。

（5）2019年1月1日至2023年12月31日，经营性文化事业单位转制为企业，自转制注册之日起五年内免征企业所得税。2018年12月31日之前已完成转制的企业，自2019年1月1日起可继续免征五年企业所得税。经营性文化事业单位是指从事新闻出版、广播影视和文化艺术的事业单位。

四、民族自治地方的企业所得税减免

民族自治地方的自治机关对本民族自治地方的企业应缴纳的企业所得税中属于地方分享的部分，可以决定减征或者免征。自治州、自治县决定减征或者免征的，须报省、自治区、直辖市人民政府批准。

对民族自治地方内国家限制和禁止行业的企业，不得减征或者免征企业所得税。

五、企业所得税的加计扣除

企业的下列支出，可以在计算应纳税所得额时加计扣除：

（1）研究开发费用。

研究开发费用的加计扣除，是指企业为开发新技术、新产品、新工艺发生的研究开发费用，未形成无形资产计人当期损益的，在按照规定据实扣除的基础上，按照研究开发费用的 50% 加计扣除；形成无形资产的，按照无形资产成本的 150% 摊销。

企业开展研发活动中实际发生的研发费用，未形成无形资产计入当期损益的，在按规定据实扣除的基础上，在 2018 年 1 月 1 日至 2020 年 12 月 31 日期间，再按照实际发生额的 75% 在税前加计扣除；形成无形资产的，在上述期间按照无形资产成本的 175% 在税前摊销。

下列行业不适用税前加计扣除政策：烟草制造业；住宿和餐饮业；批发和零售业；房地产业；租赁和商务服务业；娱乐业；财政部和国家税务总局规定的其他行业。

（2）安置残疾人员及国家鼓励安置的其他就业人员所支付的工资。

企业安置残疾人员所支付的工资的加计扣除，是指企业安置残疾人员的，在按照支付给残疾职工工资据实扣除的基础上，按照支付给残疾职工工资的 100% 加计扣除。企业安置国家鼓励安置的其他就业人员所支付的工资的加计扣除办法，由国务院另行规定。

六、企业所得税应纳税所得额的抵扣

创业投资企业采取股权投资方式投资于未上市的中小高新技术企业 2 年以上的，可以按照其投资额的 70% 在股权持有满 2 年的当年抵扣该创业投资企业的应纳税所得额；当年不足抵扣的，可以在以后纳税年度结转抵扣。

公司制创业投资企业采取股权投资方式直接投资于种子期、初创期科技型企业满 2 年（24 个月）的，可以按照投资额的 70% 在股权持有满 2 年的当年抵扣该公司制创业投资企业的应纳税所得额；当年不足抵扣的，可以在以后纳税年度结转抵扣。

有限合伙制创业投资企业采取股权投资方式直接投资于初创科技型企业满 2 年的，该合伙创投企业的法人合伙人可以按照对初创科技型企业投资额的 70% 抵扣法人合伙人从合伙创投企业分得的所得；当年不足抵扣的，可以在以后纳税年度结转抵扣。

有限合伙制创业投资企业采取股权投资方式投资于未上市的中小高新技术企业满 2 年（24 个月）的，其法人合伙人可按照对未上市中小高新技术企业投资额的 70% 抵扣该法人合伙人从该有限合伙制创业投资企业分得的应纳税所得额，当年不足抵扣的，可以在以后纳税年度结转抵扣。

七、加速折旧和设备、器具一次性税前扣除

企业的固定资产由于技术进步等原因，确需加速折旧的，可以缩短折旧年限或者采取加速折旧的方法。可以采取缩短折旧年限或者采取加速折旧的方法的固定资产，包括：

（1）由于技术进步，产品更新换代较快的固定资产；

（2）常年处于强震动、高腐蚀状态的固定资产。

采取缩短折旧年限方法的，最低折旧年限不得低于税法规定折旧年限的60%；采取加速折旧方法的，可以采取双倍余额递减法或者年数总和法。

对符合相关条件的生物药品制造业，专用设备制造业，铁路、船舶、航空航天和其他运输设备制造业，计算机、通信和其他电子设备制造业，仪器仪表制造业，信息传输、软件和信息技术服务业等行业企业，2014年1月1日后购进的固定资产（包括自行建造），对符合相关条件的轻工、纺织、机械、汽车等四个领域重点行业的企业，2015年1月1日后新购进的固定资产，允许按不低于企业所得税法规定折旧年限的60%缩短折旧年限，或选择采取双倍余额递减法或年数总和法进行加速折旧。上述重点行业企业是指以上述行业业务为主营业务，其固定资产投入使用当年的主营业务收入占企业收入总额50%（不含）以上的企业。

自2019年1月1日起．适用固定资产加速折旧优惠相关规定的行业范围，扩大至全部制造业领域。企业在2018年1月1日至2020年12月31日期间新购进（包括自行建造）的设备、器具，单位价值不超过500万元的，允许一次性计入当期成本费用在计算应纳税所得额时扣除，不再分年度计算折旧。

八、企业所得税的减计收入

（1）企业以《资源综合利用企业所得税优惠目录》规定的资源作为主要原材料，生产国家非限制和禁止并符合国家和行业相关标准的产品取得的收入，减按90%计入收入总额。原材料占生产产品材料的比例不得低于优惠目录规定的标准。

（2）自2019年6月1日起至2025年12月31日，社区提供养老、托育、家政等服务的机构，提供社区养老、托育、家政服务取得的收入，在

计算应纳税所得额时，减按90%计入收入总额。社区包括城市社区和农村社区。

九、企业所得税的应纳税额抵免

企业购置并实际使用《环境保护专用设备企业所得税优惠目录》《节能节水专用设备企业所得税优惠目录》《安全生产专用设备企业所得税优惠目录》规定的环境保护、节能节水、安全生产等专用设备的，该专用设备的投资额的10%可以从企业当年的应纳税额中抵免；当年不足抵免的，可以在以后5个纳税年度结转抵免。享受上述规定的企业所得税优惠的企业，应当实际购置并自身实际投入使用上述规定的专用设备；企业购置上述专用设备在5年内转让、出租的，应当停止享受企业所得税优惠，并补缴已经抵免的企业所得税税款。

购置并实际使用的环境保护、节能节水和安全生产专用设备，包括承租方企业以融资租赁方式租入的、并在融资租赁合同中约定租赁期届满时租赁设备所有权转移给承租方企业，且符合规定条件的上述专用设备。凡融资租赁期届满后租赁设备所有权未转移至承租方企业的，承租方企业应停止享受抵免企业所得税优惠，并补缴已经抵免的企业所得税税款。

十、西部地区企业所得税减免税

对设在西部地区以《西部地区鼓励类产业目录》中新增鼓励类产业项目为主营业务，且其当年度主营业务收入占企业收入总额70%以上的企业，自2014年10月1日起，可减按15%税率缴纳企业所得税。

十一、债券利息减免税

（1）对企业取得的2012年及以后年度发行的地方政府债券利息收入，免征企业所得税。

（2）自2018年11月7日起至2021年11月6日止，对境外机构投资境内债券市场取得的债券利息收入暂免征收企业所得税。暂免征收企业所得税的范围不包括境外机构在境内设立的机构、场所取得的与该机构、场所有实际联系的债券利息。

（3）对企业投资者持有2019～2023年发行的铁路债券取得的利息收入，减半征收企业所得税。铁路债券是指以中国铁路总公司为发行和偿还主体的债券，包括中国铁路建设债券、中期票据、短期融资券等债务融资工具。

|第四节 企业所得税的计算|

一、应纳税所得额的确定

应纳税所得额的计算公式如下：

应纳税所得额＝法定收入总额－税法准予扣除项目金额

（一）收入总额

企业以货币形式和非货币形式从各种来源取得的收入，为收入总额。包括销售货物收入，提供劳务收入，转让财产收入，股息、红利等权益性投资收益，利息收入，租金收入，特许权使用费收入，接受捐赠收入以及其他收入。

1. 销售货物收入

销售货物收入，是指企业销售商品、产品、原材料、包装物、低值易耗品以及其他存货取得的收入。除法律法规另有规定外，企业销售货物收入的确认，必须遵循权责发生制原则和实质重于形式原则。

2. 提供劳务收入

提供劳务收入，是指企业从事建筑安装、修理修配、交通运输、仓储租赁、金融保险、邮电通信、咨询经纪、文化体育、科学研究、技术服务、教育培训、餐饮住宿、中介代理、卫生保健、社区服务、旅游、娱乐、加工以及其他劳务服务活动取得的收入。

企业在各个纳税期末，提供劳务交易的结果能够可靠估计的，应采用完工进度（百分比）法确认提供劳务收入。

3. 其他收入

（1）转让财产收入。

转让财产收入，是指企业转让固定资产、生物资产、无形资产、股权、债权等财产取得的收入。

（2）股息、红利等权益性投资收益。

股息、红利等权益性投资收益，是指企业因权益性投资从被投资方取得的收入。股息、红利等权益性投资收益，除国务院财政、税务主管部门另有规定外，按照被投资方作出利润分配决定的日期确认收入的实现。

（3）利息收入。

利息收入，是指企业将资金提供他人使用但不构成权益性投资，或者因他人占用本企业资金取得的收入，包括存款利息、贷款利息、债券利息、欠款利息等收入。利息收入，按照合同约定的债务人应付利息的日期确认收入的实现。

（4）租金收入。

租金收入，是指企业提供固定资产、包装物或者其他有形资产的使用权取得的收入。租金收入，按照合同约定的承租人应付租金的日期确认收入的实现。

（5）特许权使用费收入。

特许权使用费收入，是指企业提供专利权、非专利技术、商标权、著作权以及其他特许权的使用权取得的收入。特许权使用费收入，按照合同约定的特许权使用人应付特许权使用费的日期确认收入的实现。

（6）接受捐赠收入。

接受捐赠收入，是指企业接受的来自其他企业、组织或者个人无偿给予的货币性资产、非货币性资产。接受捐赠收入，按照实际收到捐赠资产的日期确认收入的实现。

企业以买一赠一等方式组合销售本企业商品的，不属于捐赠，应将总的销售金额按各项商品的公允价值的比例来分摊确认各项的销售收入。

（7）其他收入。

其他收入，是指企业取得《企业所得税法》具体列举的收入外的其他收入，包括企业资产溢余收入、逾期未退包装物押金收入、确实无法偿付的应付款项、已作坏账损失处理后又收回的应收款项、债务重组收入、补贴收入、违约金收入、汇兑收益等。

（二）税前扣除原则及准予扣除的项目

《企业所得税法》规定了对企业实际发生的与取得收入有关的、合理的支出允许税前扣除的一般扣除项目，同时明确不得税前扣除的禁止扣除项目，又规定了允许税前扣除的特殊扣除项目。

相关性和合理性是企业所得税税前扣除的基本要求和重要条件：（1）相关性是指与取得收入直接相关的支出。对相关性的判断一般从支出发生的根源和性质进行分析，而不是看费用支出的结果。相关性要求为限制取得的不征税收入所形成的支出不得扣除提供了依据。（2）合理性是指符合生产经营活动常规，应当计入当期损益或者有关资产成本的必要和正常的支出。对合理性的判断主要是发生的支出的计算和分配方法是否符合一般经营常规。

在符合各项扣除原则的前提下，允许在所得税税前扣除以下各项。

1. 成本

成本是指企业在生产经营活动中发生的销售成本、销货成本、业务支出以及其他耗费。

2. 费用

费用是指企业在生产经营活动中发生的销售费用、管理费用和财务费用，已经计入成本的有关费用除外。

（1）企业发生的与生产经营活动有关的业务招待费支出，按照发生的 60% 扣除，但最高不得超过当年销售（营业）收入的 5‰。

（2）企业发生的符合条件的广告费和业务宣传费支出，除国务院财政、税务主管部门另有规定外，不超过当年销售（营业）收入 15% 的部分，准予扣除；超过部分，准予在以后纳税年度结转扣除。

企业在计算业务招待费、广告费和业务宣传费等费用扣除限额时，其销售（营业）收入额应包括企业发生非货币性资产交换，以及将货物、财产、劳务用于捐赠、偿债、赞助、集资、广告、样品、职工福利或者利润分配等用途时应当视同销售（营业）的收入额。

（3）企业根据生产经营活动的需要租入固定资产支付的租赁费，按照以下方式扣除：

①以经营租赁方式租入固定资产发生的租赁费支出，按照租赁期限均匀扣除；

②以融资租赁方式租入固定资产发生的租赁费支出，按照规定构成融资租入固定资产价值的部分应当提取折旧费用，分期扣除。

（4）非居民企业在中国境内设立的机构、场所，就其中国境外总机构发生的与该机构、场所生产经营有关的费用，能够提供总机构出具的费用汇集范围、定额、分配依据和方法等证明文件，并合理分摊的，准予扣除。

3. 税金

企业发生的除企业所得税和允许抵扣的增值税以外的各项税金及其附加，即纳税人按照规定缴纳的消费税、资源税、土地增值税、关税、城市维护建设税、教育费附加，以及发生的房产税、车船税、土地使用税、印花税等税金及附加。企业缴纳的房产税、车船税、土地使用税、印花税等，已经计入管理费用中扣除的，不再作为税金单独扣除。企业缴纳的增值税属于价外税，故不在扣除之列。

4. 损失

损失是指企业在生产经营活动中发生的固定资产和存货的盘亏、毁损、报废损失，转让财产损失，呆账损失，坏账损失，自然灾害等不可抗力因素造成的损失以及其他损失。

企业发生的损失，减除责任人赔偿和保险赔款后的余额，依照国务院财政、税务主管部门的规定扣除。企业已经作为损失处理的资产，在以后纳税年度又全部收回或者部分收回时，应当计入当期收入。

出版、发行企业库存呆滞出版物，纸质图书超过 5 年（包括出版当年），音像制品、电子出版物和投影片（含缩微制品）超过 2 年，纸质期刊和挂历年画等超过 1 年的，可以作为财产损失在税前据实扣除。已作为财产损失税前扣除的呆滞出版物，以后年度处置的，其处置收入应纳入处置当年的应税收入。

5. 其他支出

其他支出是指除成本、费用、税金、损失外，企业在生产经营活动中发生的与生产经营活动有关的、合理的支出。

（1）企业在生产经营活动中发生的合理的不需要资本化的借款费用，准予扣除。

企业为购置、建造固定资产、无形资产和经过 12 个月以上的建造才能达到预定可销售状态的存货发生借款的，在有关购置、建造期间发生的合理的借款费用，应当作为资本性支出计入有关资产的成本，并依照《实施条例》的规定扣除。

（2）企业在生产经营活动中发生的下列利息支出，准予扣除：

①非金融企业向金融企业借款的利息支出、金融企业的各项存款利息支出和同业拆借利息支出、企业经批准发行债券的利息支出；

②非金融企业向非金融企业借款的利息支出，不超过按照金融企业同期同类贷款利率计算的数额的部分。

（3）企业在货币交易中，以及纳税年度终了时将人民币以外的货币性资产、负债按照期末即期人民币汇率中间价折算为人民币时产生的汇兑损失，除已经计入有关资产成本以及与向所有者进行利润分配相关的部分外，准予扣除。

（4）企业参加财产保险，按照有关规定缴纳的保险费，准予扣除。

（5）企业依照法律、行政法规有关规定提取的用于环境保护、生态恢复等方面的专项资金，准予扣除。上述专项资金提取后改变用途的，不得扣除。

（6）企业发生的合理的劳动保护支出，准予扣除。

（7）企业发生与生产经营有关的手续费及佣金支出，不超过以下规定计算限额以内的部分，准予扣除；超过部分，不得扣除。

①保险企业：财产保险企业按照全部保费收入扣除退保金等后余额的15%计算限额；人身保险企业按当年全部保费收入扣除退保金等后余额的10%计算限额。

②其他企业：按与具有合法经营资格中介服务机构或个人（不含交易双方及其雇员、代理人和代表人等）所签订服务协议或合同确认的收入金额的5%计算限额。

（三）准予扣除项目的调整

纳税人的财务、会计处理与税收规定不一致的，应依照税收规定予以调整，按税收规定允许扣除的金额准予扣除。

1. 公益性捐赠的税前扣除

企业发生的公益性捐赠支出，在年度利润总额12%以内的部分，准予在计算应纳税所得额时扣除。

年度利润总额，是指企业依照国家统一会计制度的规定计算的年度会计利润。允许公益性捐赠支出在税前按比例扣除，主要是为了鼓励企业支持社会公益事业，促进我国社会公益事业的发展。

公益性捐赠，是指企业通过公益性社会团体或者县级以上人民政府及其部门，用于《中华人民共和国公益事业捐赠法》（以下简称《公益事业捐赠法》）规定的公益事业的捐赠。用于公益事业的捐赠支出，是指《公益事业捐赠法》规定的向公益事业的捐赠支出，具体范围包括：

（1）救助灾害、救济贫困、扶助残疾人等困难的社会群体和个人的活动；

（2）教育、科学、文化、卫生、体育事业；

（3）环境保护、社会公共设施建设；

（4）促进社会发展和进步的其他社会公共和福利事业。

公益性社会团体和县级以上人民政府及其组成部门和直属机构在接受捐赠时，捐赠资产的价值，按以下原则确认：

（1）接受捐赠的货币性资产，应当按照实际收到的金额计算；

（2）接受捐赠的非货币性资产，应当以其公允价值计算。

2. 工资薪金支出的税前扣除

企业发生的合理的工资薪金支出，准予扣除。工资薪金，是指企业每一纳税年度支付给在本企业任职或者受雇的员工的所有现金形式或者非现金形式的劳动报酬，包括基本工资、奖金、津贴、补贴、年终加薪、加班工资，以及与员工任职或者受雇有关的其他支出。

工资薪金总额，是指企业按照有关合理工资薪金的规定实际发放的工资薪金总和，不包括企业的职工福利费、职工教育经费、工会经费以及养老保险费、医疗保险费、失业保险费、工伤保险费、生育保险费等社会保险费和住房公积金。属于国有性质的企业，其工资薪金，不得超过政府有关部门给予的限定数额；超过部分，不得计入企业工资薪金总额，也不得在计算企业应纳税所得额时扣除。对工资支出合理性的判断，主要包括两个方面：

（1）雇员实际提供了服务；

（2）报酬总额在数量上是合理的。

实践中，主要考虑雇员的职责、过去的报酬情况，以及雇员的业务量和复杂程度等相关因素。同时，还要考虑当地同行业职工平均工资水平。

3. 社会保险费的税前扣除

企业依照国务院有关主管部门或者省级人民政府规定的范围和标准为职工缴纳的基本养老保险费、基本医疗保险费、失业保险费、工伤保险费、生育保险费等基本社会保险费和住房公积金，准予扣除。企业为投资者或者职工支付的补充养老保险费、补充医疗保险费，在国务院财政、税务主管部门规定的范围和标准内，准予扣除。

自 2008 年 1 月 1 日起，企业为在本企业任职或者受雇的全体员工支付的补充养老保险费、补充医疗保险费，分别在不超过职工工资总额的 5% 标准内的部分，在计算应纳税所得额时准予扣除；超过的部分，不予扣除。除企业依照国家有关规定为特殊工种职工支付的人身安全保险费和国务院财政、税务主管部门规定可以扣除的其他商业保险费外，企业为投资者或者职工支付的商业保险费，不得扣除。

4. 职工福利费等的税前扣除

（1）企业发生的职工福利费支出，不超过工资薪金总额 14% 的部分，准予扣除。

（2）企业拨缴的工会经费，不超过工资薪金总额 2% 的部分，准予扣除。

（3）除国务院财政、税务主管部门另有规定外，企业发生的职工教育经费支出，不超过工资薪金总额 2.5% 的部分，准予扣除；超过部分，准予在以后纳税年度结转扣除。

5. 证券行业准备金支出的税前扣除

根据《财政部　国家税务总局关于证券行业准备金支出企业所得税税前扣除有关政策问题的通知》（财税〔2017〕23 号）规定，自 2016 年 1 月 1 日起至 2020 年 12 月 31 日止，证券行业准备金支出（包括证券类准备金和期货类准备金）企业所得税税前扣除有关政策如下：

（1）证券交易所风险基金。上海、深圳证券交易所按证券交易所交易收取经手费的 20%、会员年费的 10% 提取的证券交易所风险基金，在各基金净资产不超过 10 亿元的额度内，准予在企业所得税税前扣除。

（2）证券结算风险基金。中国证券登记结算公司所属上海分公司、深圳分公司按证券登记结算公司业务收入的 20% 提取的证券结算风险基金，在各基金净资产不超过 30 亿元的额度内，准予在企业所得税税前扣除。

证券公司作为结算会员按人民币普通股和基金成交金额的 0.003%、国债现货成交金额的 0.001%、1 天期国债回购成交金额的 0.000 05%、2 天期国债回购成交额的 0.000 1%、3 天期国债回购成交额的 0.000 15%、4 天期国债回购成交额的 0.000 2%、7 天期国债回购成交额的 0.000 5%、14

天期国债回购成交额的 0.001% 、28 天期国债回购成交额的 0.002% 、91 天期国债回购成交额的 0.006% 、182 天期国债回购成交额的 0.012% 逐日交纳的证券结算风险基金，准予在企业所得税税前扣除。

（3）证券投资者保护基金。上海、深圳证券交易所在风险基金分别达到规定的上限后，按交易经手费的 20% 缴纳的证券投资者保护基金，准予在企业所得税税前扣除；证券公司按其营业收入 0.5% ~ 5% 缴纳的证券投资者保护基金，准予在企业所得税税前扣除。

（4）期货交易所风险准备金。上海期货交易所、大连商品交易所、郑州商品交易所和中国金融期货交易所分别按向会员收取手续费收入的 20% 计提的风险准备金，在风险准备金余额达到有关规定的额度内，准予在企业所得税税前扣除。

（5）期货公司风险准备金。期货公司从其收取的交易手续费收入减去应付期货交易所手续费后的净收入的 5% 提取的期货公司风险准备金，准予在企业所得税税前扣除。

（6）期货投资者保障基金。上海期货交易所、大连商品交易所、郑州商品交易所和中国金融期货交易所按其向期货公司会员收取的交易手续费的 2% 缴纳的期货投资者保障基金，在基金总额达到有关规定的额度内，准予在企业所得税税前扣除；期货公司从其收取的交易手续费中按照代理交易额的 0.000 005% 至 0.000 01% 的比例缴纳的期货投资者保障基金，在基金总额达到有关规定的额度内，准予在企业所得税税前扣除。

6. 保险公司准备金支出的税前扣除

根据《财政部　国家税务总局关于保险公司准备金支出企业所得税税前扣除有关政策问题的通知》（财税〔2016〕114 号）规定，自 2016 年 1 月 1 日起至 2020 年 12 月 31 日止，保险公司准备金支出企业所得税税前扣除有关政策如下：

（1）保险公司按下列规定缴纳的保险保障基金，准予据实税前扣除：

①非投资型财产保险业务，不得超过保费收入的 0.8% ；投资型财产保险业务，有保证收益的，不得超过业务收入的 0.08% ，无保证收益的，不得超过业务收入的 0.05% 。保费收入，是指投保人按照保险合同约定，向保险公司支付的保险费。

②有保证收益的人寿保险业务，不得超过业务收入的 0.15% ；无保证

收益的人寿保险业务，不得超过业务收入的 0.05% 。业务收入，是指投保人按照保险合同约定，为购买相应的保险产品支付给保险公司的全部金额。

③短期健康保险业务，不得超过保费收入的 0.8% ；长期健康保险业务，不得超出保费收入的 0.15% 。

④非投资型意外伤害保险业务，不得超过保费收入的 0.8% ；投资型意外伤害保险业务，有保证收益的，不得超过业务收入的 0.08% ，无保证收益的，不得超过业务收入的 0.05% 。

（2）保险公司有下列情形之一的，其缴纳的保险保障基金不得在税前扣除：

①财产保险公司的保险保障基金余额达到公司总资产 6% 的；

②人身保险公司的保险保障基金余额达到公司总资产 1% 的。

（3）保险公司按规定提取的未到期责任准备金、寿险责任准备金、长期健康险责任准备金、未决赔偿准备金，准予在税前扣除：

①未到期责任准备金、寿险责任准备金、长期健康险责任准备金依据精算师和出具专项审计报告的中介机构确定的金额提取。

②未决赔偿准备金分已发生已报案未决赔偿准备金、已发生未报案未决赔偿准备金和理赔费用准备金。已发生已报案未决赔偿准备金，按最高不超过当期已经提出的保险赔款或者给付金额的 100% 提取；已发生未报案未决赔偿准备金按不超过当年实际赔款支出额的 8% 提取。

（4）保险公司经营财政给予保费补贴的农业保险，按不超过财政部门规定的农业保险大灾风险准备金（简称大灾准备金）计提比例，计提的大灾准备金，准予在企业所得税前据实扣除。具体计算公式如下：

本年度扣除的大灾准备金 = 本年度保费收入 × 规定比例

－上年度已在税前扣除的大灾准备金结存余额

按上述公式计算的数额如为负数，应调增当年应纳税所得额。

财政给予保费补贴的农业保险，是指各级财政按照中央财政农业保险保费补贴政策规定给予保费补贴的种植业、养殖业、林业等农业保险。

规定比例，是指按照《财政部关于印发〈农业保险大灾风险准备金管理办法〉的通知》（财金〔2013〕129 号）规定的计提比例。

（5）保险公司实际发生的各种保险赔款、给付，应首先冲抵按规定提取的准备金，不足冲抵部分，准予在当年税前扣除。

7. 金融企业贷款损失准备金的税前扣除

根据《财政部 国家税务总局关于金融企业贷款损失准备金企业所得税税前扣除有关政策的公告》（财政部 税务总局公告 2019 年第 86 号）规定，自 2019 年 1 月 1 日起至 2023 年 12 月 31 日止，政策性银行、商业银行、财务公司和城乡信用社和金融租赁公司等金融企业提取的贷款损失准备金税前扣除政策如下。

准予提取贷款损失准备的贷款资产范围包括：

（1）贷款（含抵押、质押、保证、信用等贷款）；

（2）银行卡透支、贴现、信用垫款（含银行承兑汇票垫款、信用证垫款、担保垫款等）、进出口押汇、同业拆出等各项具有贷款特征的风险资产；

（3）由金融企业转贷并承担对外还款责任的国外贷款，包括国际金融组织贷款、外国买方信贷、外国政府贷款、日本国际协力银行不附条件贷款和外国政府混合贷款等资产。

金融企业准予当年税前扣除的贷款损失准备计算公式如下：

准予当年税前扣除的贷款损失准备＝本年末准予提取贷款损失准备的贷款资产余额×1% － 截至上年末已在税前扣除的贷款损失准备余额

8. 中小企业信用担保机构准备金的税前扣除

根据《财政部 国家税务总局关于中小企业信用担保机构有关准备金税前扣除问题的通知》（财税〔2009〕62 号）规定，中小企业信用担保机构，是指以中小企业为服务对象的信用担保机构。自 2008 年 1 月 1 日起至 2010 年 12 月 31 日止，该类机构有关税前扣除政策如下。

（1）中小企业信用担保机构可按照不超过当年年末担保责任余额 1% 的比例计提担保赔偿准备，允许在企业所得税税前扣除。

（2）中小企业信用担保机构可按照不超过当年担保费收入 50% 的比例计提未到期责任准备，允许在企业所得税税前扣除，同时将上年度计提的未到期责任准备余额转为当期收入。

（3）中小企业信用担保机构实际发生的代偿损失，应依次冲减已在税前扣除的担保赔偿准备和在税后利润中提取的一般风险准备，不足冲减部分据实在企业所得税税前扣除。

（四）不得扣除的项目

在计算应纳税所得额时，下列支出不得扣除：

（1）向投资者支付的股息、红利等权益性投资收益款项；

（2）企业所得税税款；

（3）税收滞纳金；

（4）罚金、罚款和被没收财物的损失；

（5）《企业所得税法》第九条规定以外的捐赠支出；

（6）赞助支出；

（7）未经核定的准备金支出；

（8）与取得收入无关的其他支出。

企业之间支付的管理费、企业内营业机构之间支付的租金和特许权使用费，以及非银行企业内营业机构之间支付的利息，不得扣除。

企业所得税法第十条第（六）项所称赞助支出，是指企业发生的与生产经营活动无关的各种非广告性质支出。

（五）免税的收入

收入总额中的下列收入为不征税收入：

1. 财政拨款

《企业所得税法》第七条第（一）项所称财政拨款，是指各级人民政府对纳入预算管理的事业单位、社会团体等组织拨付的财政资金，但国务院和国务院财政、税务主管部门另有规定的除外。纳入预算管理的事业单位、社会团体等组织按照核定的预算和经费报领关系收到的由财政部门或上级单位拨入的财政补助收入，准予作为不征税收入，在计算应纳税所得额时从收入总额中减除，但国务院和国务院财政、税务主管部门另有规定的除外。

2. 依法收取并纳入财政管理的行政事业性收费和政府性基金

《企业所得税法》第七条第（二）项所称行政事业性收费，是指依照法律法规等有关规定，按照国务院规定程序批准，在实施社会公共管理，以及在向公民、法人或者其他组织提供特定公共服务过程中，向特定对象收取并纳入财政管理的费用。《企业所得税法》第七条第（二）项所称政府性基金，是指企业依照法律、行政法规等有关规定，代政府收取的具有专项用途的财政资金。

对企业依照法律，法规及国务院有关规定收取并上缴财政的政府性资金和行政事业性收费，准予作为不征税收入，于上缴财政的当年在计算应纳税所得额时从收入总额中减除；未上缴财政的部分，不得从收入总额中减除。

3. 国务院规定的其他不征税收入

《企业所得税法》第七条第（三）项所称国务院规定的其他不征税收入，是指企业取得的，由国务院财政、税务主管部门规定专项用途并经国务院批准的财政性资金。

对企业取得的由国务院财政、税务主管部门规定专项用途并经国务院批准的财政性资金，准予作为不征税收入，在计算应纳税所得额时从收入总额中减除。

（1）符合条件的财政性资金。

企业从县级以上各级人民政府财政部门及其他部门取得的应计入收入总额的财政性资金，凡同时符合以下条件的，可以作为不征税收入，在计算应纳税所得额时从收入总额中减除：

①企业能够提供规定资金专项用途的资金拨付文件；

②财政部门或其他投付资金的政府部门对该资金有专门的资金管理办法或具体管理要求；

③企业对该资金以及以该资金发生的支出单独进行核算。

企业将符合前述第一条规定条件的财政性资金作不征税收入处理后，在 5 年（60 个月）内未发生支出且未缴回财政部门或其他拨付资金的政府部门的部分，应计入取得该资金第六年的应税收入总额；计入应税收入总额的财政性资金发生的支出，允许在计算应纳税所得额时扣除。

企业取得的不征税收入，应按照《财政部 国家税务总局关于专项用途财政性资金企业所得税处理问题的通知》（财税〔2011〕70 号，以下简称《通知》）的规定进行处理。凡未按照《通知》规定进行管理的，应作为企业应税收入计入应纳税所得额，依法缴纳企业所得税。

（2）生产企业实行增值税即征即退政策所退还的税款。

符合条件的软件企业按照《财政部 国家税务总局关于软件产品增值税政策的通知》（财税〔2011〕100 号）规定取得的即征即退增值税款，由企业专项用于软件产品研发和扩大再生产并单独进行核算，可以作为不征税收入，在计算应纳税所得额时从收入总额中减除。

（3）动漫企业实行增值税即征即退政策所退还的税款。

经认定的动漫企业自主开发、生产动漫产品，可申请享受国家现行鼓励软件产业发展的所得税优惠政策。

（4）社会保障基金投资收入。

对社保基金理事会、社保基金投资管理人管理的社保基金银行存款利息收入，社保基金从证券市场中取得的收入，包括买卖证券投资基金、股票、债券的差价收入，证券投资基金红利收入，股票的股息、红利收入，债券的利息收入及产业投资基金收益、信托投资收益等其他投资收入，作为企业所得税不征税收入。

（六）亏损弥补

税法规定，纳税人发生年度亏损的，可以用下一纳税年度的所得弥补；下一纳税年度的所得不足弥补的，可以逐年延续弥补，但是延续弥补期最长不得超过五年。

（七）关联企业应纳税所得额的调整

根据《税收征管法》的规定，存在下列关系之一的企业、公司和其他组织为关联企业：

（1）在资金、经营、购销等方面存在直接或者间接的拥有或者控制关系；

（2）直接或者间接地同为第三者所拥有或者控制；

（3）在利益上具有相关联的其他关系。

纳税人与关联企业的业务往来，应按独立企业之间的业务往来收取或支付价款、费用。如果未按独立企业之间的业务往来收取或支付价款、费用而减少其应税收入或应税所得的，税务机关有权进行合理调整。调整的方法和顺序是：①按照独立企业之间进行相同或类似业务活动的价格；②按照再销售给无关联方的第三者的价格所应取得的收入和利润水平；③按照成本加合理的费用和利润；④按照其他合理的方法。

二、企业所得税已纳所得税额的抵扣

企业取得的下列所得已在境外缴纳的所得税税额，可以从其当期应纳税额中抵免，抵免限额为该项所得依照本法规定计算的应纳税额；超过抵免限额的部分，可以在以后 5 个年度内，用每年抵免限额抵免当年应抵税额后的余额进行抵补：居民企业来源于中国境外的应税所得；非居民企业在中国境内设立机构、场所，取得发生在中国境外但与该机构、场所有实际联系的应税所得。

（1）已在境外缴纳的所得税税额，是指企业来源于中国境外的所得依照中国境外税收法律以及相关规定应当缴纳并已经实际缴纳的企业所得税性质的税款。

（2）抵免限额，是指企业来源于中国境外的所得，依照《企业所得税法》及其《实施条例》的规定计算的应纳税额。除国务院财政、税务主管部门另有规定外，该抵免限额应当分国（地区）不分项计算，计算公式如下：

$$抵免限额 = 中国境内、境外所得依照《企业所得税法》及其《实施$$
$$条例》的规定计算的应纳税总额 × 来源于某国（地区）$$
$$的应纳税所得额 ÷ 中国境内、境外应纳税所得总额$$

（3）所谓 5 个年度，是指从企业取得的来源于中国境外的所得，已经在中国境外缴纳的企业所得税性质的税额超过抵免限额的当年的次年起连续 5 个纳税年度。

《企业所得税法》规定：居民企业从其直接或间接控制的外国企业分得的来源于中国境外的股息、红利等权益性投资收益，外国企业在境外实际缴纳的所得税税额中属于该项所得负担的部分，可以作为该居民企业的可抵免境外所得税税额，在该法规定的抵免限额内抵免。

①直接控制，是指居民企业直接持有外国企业 20% 以上股份。

②间接控制，是指居民企业以间接持股方式持有外国企业 20% 以上股份，具体认定办法由国务院财政、税务主管部门另行制定。

③企业依照《企业所得税法》规定抵免企业所得税税额时，应当提供中国境外税务机关出具的税款所属年度的有关纳税凭证。

三、企业所得税的预缴和汇算清缴

企业所得税分月或者分季预缴，由税务机关具体核定。

企业应当自月份或者季度终了之日起 15 日内，向税务机关报送预缴企业所得税纳税申报表，预缴税款。企业分月或者分季预缴企业所得税时，应当按照月度或者季度的实际利润额预缴；按照月度或者季度的实际利润额预缴有困难的，可以按照上一纳税年度应纳税所得额的月度或者季度平均额预缴，或者按照经税务机关认可的其他方法预缴。预缴方法一经确定，该纳税年度内不得随意变更。

企业在纳税年度内无论盈利或者亏损，都应当依照规定期限，向税务机关报送预缴企业所得税纳税申报表、年度企业所得税纳税申报表、财务会计报告和税务机关规定应当报送的其他有关资料。企业应当自年度终了之日起 5 个月内，向税务机关报送年度企业所得税纳税申报表，并汇算清缴，结清应缴应退税款。

四、企业所得税的计算与纳税申报

（一）所得税的计算

企业在实际计算应纳所得税额时，是在财务会计计算出利润总额后，再根据现行所得税法的要求，凡是与税法确认的收支项目和金额有悖的，应予调整。其计算公式如下：

$$应纳税所得额 = 利润总额 \pm 税收调整项目金额$$
$$应纳所得税额 = 应纳税所得额 \times 适用所得税税率$$

【例 4 - 1】　某企业在汇算清缴时，查出上年收益中的投资收益有 45 000 元是税后利润分红，费用支出中有超过计税工资总额的工资支出 50 000 元，为此而多提的"三项经费" 8 750 元，税款滞纳金及罚款 26 000 元。上年预缴所得税的利润总额 850 万元。计算应补缴所得税额如下：

全年应纳税所得额 = 8 500 000 - 45 000 + 50 000 + 8 750 + 26 000 = 8 539 750（元）；

应纳所得税额 = 8 539 750 × 25% = 2 134 937.50（元）；

应补缴所得税额 = 2 134 937.50 - 8 500 000 × 25% = 9 937.50（元）。

（二）企业所得税的纳税申报

（1）企业所得税按纳税年度计算。纳税年度自公历 1 月 1 日起至 12 月 31 日止。

（2）企业在一个纳税年度中间开业，或者终止经营活动，使该纳税年度的实际经营期不足 12 个月的，应当以其实际经营期为 1 个纳税年度。

（3）企业依法清算时，应当以清算期间作为1个纳税年度。企业应当在办理注销登记前，就其清算所得向税务机关申报并依法缴纳企业所得税。

第五节　企业所得税会计基础

一、企业所得税会计概述

我国1994年的税制改革和从1997年起陆续颁布的具体会计准则，使会计与税法在确认收益、费用和损失方面的差异逐步扩大，为了真实反映企业的财务状况和经营成果，财政部发布了《企业所得税会计处理的暂行规定》，规定中对所得税会计处理作了如下调整：

（1）明确企业可以选择采用"应付税款法"或"纳税影响会计法"进行所得税会计核算。采用"纳税影响会计法"核算的企业，可以在递延法和债务法两种方法中选择其一。

（2）确认所得税作为一项费用，在利润表净利润前扣除。

（3）采用纳税影响会计法核算时，确认时间性差异对未来所得税的影响，并将其金额反映在资产负债表的递延借项或递延贷项项目内。

二、企业所得税会计的理论基础

（一）当期计列法与跨期所得税分摊

在进行所得税会计处理时，对税前会计利润与应税所得之间的差异，是按照应税所得与现行所得税率计算的所得税金额作为本期所得税费用，还是按照收益与费用配比原则计算的所得税作为本期所得税费用；企业发生的暂时性差异，是否需要在会计报表上作为一项要素予以确认和计量。即所得税费用是采用当期计列法，还是采用跨期所得税分摊法。这两种方法从不同角度分析了所得税费用与税前会计利润或应税所得之间的关系，以及暂时性差异的所得税影响是否构成资产或负债的定义，从而形成了所得税会计理论中争论不休的主要问题。

1. 当期计列法（应付税款法）

当期计列法是以企业纳税申报表上所列示的本期应付所得税作为本期所得税费用，列入利润表。采用这种方法，会计准则与税法之间产生的各种差异均于本期确认所得税费用，本期所得税费用等于本期应交所得税。当期计列法的基本观点是：所得税与应税所得存在着必然的联系。所得税只来源于应税所得，即只有当经济事项的所得与确定该期的应税所得结合起来时，才产生所得税。会计核算的重点放在当发生应税所得时，对当期所得税费用才予以确认，而不必将所得税与企业的税前会计利润联系起来。跨期所得税分摊得出的净利润是虚设的，使其人为地均衡各期收益，掩盖了管理者试图减轻税负的行为。

2. 跨期所得税分摊

跨期所得税分摊是将暂时性差异所产生的未来所得税影响数分别确认为负债或资产，并将此所得税影响数递延至以后期间分别确认为所得税费用（或利益）。采用这种方法，本期发生的暂时性差异在资产负债表上确认为一项负债或一项资产，同时确认本期所得税费用（或利益）。跨期所得税分摊的基本观点是：在交易或事项影响会计报表收益的期间，应当确认同期对所得税费用的纳税影响。所得税是由交易或事项引起的，一个时期的经营成果与所得税有密切的联系，因此，当交易或事项产生会计收益时，应于同期间确认所得税费用，以遵循配比原则。跨期所得税分摊所计算的本期所得税费用直接与本期税前会计利润相联系，能真实反映企业各期的净利润，避免采用当期计列法时造成各期间净利润忽高忽低。

（二）所得税的性质

确定所得税的性质是确定采用当期计列法还是采用跨期所得税分摊进行所得税会计处理的前提。

1. 所得税作为收益的分配

主张所得税作为收益的分配者认为，企业本期利润中负担的所得税是企业纯收入的一部分，其性质是利润的分配，而不是费用，它的性质与利润计算公式的中"营业收入－费用（或成本）＝利润"中的费用是不一样的，所得税与股利性质相同，股利是支付给股东的，所得税是支付给政府的。

2. 所得税作为一项费用

主张所得税作为一项费用者认为，企业为最终拥有的净利润而发生的一切支出都是费用，所得税也是为了使企业最终获得净利润而发生的支出，应作为一项费用看待。所得税与企业交纳的房产税、印花税一样，是企业的一项费用支出，区别仅是计税依据不同。费用通常而言指企业为了取得一定收入或进行生产、经营活动而导致企业经济利益的减少，这种经济利益的减少主要表现为资产的流出或负债的增加，所得税也是企业为取得一定的收益而导致的资产流出，因此，应将其作为费用处理。国际会计准则委员会以及世界上一些主要国家均把所得税作为一项费用看待，在净利润前扣除。

（三）所得税的分摊（摊配）

所有暂时性差异会对所得税有影响，而这些影响应与产生这些暂时性差异的经济事项的会计报告相匹配。尽管目前世界上主要国家都采用跨期所得税分摊，但在如何分摊、分摊到何种程度上，又有不同的选择。主要有部分分摊和全部分摊两种。

1. 部分分摊

部分分摊是对非重复发生的暂时性差异才做跨期所得税分摊，而对那些重复发生的暂时性差异则不需要采用跨期所得税分摊。在重复发生暂时性差异的情况下，由于那些重复发生的暂时性差异，在原有暂时性差异转回时又发生新的暂时性差异予以抵销，而使原确认的暂时性对所得税的影响金额永远不需要支付或不可抵减，会计确认今后不能转回的暂时性差异对所得税的影响金额毫无意义。如固定资产折旧，会计报表上采用直线法，税法上按年数总和法在应税所得前予以扣除，在资产有效使用期限的前一段期间，会产生应纳税暂时性差异，而在后一段期间转回时会产生应税所得。但在转回应纳税暂时性差异时因又购置了新的固定资产，产生新的应纳税暂时性差异，抵销了原应转回的暂时性差异。因此，主张部分分摊法者认为，此种差异所产生的递延负债是一种或有负债，通常不会产生现金流出，因而不应确认由此产生的所得税影响，即不需要做跨期所得税分摊。采用部分分摊法时，只对那些预期在未来能够转回的暂时性差异对所得税的影响，予以确认、计量并递延。

2. 全部分摊

全部分摊法是在进行所得税会计处理时，无论是对重复发生的、还是对非重复发生的暂时性差异，都确认对未来所得税的影响。主张全面分摊法者认为，根据暂时性差异的定义可知，既然是暂时性的就不可能是永久性的，每个暂时性差异都可以转回，而不应受未来事项的影响。会计应以本期或过去交易或事项作为基础进行确认、计量，而不应将预测未来可能产生的交易或事项与过去交易或事项进行抵销。未来可能产生的暂时性差异对所得税的影响与已确认的暂时性差异对所得税的影响的抵销，并不意味着这种暂时性差异的纳税影响不能确切计量，尽管两个经济事项的纳税影响可以互相抵销，但并不影响对它们各个独立地确认和计量。部分分摊法是基于经济持续繁荣，并且不发生任何意外的假设下，在这一假设不成立时，往往导致递延所得税账户的部分或全部结算，即可能造成未来所得税的支付或所得税减少，而账簿记录是反映现存事项的经济结果，会计不能建立在有疑问的假设基础上，因此，无论是重复发生的，还是非重复发生的暂时性差异对所得税的影响，均应做跨期所得税分摊。

（四）所得税的跨期分摊（摊配）

由于存在暂时性差异，会计利润与应税利润可能不同，究竟是以本期应税利润计算的应付所得税作为本期所得税费用，还是以本期会计利润计算的所得税影响数作为本期所得税费用，目前仍有不同的看法。如果以每期应付所得税作为本期所得税费用，则无跨期分摊问题。如果以每期会计利润计算的所得税影响数作为所得税费用，则因会计上的收入可能在其他年度课税，其费用也可能在其他年度抵减应税利润，即产生跨期分摊问题。

三、永久性差异

永久性差异是指某一会计期间，由于会计准则和税法在计算收益、费用或损失时的口径不同、标准不同，所产生的税前会计利润与应税所得之间的差异。这种差异的特征是：它不影响其他会计报告期，也不会在其他期间得到弥补。

永久性差异有四种基本类型。

（一）可免税收入

有些项目的收入，财务会计确认为收益，但税法则不作为应纳税所得额。如企业购买国库券的利息收入，依税法免税，但财务会计同样将这种投资收益纳入利润总额。

（二）税法作为应税收益的非会计收益

有些项目，在财务会计上并非收入，但税法则作为收入征税。如企业与关联企业以不合理定价手段减少应纳税所得额，税法规定税务机关有权合理调整增加应纳税所得额。又如企业销售时，因误开发票作废，但由于冲转发票存根未予保留，在税法上仍按销售收入确认。再如销售退回与折让，如果未取得合法凭证，税法上也不予认定，仍按销售全额征税。

（三）不可扣除的费用或损失

有些支出在财务会计上列为费用或损失，但税法上不予认定，因而使应税利润高于财务会计计算的利润，计算应税利润时，应将这些项目金额加到利润总额中一并计税。这些项目主要有两种情况：

1. 范围不同

即财务会计上作为费用或损失的项目，在税法上不作为扣除项目处理。

范围不同的项目主要有：（1）违法经营的罚款和被没收财物的损失；（2）各项税收的滞纳金、罚金和罚款；（3）各种非救济性、非公益性捐赠和赞助支出。这些项目金额，在财务会计上可列为营业外支出，但税法规定不得扣减应税所得，要照章计税。

2. 标准不同

即财务会计上作为费用或损失的项目，在税法上也可作为扣除项目处理，但规定了计税开支的标准限额，超限额部分在财务会计上仍作为费用或损失处理，但税法上却不允许抵扣应税利润。

标准不同的项目主要有：（1）利息支出。会计制度规定可在费用中据实列支，但税法规定向非金融机构借款的利息支出，高于按照金融机构同类、同期贷款利率计算的数额以外的部分，要作为计税利润；（2）工资性支出。会计制度允许企业的一切工资、奖金全部进入成本费用，但税法规定由省、自治区、直辖市人民政府制定计税工资标准，企业实发数超过计税工资标准的部分要缴纳所得税；（3）"三项经费"。会计制度规定企业应按职工实发工资总额计提职工工会经费、职工福利费、职工教育经费，而税法规定分别按照计税工资总额的2%、14%、1.5%计算扣除，超额部分不得扣减应税利润；（4）公益性、救济性捐赠。为了鼓励企业兴办社会公益事业，税法和会计制度都规定此项支出可列入营业外支出，但税法规定在年度应纳税所得额3%以内的部分准予扣除，超额部分不得扣除；（5）业务招待费（交际应酬费）。会计上列为管理费用，但税法规定超过按企业全年营业收入一定比例计算的部分，要作为应税利润处理。

（四）税法作为可扣除费用的非会计费用

财务会计未确认为费用或损失，但在计算应税所得额时，允许扣减。如我国为鼓励企业进行新产品、新技术、新工艺的技术开发，除技术开发费可以全额在税前扣除外，若当年比上年实际支出增长超过10%（含）时，可以加扣50%，加扣额就是财务会计未确认的费用，但允许在税前扣除。在发达国家，对自然资源开发企业，其"成本折耗"除可以据实在税前扣除外，政府为鼓励这类企业开发研制，允许企业加扣一定百分比的"成本折耗"。对加扣费用的会计处理，我国企业会计制度未涉及。国外一般有两种处理方法：（1）增记费用法，借记"管理费用"账户，贷记"盈余公积（××基金）"账户；（2）税前提取扣除法，借记"当年纳税调整"或"利润分配（增设专门二级账户）"账户，贷记"盈余公积"账户。

永久性差异不会在将来产生应税金额或可扣除金额，不存在跨期分摊问题。也就是说，永久性差异只影响当期的应税收益，不会影响以后各期收益，因而，永久性差异不必作账务调整处理。

【例4-2】 某企业某年利润总额为10万元，该年度"财务费用"贷方列入企业购买国库券的利息收入为0.5万元；"财务费用"借方列入向非金融机构流动资金借款高于金融机构同类同期贷款利率计算的利息支出0.2万元；"管理费用"借方列入超过计税工资标准的工资0.8万元，列入超过计税工资总额基数而多提的职工工会经费0.016万元、职工福利费0.112万元、教育经费0.012万元；"营业外支出"借方中列入非公益性、救济性捐赠及赞助费1万元，列入罚款及滞纳金支出0.3万元，列入公益性捐赠支出5万元。计算该企业本年应纳税所得额如下。

（1）纳税调整前所得：年利润总额=10（万元）。

（2）公益性捐赠支出扣除限额=10×12%=1.2（万元）；

不得扣除的公益性捐赠支出=5-1.2=3.8（万元）。

（3）永久性差异额+不允许免税费用-免税收入

=0.2+0.8+0.016+0.112+0.012+1+0.3+3.8-0.5=5.74（万元）。

（4）应纳税所得额=10+5.74=15.74（万元）。

四、暂时性差异

暂时性差异亦称暂记性差异，是指企业税前会计收益和应税收益之间在本期产生的、将在未来纳税年度转回的差异。暂时性差异可分为时间性差异及其他暂时性差异两类。前者是因收入或费用在会计上确认的期间与税法规定申报的期间不同而产生的，后者则因其他原因而使计税基础与账面价值不同而产生的差异。

（一）时间性差异

时间性差异按其对会计收益与应税收益的影响，可分为两种情况：未来会产生应税金额和未来会产生可扣除金额。

1. 未来会产生应税金额

未来应税收益大于未来税前会计收益，在以后年度会产生应税金额。其产生原因主要有以下两个方面：

（1）一些收入和利得项目包括在税前会计收益中的期间，早于它们包括在应税收益中的期间。如股票投资采用权益法处理，当被投资企业有盈利时，投资企业必须按持股比例确认投资收益，但报税时则等到实际收到股利时再予确认，因而在以后期间会增加应税收益。

（2）一些费用和损失项目抵减应税收益的期间，早于减少税前会计收益的期间。如固定资产的折旧，在报税时采用加速折旧法，而在财务会计上则采用直线法，在固定资产使用的前半期，报税的折旧费用要大于会计上确认的折旧费用，因而会产生应税金额。

2. 未来会产生可扣除金额

应税利润大于会计利润的时间性差异，在以后年度会产生可扣除金额。其产生原因主要有以下两个方面：

（1）一些收入和利得项目计入应税收益的期间，早于计入税前会计收益的期间。例如，提前收取的租金、利息、使用费，在收到时就计税，但财务会计要求在以后实际提供服务时才确认为收入。又如，"出售回租"利得在出售时就应纳税，但财务会计要求在租赁合同期满报告为收入。

（2）一些费用和损失项目抵减税前会计收益的期间，早于减少应税收益的期间。例如，预提产品质量保证费用，财务会计上应在销货时预提并计列为费用，而税法上则等实际发生时才作为费用扣除，因而产生可扣除金额。又如，股票投资采用权益法处理时，若被投资企业发生亏损，投资企业则按持股比例确认损失，但税法上则不予确认。

时间性差异是由于税法规定与会计准则对收入、利得和费用、损失的确认时间不一致，而使本期应税利润与会计利润产生了暂时性差异，同时会使资产或负债的计税基础与账面价值之间产生暂时性差异。这种暂时性差异的特点是：（1）不仅影响本期和前期的税前会计收益和应税收益，而且还影响相关未来时期所报告的税前会计收益和应税收益。（2）随着时间的推移和影响事项的完结，这种差异会在以后期间转回，使税前会计收益和应税收益达到总量相等。

（二）其他暂时性差异

除了上述时间性差异外，还有其他因税法规定而使资产或负债的计税基础与账面价值不同而产生暂时性差异。例如，企业合并，采取购买法时，被合并企业的资产或负债在财务会计上按公允市价入账，而税法规定报税时按原账面价值计算，致使合并后的计税基础与账面价值之间产生差异。

第六节　企业所得税的会计处理

一、会计账户的设置

由于企业选择所得税的分摊方法不同，在所得税会计中，则有应付税款法与纳税影响会计法之分。企业可选择其一。

企业在选择应付税款法时，应设置"所得税费用"和"应交税费——应交所得税"账户。

企业在选择纳税影响会计法时，应设置"所得税费用""递延所得税"和"应交税费——应交所得税"账户。

"所得税费用"账户是损益类账户，借方发生额反映企业计入本期损益的所得税额，贷方发生额反映转入"本年利润"账户的所得税额，期末转本年利润后，"所得税费用"账户无余额。

"递延所得税"账户核算企业由于暂时性差异造成的税前会计利润与纳税所得之间的差额所产生的影响纳税的金额，以及以后各期转销的金额。贷方发生额反映企业本期税前会计利润大于纳税所得产生的暂时性差异影响纳税的金额，及本期转销已确认的暂时性差异对纳税影响的借方金额；借方发生额反映企业本期税前会计利润小于纳税所得产生的暂时性差异影响纳税的金额，以及本期转销已确认的暂时性差异对纳税影响的贷方金额；期末贷方（或借方）余额反映尚未转销的暂时性差异影响纳税的金额。采用债务法时，"递延所得税"账户的贷方或借方发生额还反映税率变动的递延所得税金额。

企业接受捐赠的非现金资产未来应交的所得税，应贷记"递延所得税"账户；企业使用、摊销或处置接受捐赠的非现金资产时，按规定应交的所得税，借记"递延所得税"账户。企业接受捐赠的非现金资产，应在弥补当年亏损后，以其余额计算缴纳所得税。一般不再递延纳税。

"递延所得税"的期末贷方（或借方）余额，反映尚未转回的暂时性差异影响所得税的金额。

"应交税费——应交所得税"账户的贷方记当期应交的所得税，借方记实际上缴的所得税，期末贷方或借方余额，反映尚未缴纳或多缴的所得税。

二、企业所得税会计处理的基本方法

（一）预缴所得税的会计处理

期末计算应预缴的所得税时：

借：所得税

　　贷：应交税费——应交所得税

预缴所得税时：

借：应交税费——应交所得税

　　贷：银行存款

（二）汇算清缴所得税的会计处理

1. 采用"应付税款法"

计提应补缴的所得税时：

借：所得税

　　贷：应交税费——应交所得税

实际上缴税款时：

借：应交税费——应交所得税

　　贷：银行存款

2. 采用"纳税影响会计法"

计提应补缴的所得税时（需减去或加上本期发生的递延所得税）：

借：所得税

　　递延所得税

　　　贷：应交税费——应交所得税

（或：递延所得税）

实际上缴税款时：

借：应交税费——应交所得税

　　　贷：银行存款

三、应付税款法的会计处理

应付税款法是企业不确认暂时性差异对所得税的影响金额，以定期计算的应交所得税金额作为所得税费用的方法。根据应交的所得税，借记"所得税费用"账户，贷记"应交税费"账户。

在应付税款法下，本期发生的暂时性差异不单独处理，与本期发生的永久性差异同样处理。将全部税前会计利润差异调整为应税所得，再按应税所得计算应交所得税，并作为本期所得税费用，即本期所得税费用等于本期应交所得税。暂时性差异产生的影响所得税的金额，在会计报表中不反映为一项负债或一项资产，仅在会计报表附注中说明其影响。

【例4-3】　某企业2×19年税前账面利润20万元，在"财务费用"贷方列入国库券利息收入1万元，在借方列入高于金融机构同类同期贷款利率计算的非金融机构流动资金借款利息费0.5万元；在"管理费用"借方列入超过计税工资标准的工资2万元，列入超过计税工资总额基数多提的职工工会经费0.04万元、职工福利费0.28万元、职工教育费0.03万元；在"营业外支出"借方列入非公益性、救济性捐赠及赞助费2.5万元，列入各种罚款及滞纳金支出0.5万元，列入超过当年利润额12%的公益性、救济性捐赠支出0.6万元。该企业所得税率25%。该企业应作会计分录如下。

（1）计算应交税费时：

永久性差异 + 不允许免税的费用 – 免税的收入

$= (0.5 + 2 + 0.04 + 0.28 + 0.03 + 2.5 + 0.5 + 0.6) - 1 = 5.45$（万元）；

应纳税所得额＝税前账面利润＋（永久性差异＋不允许免税的费用－免税的收入）＝20＋5.45＝25.45（万元）；

应纳所得税＝应纳税所得额×所得税率＝25.45×25%＝6.362 5（万元）。

借：所得税   63 625

 贷：应交税费——应交所得税   63 625

（2）期末结转所得税费用时：

借：本年利润   63 625

 贷：所得税费用   63 625

【例4-4】 某外商投资企业在中国境内设A、B两个分支机构。A机构设在经济开发区，其所得税减按15%的税率缴纳；B机构设在其他地区，其所得税税率为25%。2×19年A机构发生亏损50万元，B机构盈利100万元；2×20年，A机构盈利65万元，B机构盈利95万元。该企业选定B机构为合并申报缴纳所得税。根据税法有关规定，计算2×19年B机构应纳所得税并作会计分录如下。

（1）应纳税所得额＝100－50＝50（万元）；

（2）应纳所得税额＝50×25%＝12.5（万元）。

（3）计提所得税时：

借：所得税   125 000

 贷：应交税费——应交所得税   125 000

计算2×20年A机构应纳所得税并作会计分录如下：

（1）A机构应纳税额＝（650 000－500 000）×15%＝22 500（元）

（2）B机构应纳税额＝950 000×25%＝237 500（元）

（3）整个企业应纳税额＝22 500＋237 500＝260 000（元）

（4）计提所得税时：

借：所得税   260 000

 贷：应交税费——应交所得税   260 000

四、纳税影响会计法的会计处理

纳税影响会计法是将本期暂时性差异的所得税影响金额，递延和分配到以后各期，即将本期产生的暂时性差异对所得税的影响采取跨期分摊的办法。采用纳税影响会计法，所得税被视为企业在获得收益时发生的一种费用，应随同有关的收入和费用计入同一期内，以达到收入和费用的配比。时间性差异影响的所得税金额包括在利润表的所得税费用项目内，以及资产负债表中的递延所得税余额里。

（一）在时间性差异影响期内，所得税税基、税率没有发生变化

在采用纳税影响会计法进行所得税会计处理时，如果预计时间性差异的影响期内所得税税基、税率不变，则本期发生的时间性差异对未来所得税的影响额，表明今后转回时间性差异时应付或可抵减的所得税额。

与应付税款法相比，纳税影响会计法有三个特点：（1）需要在每期确认时间性差异对未来所得税的影响金额，并作为本期所得税费用的组成部分；（2）虽然两种所得税会计处理方法对永久性差异的处理方法一致，但两者的核算基础不同，应付税款法是在实现制的基础上进行会计处理，纳税影响会计法是在应计制的基础上进行会计处理；（3）采用纳税影响会计法时，若不存在永久性差异和其他特殊情况，则本期的所得税费用等于按税前利润总额乘以所得税税率计算的所得税费用。如某企业本期税前利润总额为 10 万元，本期发生的应税时间性差异 1 万元，没有永久性差异，税率 30%，则本期应交所得税 2.7 万元（9×30%），本期递延所得税贷方发生额 0.3 万元（1×30%），本期所得税费用 3 万元（2.7+0.3），说明本期所得税费用反映现行所得税税率 30%（3÷10×100%）。

【例 4-5】 某企业某项设备按照税法规定使用十年，按照会计规定使用五年，按五年提取折旧。该项固定资产原价为 1 000 万元（不考虑净残值的因素）。假设该企业每年实现税前会计利润为 2 500 万元，第六年起由于该项固定资产折旧期限已满，不再提取折旧。在其他因素不变的情况下，该企业后五年每年实现税前会计利润应为 2 700 万元。该企业所得税税率为 25%。根据上述业务，该企业应作如下会计处理。

（1）按十年提取折旧每年应提折旧额 = 1 000 ÷ 10 = 100（万元）

（2）按五年提取折旧每年应提折旧额 = 1 000 ÷ 5 = 200（万元）

（3）由于折旧年限不同每年影响利润 = 200 - 100 = 100（万元）

（4）按照税前会计利润计算的所得税 = 2 500 × 25% = 625（万元）

（5）按照税法规定计算的应交所得税 = （2 500 + 100）× 25% = 650（万元）

（6）由于暂时性差异对所得税的影响 = 100 × 25% = 25（万元）

（7）第一年账务处理如下：

借：所得税　　　　　　　　　　　　　　　　　　6 250 000

　　递延所得税　　　　　　　　　　　　　　　　　250 000

　　贷：应交税费——应交所得税　　　　　　　　　　　　6 500 000

第二、第三、第四、第五年账务处理，与第一年相同。

（8）第六年账务处理如下：

按照税前会计利润计算的所得税 = 2 700 × 25% = 675（万元）

按照税法规定计算的应交所得税 = （2 700 - 100）× 25% = 650（万元）

借：所得税　　　　　　　　　　　　　　　　　　6 750 000

　　贷：递延所得税　　　　　　　　　　　　　　　　250 000

　　　　应交税费——应交所得税　　　　　　　　　　　6 500 000

第七、第八、第九、第十年的账务处理，与第六年相同。

（二）在时间性差异影响期内，所得税税基、税率发生变化

1. 递延法

递延法是将本期时间性差异产生的影响所得税的金额，递延和分配到以后各期，并同时转回原已确认的时间性差异对本期所得税的影响金额。递延法的特点：一是在递延法下，资产负债表反映的递延所得税余额并不代表全部收款的权利或付款的义务。采用递延法进行会计处理时，递延所得税的账面余额是按照产生时间性差异的时期所适用的所得税率计算确认，而不是用现行税率计算的，在税率变动时，对递延所得税的账面余额不作调整。即递延所得税账面余额不符合负债和资产的定义，不能完全反映为企业的一项负债或一项资产。二是本期发生的时间性差异影响所得税的金

额，用现行税率计算，以前发生而在本期转回的各项时间性差异影响所得税的金额，一般用当初的原有税率计算。

采用递延法时，一定时期的所得税费用包括本期应交所得税与本期发生或转回的时间性差异所产生的递延所得税贷项或借项金额。本期应交所得税是按照应税所得和现行所得税税率计算的；本期发生或转回的时间性差异所产生的递延所得税贷项或借项金额是本期发生的时间性差异用现行所得税税率计算的未来应交所得税和未来可抵减的所得税金额，以及本期转回原确认的递延所得税借项或贷项金额。按本期所得税费用的构成内容，其计算公式如下：

本期所得税费用＝本期应交所得税＋本期发生的时间性差异所产生的递延所得税贷项金额－本期发生的时间性差异所产生的递延所得税借项金额＋本期转回的前期确认的递延所得税借项金额－本期转回的前期确认的递延所得税贷项金额

本期发生的时间性差异所产生的递延所得税贷项金额＝本期发生的应纳税时间性差异×现行所得税税率

本期发生的时间性差异所产生的递延所得税借项金额＝本期发生的可抵减时间性差异×现行所得税税率

本期转回的前期确认的递延所得税借项金额＝本期转回的可抵减本期应税所得额的时间性差异（即前期确认本期转回的可抵减时间性差异）×前期确认递延所得税时的所得税税率

本期转回的前期确认的递延所得税贷项金额＝本期转回的增加本期应税所得额的时间性差异（即前期确认本期转回的应税时间性差异）×前期确认递延所得税时的所得税税率

【例4－6】 某企业发生固定资产改良支出12万元，税法规定可在不短于五年期限内分期摊销。该企业决定在计算税前账面利润时，按六年摊销，每年摊销2万元；而在申报所得税，计算应纳税所得额时，仍按五年摊销，每年摊销2.4万元。假定该企业每年税前账面利润为10万元，所得税税率为33%，从第三年起所得税税率改为25%。该企业采用递延法处理时间性差异，应作会计处理如下。

按五年摊销，每年摊销2.4万元；按六年摊销，每年摊销2万元。这样，每年时间性差额为0.4万元。

（1）第一年：

所得税费用＝税前利润×所得税税率＝10×33%＝3.3（万元）；

应交所得税＝（税前利润－时间性差异）×所得税税率＝（10－0.4）×33%＝3.168（万元）；

递延所得税＝所得税费用－应交所得税＝3.3－3.168＝0.132（万元）；

或：每年时间性差额×所得税税率＝0.4×33%＝0.132（万元）。

借：所得税　　　　　　　　　　　　　　　　　　33 000

　　贷：应交税费——应交所得税　　　　　　　　　　　31 680

　　　　递延所得税　　　　　　　　　　　　　　　　 1 320

（2）第二年：

会计处理同第一年。

（3）第三年：

所得税率变为25%。

所得税费用＝10×25%＝2.5（万元）；

应交所得税＝（10－0.4）×25%＝2.4（万元）；

递延所得税＝2.5－2.4＝0.1（万元）。

借：所得税　　　　　　　　　　　　　　　　　　25 000

　　贷：应交税费——应交所得税　　　　　　　　　　　24 000

　　　　递延所得税　　　　　　　　　　　　　　　　 1 000

（4）第四年和第五年：

会计处理同第三年。

（5）第六年：

转销递延所得税余额＝0.132＋0.132＋0.1＋0.1＋0.1＝0.564（万元）；

应交所得税＝（税前利润＋时间性差异）×现行税率＝（10＋2）×25%＝3（万元）；

所得税费用＝应交所得税－应转销递延所得税余额＝3－0.564＝2.436（万元）。

借：所得税　　　　　　　　　　　　　　　　　　24 360

　　递延所得税　　　　　　　　　　　　　　　　 5 640

　　贷：应交税费——应交所得税　　　　　　　　　　　30 000

2. 债务法

债务法亦称负债法，它又进一步分为利润表债务法与资产负债表债务法。

（1）利润表债务法。

利润表债务法是将时间性差额对未来所得税的影响看作是对本期所得税费用的调整，其特点是当预期税率发生变动或税基变动时，必须对已发生的递延所得税按现行税率进行调整，这种方法下的所得税费用计算过程为：首先计算当期所得税费用，然后再计算当期应交税额，最后倒挤出本期发生的递延所得税资产（负债），故而本期所得税费用等于本期应交所得税加（或减）本期发生的递延所得税负债（资产），加（或减）由于税率变动或税基变动时，以前各期确认的递延所得税负债（资产）账面余额的调整数。其基本公式表示如下：

本期所得税费用 = 本期应交所得税 + 本期发生的时间性差异所产生的递延所得税负债 - 本期发生的时间性差异所产生的递延所得税资产 + 本期转回的前期确认的递延所得税资产 - 本期转回的前期确认的递延所得税负债 + 本期因所得税税率变动调减的递延所得税资产或调增的递延所得税负债 - 本期因所得税税率变动调增的递延所得税资产或调减的递延所得税负债

本期因税率变动调增或调减递延所得税资产或递延所得税负债 = 累计应纳税时间性差异或累计可抵减时间性差异×（现行所得税率 - 前期确认应纳税时间性差异或可抵减时间性差异时适用的所得税税率）

或者 = 递延所得税账面余额 - 已经确认递延所得税金额的累计时间性差异×现行所得税率

在利润表债务法下，本期所得税费用（或利润），通常应在同一期间的利润表净利润（或亏损）前列示。在资产负债表中，递延所得税贷项和递延所得税借项，应按其流动性与长期性分别列示。"递延所得税"账户的贷方发生额，反映企业本期税前会计利润大于应税所得产生的时间性差额影响纳税的金额，以及本期转销已确认的时间性差额对纳税影响的贷方数额；期末贷方（或借方）余额，反映尚未转销的时间性差异影响纳税的金额。采用负债法时，"递延所得税"账户的借方或贷方发生额，还反映因税率变动调整的递延所得税金额。

企业应在"递延所得税"账户下，按照时间性差异的性质、时间分类进行明细核算。此外，企业还应设置"递延所得税备查登记簿"，详细记录发生的时间性差额的原因、金额、预计转销期限、已转销数额等。

（2）资产负债表债务法。

资产负债表债务法是从暂时性差额产生的本质出发，分析暂时性差额产生的原因及其对期末资产负债的影响。

资产负债表债务法是以估计转销年度的所得税率为依据，计算递延所得税的一种所得税会计处理方法。在资产负债表债务法下，从暂时性差异产生的本质出发，分析暂时性差异产生的原因及其对期末资产、负债的影响。它确认所有的递延所得税资产和递延所得税负债，其目的在于使资产负债表上"递延所得税"项目金额更有实际意义。相对而言，利润表债务法只确认暂时性差异所引起的递延所得税借项和贷项。资产负债表债务法和利润表债务法，两者计算的结果一般是相同的，只是分析方法有所不同。

在资产负债表债务法下，应先按照本期应税所得和适用税率确认应交所得税费用（或利益）；再根据期末暂时性差异及结转以后年度的本期弥补亏损与所得税抵减，计算递延所得税负债（或资产）的期末余额，并将递延所得税负债（或资产）的期末余额与期初余额的差额，作为递延所得税费用（或利益）；最后将应交所得税费用（或利益）加上递延所得税费用（或利益），即为所得税费用（或利益），其公式表示如下：

本期所得税费用（或利益）＝本期应交所得税＋（期末递延所得税负债－期初递延所得税负债）－（期末递延所得税资产－期初递延所得税资产）

＝（应税所得－本期弥补的亏损）×适用税率－所得税抵减

递延所得税费用＝（递延所得税负债期末余额－递延所得税负债期初余额）＋［递延所得税资产（扣除备抵）期初余额－递延所得税资产（扣除备抵）期末余额］

所得税费用（或利益）＝应交所得税费用（或利益）＋递延所得税费用（或利益）

资产负债表债务法适用于对所有暂时性差异的处理，处理时应遵循以下步骤：a. 确定一项资产或负债的税基；b. 分析、计算暂时性差异；c. 确认由于暂时性差异造成的递延所得税负债（或资产）；d. 将递延所得税负债（或资产）及相应的所得税费用或收益在报表中予以列示。

（3）利润表债务法与资产负债表债务法的共同点。

作为债务法的两个分支，利润表债务法与资产负债表债务法有不少共同之处，主要表现在：

①理论基础相同，都是业主权益论。资产负债表债务法与利润表债务法都认为所得税的性质是一项费用而非收益分配，两者都认为所得税是企业为最终获得净利润而发生的支出，符合费用的定义和性质，因此，应作为一项费用看待。

②符合持续经营假设和配比原则。资产负债表债务法与利润表债务法都确认时间性差异对所得税的影响，并递延和分配到以后各期。显然，它们都符合持续经营假设和配比原则。

③符合权责发生制原则。在税率发生变动时，要求调整递延所得税余额，调整为按变动后的税率计算的金额。因此，递延所得税税款均表示未来应收和应付的所得税。

④两种方法的计算结果一般都是相同的。因为利润表债务法在实务中采用与处理时间性差异一样的方法处理暂时性差异，这就决定两种方法的会计处理结果一般都是相同的。

（4）利润表债务法与资产负债表债务法的不同点。

利润表债务法与资产负债表债务法也有不同之处，主要表现在：

①利润表债务法与资产负债表债务法作为债务法下的两种不同分析方法，最主要的区别在于进行所得税会计核算时，利润表债务法注重时间性差异，资产负债表债务法则注重暂时性差异。时间性差异强调差异的形成以及差异的转回，是应税利润与会计利润间的差额，它在一个期间内形成，可在随后一个或几个期间内转回。暂时性差异是指一项资产或负债的税基和在其资产负债表中的账面金额之间的差额，它更强调差异的内容；而一项资产或负债的税基则是指在计税时，应归属该项资产或负债的金额。因而从暂时性差异的内涵来看，它比时间性差异的范围更为广泛。它不仅包括所有的时间性差异，还包括不是时间性差异的暂时性差异。比如，子公司、联营企业或合营企业尚未将其全部利润分配给母公司或投资者；资产被重估，但在计税时不作对称调整；企业并购的成本按投入的资产和负债的公允价值予以分摊，但在计税时不予调整。

②对收益的理解不同。利润表债务法侧重利润表，认为利润表是受托责任报表，因此，用"收入/费用"观定义收益，强调收益是收入与费用的配比，从而注重的是收入与费用在会计与税法中确认的差异；而资产负债表债务法依据"资产/负债"观定义收益，从而提供了"全面收益"的概念，强调资产负债表是最可能提供决策相关的会计报表。与其对比，利润表债务法确认和计量所得税资产和负债的标准则不易把握。而且，采用资产负债表债务法可以提高企业在财务会计报表中对财务状况和未来现金流量做出恰当地评价和预测。

③对所得税费用的计算程序不同。利润表债务法以利润表中的收入和费用为着眼点，逐一确认收入和费用项目在会计和税法上的时间性差异，并将这种时间性差异对未来所得税的影响看作是对本期所得税费用的调整；而资产负债表债务法则以资产负债表中的资产和负债项目为着眼点，逐一确认资产和负债项目的账面金额及其税基之间的暂时性差异。与利润表债务法不同，资产负债表债务法下的暂时性差异所反映的是累计的差额，而非当期的差额。因此，只能将期末暂时性差异与期初暂时性差异的应纳税影响额视为对本期所得税费用的调整。

④对"递延所得税"概念的理解不同。除少数特例外，企业采用的资产负债表债务法应对全部暂时性差异确认为一项"递延所得税资产"或"递延所得税负债"，大大拓展了"递延所得税"的含义，与利润表债务法使用的"递延所得税"相比，前者更具有现实意义。利润表债务法首先将时间性差异分为在未来期间的应纳税时间性差异和可抵减时间性差异，再将应纳税时间性差异乘以适用税率得出递延所得税负债，将可抵减时间性差异乘以适用税率得出递延所得税资产。由于时间性差异反映的是收入和费用在本期发生的差额，所以，此时确认的递延所得税资产和负债应是本期的发生额；而在资产负债表债务法下，尽管也将暂时性差异分为应纳税暂时性差异和可抵减暂时性差异，并由此确认递延所得税资产和负债，但由于暂时性差异是累计的差额，因而递延所得税资产和递延所得税负债反映的是负债和资产的账面价值。

根据上述分析可知，在对暂时性差异的处理上，资产负债表债务法比利润表债务法更符合资产与负债的定义。

五、减免企业所得税的会计处理

纳税人申请减免税，应在年度终了后两个月内向主管税务机关提供以下书面资料：

（1）减免税申请报告。"报告"内容主要包括减免税依据、范围、年限、金额、企业的基本情况等。

（2）财务会计报表。

（3）工商营业执照和税务登记证的复印件。

（4）根据不同减免税项目，税务机关要求提供的其他材料。

（一）先计后退的会计处理

1. 计提所得税时

借：所得税

　　贷：应交税费——应交所得税

2. 减免所得税时

借：应交税费——应交所得税

　　贷：资本公积或盈余公积

（二）先缴后退的会计处理

1. 计提所得税时

借：所得税

　　贷：应交税费——应交所得税

2. 上缴所得税时

借：应交税费——应交所得税

　　贷：银行存款

3. 收到退税款时

借：银行存款

　　贷：资本公积或所得税（股份公司）

（三）法定直接减免

法定直接减免的项目不作会计处理。

六、资产捐赠的企业所得税会计处理

（一）企业对外捐赠的涉税处理

按照税法规定，企业将自产、委托加工的库存商品和外购的商品、原材料、固定资产、无形资产和有价证券等用于捐赠，应分解为按公允价值视同对外销售和捐赠两项业务进行所得税处理，即税法规定企业对外捐赠资产应视同销售计算缴纳流转税及所得税。纳税人通过指定非营利机构进行的公益救济性捐赠，按税法规定在税前全额或部分扣除。

【例4-7】　甲公司2×19年8月将部分原材料通过国家指定的非营利组织向受灾害地区捐赠，该部分捐出原材料的实际成本为100万元，在公开市场上的销售价格为120万元。假定甲公司为增值税一般纳税人，适用的增值税税率是13%。甲公司对该批捐出原材料未提跌价准备。该公司当年按照会计制度确定的利润总额为1 000万元。甲公司会计处理如下：

应纳销项税额 = 120×13% = 15.6（万元）；

公司当年应纳税所得额 = 1 000 + 120 - 100 + 115.6 - 1 000×12% = 1 015.6（万元）；

公司当年应交所得税 = 1 015.6×25% = 253.9（万元）。

借：营业外支出	1 156 000	
贷：原材料		1 000 000
应交税费——应交增值税（销项税额）		156 000
借：所得税	2 539 000	
贷：应交税费——应交所得税		2 539 000

（二）企业接受捐赠的涉税处理

1. 接受货币性资产捐赠的会计处理

企业接受现金资产捐赠时，应借记"银行存款"账户，贷记"待转资产价值——接受捐赠货币性资产价值"账户；期末计算应交所得税时，借记"待转资产价值——接受捐赠货币性资产价值"账户，按接受金额与适用所得税税率计算的应交所得税，贷记"应交税费——应交所得税"账户，按两者的差额，贷记"资本公积——其他资本公积"账户。

2. 接受非货币性资产捐赠的会计处理

企业接受捐赠的非货币性资产，须按接受捐赠时资产的入账价值确认捐赠收入，并入应纳税所得额，依法计算缴纳企业所得税。如接受捐赠的为存货等，捐出方代为支付的增值税额，也应包括在当期应纳税所得额中。

企业接受捐赠资产按税法规定确定的入账价值在扣除应交所得税后，计入资本公积，不确认收入、不计入接受捐赠当期的利润总额。企业接受捐赠的存货，在经营中使用或将来销售处置时，可按税法规定结转存货销售成本。

【例4-8】 AD公司于2×19年度取得B公司捐赠的原材料一批，根据B公司提供的有关凭证，该批接受捐赠原材料的市场价格为100万元，B公司同时为甲公司开具了增值税专用发票，注明的增值税额为13万元，甲公司并未单独支付增值税。双方均为增值税一般纳税人，适用的增值税税率为13%，AD公司将取得的商品作为原材料核算。AD公司2×19年度利润总额为1 000万元。AD公司作如下会计处理。

借：原材料　　　　　　　　　　　　　　　　　　1 000 000
　　应交税费——应交增值税（进项税额）　　　　　130 000
　　贷：营业外收入　　　　　　　　　　　　　　　　　1 130 000

公司当期由于接受捐赠产生的纳税调整金额为113万元，包括接受捐赠取得的非货币性资产本身的价值以及捐出方代为支付的增值税进项税额。

AD公司2019年度应纳税所得额=1 000+113=1 113（万元）

AD公司2019年度应交所得税=1 113×25%=278.25（万元）

七、资产减值准备的企业所得税会计处理

根据会计准则、制度的规定，企业在符合条件时应计提资产减值准备（坏账准备、存货跌价准备、长期投资减值准备、固定资产减值准备、无形

资产减值准备、在建工程减值准备、委托贷款减值准备），由于现行税法只允许企业在年末应收账款余额的5%内提取的坏账准备在税前扣除，超过该比例以及其他几项减值准备一律不得在税前扣除。因此，形成了一项所得税差异，企业应正确进行会计处理。

（一）坏账准备的所得税处理

按税法规定，企业发生的坏账损失，原则上应按其实际发生额据实扣除（当然要符合税法规定的六项条件之一）。如果企业坏账损失采用直接转销法，只要符合税法规定的坏账损失条件，其实际发生额是允许在税前扣除的，因此，若企业采用备抵法计提坏账准备，其超过税法规定比例的部分，实质上是一项时间性差异，其转回时间应是符合税法规定的确认条件时，即坏账损失实际发生时。按此理解，其会计处理如下：

1. 期末计提坏账准备

"坏账准备"为借方余额或虽是贷方余额但小于年末应收账款余额的5‰时，应调整的递延税款为：

递延税款 =［本期坏账准备应计提额 + 坏账准备贷方余额 − 坏账准备借方余额 − 年末应收账款余额 × 5‰］× 所得税税率

如果"坏账准备"为贷方余额且大于应收账款余额的5‰时，应调整的递延税款为：

递延所得税借项 = 本期应计提额 × 所得税税率

借：递延所得税（递延所得税借项）

贷：应交税费——应交所得税

2. 期末冲回多提坏账准备

递延所得税贷项 = 本期冲回额 × 所得税税率

借：应交税费——应交所得税

贷：递延所得税（递延所得税贷项）

3. 差异转回

转回的递延所得税 = 坏账实际发生时冲销的坏账准备 × 所得税税率

借：应交税费——应交所得税

贷：递延所得税（转回的递延所得税）

（二）其他减值准备的所得税处理

1. 计提减值准备的纳税调整及其会计处理

由于企业按会计制度及相关准则规定计提的资产减值准备不符合税法的"真实发生的据实扣除原则"，因此，企业计提各项资产减值准备期间与税法规定允许在计算应税所得额时扣除的各项资产损失期间不同而产生差异额，这种差异作为可抵减时间性差异。在计算当期应税所得额时，企业应在财务会计计算的利润总额的基础上，加上按税法规定不允许从当期应税所得额中扣除的同期计提的各项资产减值准备金额，调整为当期应税所得额。

企业按当期应税所得额和适用所得税税率计算的金额即为当期的应交所得税额，但在确认同期所得税费用时，应视企业采用的所得税会计方法而有别：如果企业采用应付税款法，应按当期应交所得税额确认为同期的所得税费用，借记"所得税费用"账户，贷记"应交税费——应交所得税"账户。如果企业采用纳税影响会计法（不论递延法、还是债务法，下同），应按当期因计提各项资产减值准备而产生的可抵减时间性差异与适用所得税税率计算的金额，借记"递延所得税"账户，按当期应交所得税，贷记"应交税费——应交所得税"账户，按两者的差额，借记"所得税费用"账户。

2. 计提减值准备后资产的折旧或摊销差异的会计处理

对固定资产、无形资产而言，计提减值准备后，应按计提减值准备后的账面价值及尚可使用寿命或尚可使用年限（含预计净残值等的变更）重新计算每期的折旧率、折旧额或摊销额，重新计算的金额与可在应税所得额中抵扣的折旧额、摊销额的差额，应从当期利润总额中减去后，计算出企业当期的应税所得额。

企业按当期应税所得额和适用所得税税率计算的金额即为当期的应交所得税额。在确认同期所得税费用时，应视企业采用的所得税会计方法而有别：如果企业采用应付税款法，应按当期应交所得税额确认为同期的所得税费用，借记"所得税费用"账户，贷记"应交税费——应交所得税"账户。如果企业采用纳税影响会计法，按当期因计提各项资产减值准备后计入当期利润总额的折旧额、摊销额与按税法规定在计算应税所得额时可抵扣的折旧额、摊销额之间差异的时间性差异的所得税影响金额，贷记或借记"递延所得税"账户，按当期应交所得税，贷记"应交税费——应交所得税"账户，按两者的差额，借记"所得税费用"账户。

3. 已计提减值准备的资产处置的会计处理

当企业处置已计提减值准备的资产时，应按会计制度及相关准则规定确定处置资产损益，其计算公式如下：

处置资产计入利润总额的金额＝处置收入－［按会计规定确定的资产成本（或原价）－按会计规定计提的累计折旧（或累计摊销额）－处置资产已计提的减值准备余额］－处置过程中发生的按会计规定计入损益的相关税费（不含所得税）

在前述三个环节已按税法规定进行过纳税调整的基础上，再按税法规定计算处置资产应计入应税所得额的金额，其计算公式如下：

处置资产计入应纳税所得额的金额＝处置收入－［按税法规定确定的资产成本（或原价）－按税法规定计提的累计折旧（或累计摊销额）］－处置过程中发生的按税法规定可扣除的相关税费（不含所得税）

在进行上述计算后，即可确定处置资产的纳税调整金额，计算公式如下：

因处置已计提减值准备的各项资产产生的纳税调整金额＝处置资产计入应纳税所得额的金额－处置资产计入利润总额的金额

企业所得税会计采用应付税款法时，应在利润总额的基础上，加上"因处置已计提减值准备的资产而产生的纳税调整金额"，如果处置是固定资产或无形资产，还应加上（或减去）处置当期按会计制度确定的折旧额或摊销额等影响当期利润总额的金额与按税法规定确定的折旧额或摊销额等的差额，计算出当期应税所得额，再乘以所得税税率，计算出当期应交所得税，借记"所得税费用"账户，贷记"应交税费——应交所得税"账户。

如果企业采用纳税影响会计法，应在利润总额的基础上，加上"因处置已计提减值准备的资产而产生的纳税调整金额"，如果处置的是固定资产或无形资产，还应加上（或减去）处置当期按会计制度确定的折旧额或摊销额等影响当期利润总额的金额与按税法规定确定的折旧额或摊销额等的差额，计算出当期应税所得额，再乘以所得税税率，计算出当期应交所得税。按当期应交所得税，加上（或减去）因处置有关资产而转回的递延所得税，借记"所得税费用"账户，按当期因处置的有关资产而转回的递延所得税金额，贷记或借记"递延所得税"账户，按当期应交的所得税，贷记"应交税费——应交所得税"账户。

八、长期股权投资的企业所得税会计处理

企业以经营的非货币性资产对外投资，应在投资交易发生时，将其分

解为按公允价值销售有关非货币性资产和投资两项经济业务进行所得税处理，并按规定计算确认资产转让所得或损失。

企业因取得另一企业的股权支付的全部代价，属股权投资支出，不得计入投资企业的当期费用，不论长期股权投资支出大于或小于应享有被投资单位所有者权益份额之间的差额，均不得通过折旧或摊销方式分期计入投资企业的费用或收益，即税法规定不确认任何由于长期股权投资的公允价值与按持股比例计算的占被投资单位所有者权益份额不同而产生的股权投资差额。按权益法核算的长期股权投资，其投资成本小于应享有被投资单位所有者权益份额之间的差额，也不计入应纳税所得额。

不论企业财务会计中对投资采取何种方法核算（成本法、权益法），只有被投资企业财务会计实际做利润分配处理（包括以盈余公积和未分配利润转增资本）时，投资方企业才应确认投资所得的实现、计算缴纳企业所得税。

【例4-9】 2×19年1月1日，AB公司以其持有的一项土地使用权（账面价值为2 000万元，未提取任何减值准备）和一台机器设备（原取得成本为600万元，已计提累计折旧200万元，未计提任何减值准备）对M公司进行长期投资。AB公司的投资占M公司的股权比例为30%，具有重大影响，AB公司与M公司签订的投资合同中约定对投出资产及取得的长期股权投资的作价为3 100万元。假定M公司2×19年1月1日所有者权益的账面金额为9 100万元。AB公司确定的股权投资差额按10年摊销。

（1）AB公司取得的长期股权投资占对方的股权比例为30%，对被投资企业具有重大影响，因此，应按权益法核算。以非货币性交易取得的长期股权投资，应以换出资产的账面价值及应缴纳的相关税费作为取得的长期股权投资的初始投资成本。

AB公司确定长期股权投资的入账价值，作会计分录如下：

借：固定资产清理 4 000 000
　　累计折旧 2 000 000
　　贷：固定资产 6 000 000
借：长期股权投资——成本 24 000 000
　　贷：固定资产清理 4 000 000
　　　　无形资产——土地使用权 20 000 000

（2）企业对取得的长期股权投资按权益法核算时，对于长期股权投资的初始投资成本大于应享有被投资单位所有者权益份额之间的差额，应作为股权投资差额处理，并按一定的期间摊销计入损益。对于长期股权投资的初始投资成本小于应享有被投资单位所有者权益份额的差额，在调整长期股权投资成本的同时，作为资本公积处理，不计入损益。作会计分录如下：

借：长期股权投资——其他权益变动   3 300 000

    贷：资本公积   （91 000 000 ×30% －24 000 000）3 300 000

本例中，AB 公司取得的长期股权投资在调整长期股权投资成本时，因长期股权投资的初始投资成本小于按持股比例计算的占对方所有者权益的份额已计入资本公积，无须在未来期间内摊销计入损益。如果企业在调整长期股权投资的投资成本时，计算的股权投资差额为借方金额，需要在未来期间内分期摊销计入投资收益。企业在处置该类长期股权投资时，除按上述规定计算在处置长期股权投资当期的纳税调整金额以外，在确认当期所得税费用和应交所得税时，还应相应结转因以前期间其他权益变动的摊销所产生的时间性差异的所得税影响额。

（3）2×19 年 M 公司实现净利润 600 万元，2×20 年 M 公司实现净利润 800 万元，但至 2×21 年 1 月 1 日止尚未实际分配，AB 公司在税务会计中对被投资单位 M 公司实现的损益仅作持有收益，双方适用的企业所得税税率均为 25%。根据被投资单位实现的损益，AB 公司按其所占的份额，确认投资收益，作会计分录如下：

借：长期股权投资——损益调整   1 800 000

    贷：投资收益——股权投资收益   1 800 000

借：长期股权投资——损益调整   2 400 000

    贷：投资收益——股权投资收益   2 400 000

（4）2×15 年 1 月 1 日，AB 公司将上述长期股权投资对外转让，取得转让价款 3 500 万元。AB 公司处置该项长期股权投资时的账面价值如下：

2 400 + 330 + 180 + 240 = 3 150（万元）

长期股权投资转让收益如下：

3 500 － 3 150 = 350（万元）

作会计分录如下：

借：银行存款 35 000 000

　　贷：长期股权投资——成本 27 300 000

　　　　　　　　　　——损益调整 4 200 000

　　投资收益——股权处置收益 3 500 000

（5）所得税的纳税调整。AB 公司取得的该项长期股权投资按税法规定确定的投资成本为 3 100 万元，其后其投资成本按税法规定未进行调整，因此，在处置该项长期股权投资时，应计入应纳税所得额如下：

3 500 - 3 100 = 400（万元）

如果不考虑其他因素的影响，AB 公司在 2×22 年确认应交所得税时，应在当年利润总额的基础上加或减当期的纳税调整金额，本例中的纳税调整增加额如下：

400 - 350 = 50（万元）

九、纳税调整的会计处理

企业的纳税调整一般有两种情况：一是由于有关法规规定（或要求）不同，使财务会计与税务会计计算不一；二是由于纳税人计算差错或违规、违法。由于企业采用的核算方法不同，其纳税调整的会计处理也不相同。

（一）平时使用应付税款进行的纳税调整

因为在应付税款法下，当期税前会计利润与应税所得之间的差异造成的影响纳税的金额直接计入当期损益，而不递延到以后各期，使当期的应交所得税与所得税费用金额相等。因此，对调整的差异本身无须进行会计处理。假如当期会计利润 1 000 万元，而同期有超过计税工资标准的工资额 10 万元（即企业实发工资额超过计税工资额 10 万元），在计算应税所得时，将 10 万元计入应税所得，即按 1 010 万元计算应缴所得税，而对这 10 万元差异无须再进行会计处理。

（二）年终汇算清缴的纳税调整

对企业本年度发生的以前年度损益调整事项，应通过"以前年度损益调整"账户调整本年利润，由此影响企业缴纳所得税的，可视为当年损益，进行所得税会计调整。

　　企业在年终所得税申报纳税前发生的资产负债表日后事项，所涉及的应纳所得税调整，应作为会计报告年度的纳税调整；企业在年终申报纳税汇算清缴后发生的资产负债表日后事项，所涉及的应纳所得税调整，应作为本年度的纳税调整。

　　当调整增加的以前年度利润或调整减少的以前年度亏损，借记有关账户，贷记"以前年度损益调整"账户；调整减少的以前年度利润或调整增加的以前年度亏损，借记"以前年度损益调整"账户，贷记有关账户。

　　由于调整增加以前年度利润或调整减少以前年度亏损而相应增加的所得税，借记"以前年度损益调整"账户，贷记"应交税费——应交所得税"账户；由于调整减少以前年度利润或调整增加以前年度亏损而相应减少的所得税，作相反会计分录。

　　经上述调整后，应同时将"以前年度损益调整"账户的余额转入"利润分配——未分配利润"账户。本账户如为贷方余额，借记本账户，贷记"利润分配——未分配利润"账户；如为借方余额，作相反会计分录。结转后本账户无余额。

　　【例 4 - 10】　某化妆品股份有限公司，为增值税一般纳税人。消费税税率 30%，所得税税率 25%。税务机关对上一年纳税情况检查时，发现如下问题：

　　（1）用产品与小规模纳税人换取原材料，产品成本价 3 万元，不含税售价 5 万元。企业所作会计分录如下：

借：原材料	56 500
贷：库存商品	56 500

　　（2）用化妆品顶职工工资，不含税售价 10 万元，成本 6 万元。所作会计分录如下：

借：应付职工薪酬	60 000
贷：库存商品	60 000

　　（3）没收一批逾期包装物押金 2.26 万元。企业所作会计分录如下：

借：其他应付款	22 600
贷：其他业务收入	22 600

根据上述资料，对查出的问题作如下账务处理：

（1）用产品换取材料，应视同销售。

应纳增值税 = 56 500 ÷（1 + 13%）× 13% = 6 500（元）

应纳消费税 = 56 500 ÷（1 + 13%）× 30% = 15 000（元）

实现利润 = 56 500 ÷（1 + 13%）- 30 000 - 15 000 = 5 000（元）

根据上述资料，应作调整分录如下：

借：库存商品   26 500

  贷：应交税费——增值税检查调整   6 500

      ——应交消费税   15 000

   以前年度损益调整   5 000

（2）用产品顶职工工资，应视同销售。

应纳增值税 = 100 000 × 13% = 13 000（元）

应纳消费税 = 100 000 × 30% = 30 000（元）

实现利润 = 100 000 - 60 000 - 30 000 = 10 000（元）

根据上述资料，应作调整分录如下：

借：应付职工薪酬   43 000

  贷：应交税费——增值税检查调整   13 000

      ——应交消费税   30 000

（3）没收包装物押金应征税。

应纳增值税 = 22 600 ÷（1 + 13%）× 13% = 2 600（元）

应纳消费税 = 22 600 ÷（1 + 13%）× 30% = 6 000（元）

应调减上年利润 = 2 600 + 6 000 = 8 600（元）

根据上述资料，应作调整分录如下：

借：以前年度损益调整   8 600

  贷：应交税费——增值税检查调整   2 600

      ——应交消费税   6 000

根据上述调整分录，登记"以前年度损益调整"账户，得出其借方余额如下：

8 600 + 43 000 - 5 000 = 46 600（元）

因为以化妆品顶工资而产生的差异为永久性差异，不得在税前扣除，其计税收益应是 10 000 元，因此：

应补所得税 = $(5\,000 + 10\,000 - 8\,600) \times 25\% = 6\,400 \times 25\% = 1\,600$（元）

根据上述资料，应作会计分录如下：

借：以前年度损益调整   1 600

  贷：应交税费——应交所得税   1 600

同时将以前年度损益调整账户余额转入"利润分配——未分配利润"账户。

根据上述资料，应作会计分录如下：

借：利润分配——未分配利润   45 000

  贷：以前年度损益调整   45 000

十、中期财务报告的企业所得税会计处理

中期财务报告的编制有两种做法：一是独立观，即将每一中期（短于一个完整的会计年度）视为一个独立的会计期间，采用的会计原则、方法、程序与年度财务报告一致；二是一体观（整体观），是将每一中期视为年度会计期间的组成部分，采用的会计原则、方法、程序，必须考虑全年将要发生的情况，年度成本、费用要根据年度预测的销售量、收入额等，进行估计，并适当分配给各个"中期"。两种做法各有利弊。由于我国企业所得税除基本税率外，还有两档优惠税率，因此，采用独立观与采用一体观计算的中期应交所得税额不等。目前，我国企业大都采用"一体观"，即按预计全年应税所得确定适用税率；"独立观"则是按本期应税所得额确认适用税率。

十一、预提企业所得税和代扣代缴的会计处理

外国企业在中国境内未设立机构、场所，而有取得来源于中国境内的利润（股息）、利息、租金、特许权使用费和其他所得，按规定其所得税应由支付人在每次支付的款额中扣除，并在五天内缴入国库。

扣缴时作会计分录如下：

借：其他应付款（应付利息等）

贷：银行存款

对外国企业在中国境内从事建筑、安装、装配、勘探等工程作业和提供咨询、管理、培训等劳务活动的所得，税务机关可以指定工程价款或劳务费的支付人为所得税扣缴义务人，税款在支付的款额中扣缴。

扣缴时作会计分录如下：

借：其他应付款（××单位）

　　贷：银行存款

十二、事业单位企业所得税的会计处理

按现行规定，事业单位也应缴纳企业所得税。事业单位应设置"经营结余"账户。期末，将"经营收入"账户余额转入"经营结余"账户，借记"经营收入"账户，贷记"经营结余"账户。将经营业务支出类账户余额转入"经营结余"账户，借记"经营结余"账户，贷记"经营支出""销售税金"账户。作上述会计处理后，若"经营结余"账户为贷方余额，则为应税所得额，按 25% 的比例税率计算应交所得税。

计提应交所得税时作会计分录如下：

借：结余分配——应交所得税

　　贷：应交税费——应交所得税

年终，将"经营结余"账户余额全部转入"结余分配"账户，借记"经营结余"账户，贷记"结余分配"账户；如果当年发生经营亏损，则不予结转。

第五章 个人所得税会计

本章导读

个人所得税是调整征税机关与自然人（居民、非居民）之间在个人所得税的征纳与管理过程中所发生的社会关系的法律规范的总称。

本章将对个人所得税的概念和会计核算等问题进行详细的论述，达到争取实现个人收益最大化的目的。

|第一节 个人所得税概述|

一、个人所得税的纳税人

个人所得税的纳税义务人，包括中国公民、个体工商业户、个人独资企业、合伙企业投资者、在中国有所得的外籍人员（包括无国籍人员，下同）。上述纳税义务人依据住所和居住时间两个标准，区分为居民和非居民，分别承担不同的纳税义务。

居民纳税义务人负有无限纳税义务。其所取得的应纳税所得，无论是来源于中国境内还是中国境外任何地方，都要在中国缴纳个人所得税。根据《中华人民共和国个人所得税法》（以下简称《个人所得税法》）规定，居民纳税义务人是指在中国境内有住所，或者无住所而一个纳税年度内在中国境内居住累计满一百八十三天的个人。

所谓在中国境内有住所的个人，是指因户籍、家庭、经济利益关系，而在中国境内习惯性居住的个人。这里所说的习惯性居住，是判定纳税义务人属于居民还是非居民的一个重要依据。它是指个人因学习、工作、探亲等原因消除之后，没有理由在其他地方继续居留时，所要回到的地方，而不是指实际居住或在某一个特定时期内的居住地。一个纳税人因学习、工作、探亲、旅游等原因，原来是在中国境外居住，但是在这些原因消除之后，如果必须回到中国境内居住的，则中国为该人的习惯性居住地。尽管该纳税义务人在一个纳税年度内，甚至连续几个纳税年度，都未在中国境内居住过 1 天，他仍然是中国居民纳税义务人，应就其来自全球的应纳税所得，向中国缴纳个人所得税。

非居民纳税义务人，是指不符合居民纳税义务人判定标准（条件）的纳税义务人，非居民纳税义务人承担有限纳税义务，即仅就其来源于中国境内的所得，向中国缴纳个人所得税。《个人所得税法》规定，非居民纳税义务人是"在中国境内无住所又不居住，或者无住所而一个纳税年度内在中国境内居住累计不满一百八十三天的个人"。也就是说，非居民纳税义务人，是指习惯性居住地不在中国境内，而且不在中国居住，或者在一个纳税年度内，在中国境内居住不满一百八十三天的个人。

二、个人所得税的纳税范围

个人所得税法规定的应税所得有 9 项：

（一）工资、薪金所得

个人因任职或者受雇取得的工资、薪金、奖金、年终加薪、劳动分红、津贴、补贴以及与任职或者受雇有关的其他所得。

（二）劳务报酬所得

个人从事劳务取得的所得，包括从事设计、装潢、安装、制图、化验、测试、医疗、法律、会计、咨询、讲学、翻译、审稿、书画、雕刻、影视、录音、录像、演出、表演、广告、展览、技术服务、介绍服务、经纪服务、代办服务以及其他劳务取得的所得。

（三）稿酬所得

个人因其作品以图书、报刊等形式出版、发表而取得的所得。

（四）特许权使用费所得

个人提供专利权、商标权、著作权、非专利技术以及其他特许权的使用权取得的所得；提供著作权的使用权取得的所得，不包括稿酬所得。

（五）经营所得

（1）个体工商户从事生产、经营活动取得的所得，个人独资企业投资人、合伙企业的个人合伙人来源于境内注册的个人独资企业、合伙企业生产、经营的所得；

（2）个人依法从事办学、医疗、咨询以及其他有偿服务活动取得的所得；

（3）个人对企业、事业单位承包经营、承租经营以及转包、转租取得的所得；

（4）个人从事其他生产、经营活动取得的所得。

（六）利息、股息、红利所得

个人拥有债权、股权等而取得的利息、股息、红利所得。

（七）财产租赁所得

个人出租不动产、机器设备、车船以及其他财产取得的所得。

（八）财产转让所得

个人转让有价证券、股权、合伙企业中的财产份额、不动产、机器设备、车船以及其他财产取得的所得。

（九）偶然所得

个人得奖、中奖、中彩以及其他偶然性质的所得。

个人取得的所得，难以界定应纳税所得项目的，由国务院税务主管部门确定。

居民个人取得前款第一项至第四项所得（综合所得），按纳税年度合并计算个人所得税；非居民个人取得前款第一项至第四项所得，按月或者按次分项计算个人所得税。纳税人取得前款第五项至第九项所得，依照法律规定分别计算个人所得税。

三、个人所得税的税率

（1）综合所得，适用3%~45%的七级超额累进税率。具体参见表5-1。

表5-1　个人所得税税率表一（综合所得适用）

级数	全年应纳税所得额	税率（%）	速算扣除数（元）
1	不超过36 000元的部分	3	0
2	超过36 000元至144 000元的部分	10	2 520
3	超过144 000元至300 000元的部分	20	16 920
4	超过300 000元至420 000元的部分	25	31 920
5	超过420 000元至660 000元的部分	30	52 920
6	超过660 000元至960 000元的部分	35	85 920
7	超过960 000元的部分	45	181 920

注1：本表所称全年应纳税所得额是指依照法律规定，居民个人取得综合所得以每一纳税年度收入额减除费用六万元以及专项扣除、专项附加扣除和依法确定的其他扣除后的余额。

注2：非居民个人取得工资、薪金所得，劳务报酬所得，稿酬所得和特许权使用费所得，依照本表按月换算后计算应纳税额。

（2）个体工商户的生产、经营所得和对企事业单位的承包经营、承租经营所得，适用5% ～35%的超额累进税率。具体参见表5-2。

表5-2　个人所得税税率表二（经营所得适用）

级数	全年应纳税所得额	税率（%）	速算扣除数（元）
1	不超过30 000元的部分	5	0
2	超过30 000元至90 000元的部分	10	1 500
3	超过90 000元至300 000元的部分	20	10 500
4	超过300 000元至500 000元的部分	30	40 500
5	超过500 000元的部分	35	65 500

注：本表所称全年应纳税所得额是指依照法律规定，以每一纳税年度的收入总额减除成本、费用以及损失后的余额。

（3）利息、股息、红利所得，财产租赁所得，财产转让所得，偶然所得和其他所得，适用比例税率，税率为20%。

四、个人所得税减免

（一）免税项目

根据《个人所得税法》和相关法规、政策，对下列各项个人所得，免征个人所得税：

（1）省级人民政府、国务院部委和中国人民解放军军级以上单位，以及外国组织、国际组织颁发的科学、教育、技术、文化、卫生、体育、环境保护等方面的奖金（奖学金）。

（2）国债和国家发行的金融债券利息。其中，国债利息，是指个人持有中华人民共和国财政部发行的债券而取得的利息；国家发行的金融债券利息，是指个人持有经国务院批准发行的金融债券而取得的利息所得。

（3）按照国家统一规定发给的补贴、津贴。是指按照国务院规定发给的政府特殊津贴、院士津贴、资深院士津贴和国务院规定免纳个人所得税的补贴、津贴。

（4）福利费、抚恤金、救济金。其中，福利费是指根据国家有关规定，从企业、事业单位、国家机关、社会团体提留的福利费或者从工会经费中支付给个人的生活补助费；救济金是指国家民政部门支付给个人的生活困难补助费。

（5）保险赔款。

（6）军人的转业安置费、复员费。

（7）按照国家统一规定发给干部、职工的安家费、退职费、退休工资、离休工资、离休生活补助费。其中，退职费是指符合《国务院关于工人退休、退职的暂行办法》规定的退职条件，并按该办法规定的退职费标准所领取的退职费。

离退休人员按规定领取离退休工资或养老金外，另从原任职单位取得的各类补贴、奖金、实物，不属于免税的退休工资、离休工资、离休生活补助费，应按"工资、薪金所得"应税项目的规定缴纳个人所得税。

（8）依照我国有关法律规定应予免税的各国驻华使馆、领事馆的外交代表、领事官员和其他人员的所得。

（9）中国政府参加的国际公约、签订的协议中规定免税的所得。

（10）对乡、镇（含乡、镇）以上人民政府或经县（含县）以上人民政府主管部门批准成立的有机构、有章程的见义勇为基金或者类似性质组织，奖励见义勇为者的奖金或物品。经主管税务机关核准，免征个人所得税。

（11）企业和个人按照省级以上人民政府规定的比例缴付的住房公积金、医疗保险金、基本养老保险金、失业保险金，允许在个人应纳税所得额中扣除，免予征收个人所得税。超过规定的比例缴付的部分并入个人当期的工资、薪金收入，计征个人所得税。

个人领取原提存的住房公积金、医疗保险金、基本养老保险金时，免予征收个人所得税。

对按照国家或省级地方政府规定的比例缴付的住房公积金、医疗保险金、基本养老保险金和失业保险金存入银行个人账户所取得的利息收入，免征个人所得税。

（12）对个人取得的教育储蓄存款利息所得以及国务院财政部门确定的其他专项储蓄存款或者储蓄性专项基金存款的利息所得，免征个人所得税。自 2008 年 10 月 9 日起，对居民储蓄存款利息，暂免征收个人所得税。

（13）储蓄机构内从事代扣代缴工作的办税人员取得的扣缴利息税手续费所得，免征个人所得税。

（14）生育妇女按照县级以上人民政府根据国家有关规定制定的生育保险办法，取得的生育津贴、生育医疗费或其他属于生育保险性质的津贴、补贴，免征个人所得税。

（15）对工伤职工及其近亲属按照《工伤保险条例》规定取得的工伤保险待遇，免征个人所得税。工伤保险待遇，包括工伤职工按照该条例规定取得的一次性伤残补助金、伤残津贴、一次性工伤医疗补助金、一次性伤残就业补助金、工伤医疗待遇、住院伙食补助费、外地就医交通食宿费用、工伤康复费用、辅助器具费用、生活护理费等，以及职工因工死亡，其近亲属按照该条例规定取得的丧葬补助金、供养亲属抚恤金和一次性工亡补助金等。

（16）对个体工商户或个人，以及个人独资企业和合伙企业从事种植业、养殖业、饲养业和捕捞业（以下简称"四业"），取得的"四业"所得暂不征收个人所得税。

（17）个人举报、协查各种违法、犯罪行为而获得的奖金。

（18）个人办理代扣代缴税款手续，按规定取得的扣缴手续费。

（19）个人转让自用达 5 年以上并且是唯一的家庭居住用房取得的所得。

（20）对按《国务院关于高级专家离休退休若干问题的暂行规定》和《国务院办公厅关于杰出高级专家暂缓离退休审批问题的通知》精神，达到离休、退休年龄，但确因工作需要，适当延长离休、退休年龄的高级专家，其在延长离休、退休期间的工资、薪金所得，视同退体工资、离休工资免征个人所得税。

（21）外籍个人从外商投资企业取得的股息、红利所得。

（22）凡符合下列条件之一的外籍专家取得的工资、薪金所得可免征个人所得税：

①根据世界银行专项贷款协议由世界银行直接派往我国工作的外国专家；

②联合国组织直接派往我国工作的专家；

③为联合国援助项目来华工作的专家；

④援助国派往我国专为该国无偿援助项目工作的专家，除工资、薪金外，其取得的生活津贴也免税。

（23）股权分置改革中非流通股股东通过对价方式向流通股股东支付的股份、现金等收入，暂免征收流通股股东应缴纳的个人所得税。

（24）对被拆迁人按照国家有关城镇房屋拆迁管理办法规定的标准取得的拆迁补偿款（含因棚户区改造而取得的拆迁补偿款），免征个人所得税。

（25）对个人投资者从投保基金公司取得的行政和解金，暂免征收个人所得税。

（26）对个人转让上市公司股票取得的所得暂免征收个人所得税。自2008年10月9日起，对证券市场个人投资者取得的证券交易结算资金利息所得，暂免征收个人所得税，即证券市场个人投资者的证券交易结算资金在2008年10月9日后（含10月9日）孳生的利息所得，暂免征收个人所得税。

（27）个人从公开发行和转让市场取得的上市公司股票，持股期限超过1年的，股息红利所得暂免征收个人所得税。个人从公开发行和转让市场取得的上市公司股票，持股期限在1个月以内（含1个月）的，其股息红利所得全额计入应纳税所得额；持股期限在1个月以上至1年（含1年）的，暂减按50%计入应纳税所得额；上述所得统一适用20%的税率计征个人所得税。本规定自2015年9月8日起施行。

全国中小企业股份转让系统挂牌公司股息红利差别化个人所得税政策也按上述政策执行。

（28）个人取得的下列中奖所得，暂免征收个人所得税：

单张有奖发票奖金所得不超过 800 元（含 800 元）的，暂免征收个人所得税；个人取得单张有奖发票奖金所得超过 800 元的，应税金额按照个人所得税法规定的"偶然所得"项目征收个人所得税。

购买社会福利有奖募捐奖券、体育彩票一次中奖收入不超过 10 000 元的暂免征收个人所得税，对一次中奖收入超过 10 000 元的，应按税法规定全额征税。

（29）乡镇企业的职工和农民取得的青苗补偿费，属种植业的收益范围，同时，也属经济损失的补偿性收入，暂不征收个人所得税。

（30）对由亚洲开发银行支付给我国公民或国民（包括为亚行执行任务的专家）的薪金和津贴，凡经亚洲开发银行确认这些人员为亚洲开发银行雇员或执行项目专家的，其取得的符合我国税法规定的有关薪金和津贴等报酬，免征个人所得税。

（31）自原油期货对外开放之日起，对境外个人投资者投资中国境内原油期货取得的所得，三年内暂免征收个人所得税。

（32）自 2018 年 1 月 1 日至 2020 年 12 月 31 日，对易地扶贫搬迁贫困人口按规定取得的住房建设补助资金、拆旧复垦奖励资金等与易地扶贫搬迁相关的货币化补偿和易地扶贫搬迁安置住房（以下简称安置住房），免征个人所得税。

（33）经国务院财政部门批准免税的所得。

（二）减税项目

有下列情形之一的，经批准可以减征个人所得税：

（1）残疾、孤老人员和烈属的所得。

（2）因严重自然灾害造成重大损失的。

（3）其他经国务院财政部门批准减税的。

上述减税项目的减征幅度和期限，由省、自治区、直辖市人民政府规定。

对残疾人个人取得的劳动所得适用减税规定，具体所得项目为：工资薪金所得、个体工商户的生产经营所得和经营所得、对企事业单位的承包和承租经营所得、劳务报酬所得、稿酬所得和特许权使用费所得。

五、个人所得税的计税依据

个人所得税的计税依据为个人取得的各项应纳税所得减去按规定标准

扣除费用后的余额。个人取得的应纳税所得，包括现金、实物和有价证券。所得为实物的，应按照取得的凭证上的价格计算应纳税所得额；无凭证的实物或者凭证上所注明的价格明显偏低的，由主管税务机关参照当地的市场价格核定应纳税所得额。所得为有价证券的，由主管税务机关根据票面价格和市场价格核定应纳税所得额。

个人所得的项目不同，其扣除标准也不相同：

（1）居民个人的综合所得，以每一纳税年度的收入额减除费用六万元以及专项扣除、专项附加扣除和依法确定的其他扣除后的余额，为应纳税所得额。

劳务报酬所得、稿酬所得、特许权使用费所得以收入减除百分之二十的费用后的余额为收入额。稿酬所得的收入额减按百分之七十计算。

非居民个人的工资、薪金所得，以每月收入额减除费用五千元后的余额为应纳税所得额；劳务报酬所得、稿酬所得、特许权使用费所得，以每次收入额为应纳税所得额。

（2）经营所得，以每一纳税年度的收入总额减除成本、费用以及损失后的余额，为应纳税所得额。成本、费用，是指纳税义务人从事生产、经营所发生的各项直接支出和分配计入成本的间接费用以及销售费用、管理费用、财务费用；所说的损失，是指纳税义务人在生产、经营过程中发生的各项营业外支出。

从事生产、经营的纳税义务人未提供完整、准确的纳税资料，不能正确计算应纳税所得额的，由主管税务机关核定其应纳税所得额。

个人独资企业的投资者以全部生产经营所得为应纳税所得额；合伙企业的投资者按照合伙企业的全部生产经营所得和合伙协议约定的分配比例，确定应纳税所得额，合伙协议没有约定分配比例的，以全部生产经营所得和合伙人数量平均计算每个投资者的应纳税所得额。

上述所称生产经营所得，包括企业分配给投资者个人的所得和企业当年留存的所得（利润）。

（3）财产租赁所得，每次收入不超过 4 000 元的，减除费用 800 元；4 000 元以上的，减除 20% 的费用，其余额为应纳税所得额。

（4）财产转让所得，以转让财产的收入额减除财产原值和合理费用后的余额，为应纳税所得额。财产原值，是指：

①有价证券，为买入价以及买入时按照规定缴纳的有关费用。

②建筑物，为建造费或者购进价格以及其他有关费用。

③土地使用权，为取得土地使用权所支付的金额、开发土地的费用以及其他有关费用。

④机器设备、车船，为购进价格、运输费、安装费以及其他有关费用。

⑤其他财产，参照以上方法确定。

纳税义务人未提供完整、准确的财产原值凭证，不能正确计算财产原值的，由主管税务机关核定其财产原值。

合理费用，是指卖出财产时按照规定支付的有关费用。

（5）利息、股息、红利所得，偶然所得和其他所得，以每次收入额为应纳税所得额。

除上述规定外，对个人将其所得通过中国境内非营利的社会团体、国家机关向教育、公益事业和遭受严重自然灾害地区、贫困地区的捐赠，捐赠额不超过应纳税所得额的 30% 的部分，可以从其应纳税所得额中扣除。

六、专项附加扣除

《个人所得税法》中规定，居民个人的综合所得，以每一纳税年度的收入额减除费用六万元以及专项扣除、专项附加扣除和依法确定的其他扣除后的余额，为应纳税所得额。

专项扣除，包括居民个人按照国家规定的范围和标准缴纳的基本养老保险、基本医疗保险、失业保险等社会保险费和住房公积金等。

专项附加扣除，包括子女教育、继续教育、大病医疗、住房贷款利息或者住房租金、赡养老人等支出。《个人所得税专项附加扣除暂行办法》对专项附加扣除进行了讲解。

（一）子女教育

（1）纳税人的子女接受全日制学历教育的相关支出，按照每个子女每月 1 000 元的标准定额扣除。

学历教育包括义务教育（小学、初中教育）、高中阶段教育（普通高中、中等职业、技工教育）、高等教育（大学专科、大学本科、硕士研究生、博士研究生教育）。

年满 3 岁至小学入学前处于学前教育阶段的子女，按本条规定执行。

（2）父母可以选择由其中一方按扣除标准的 100% 扣除，也可以选择由双方分别按扣除标准的 50% 扣除，具体扣除方式在一个纳税年度内不能变更。

（3）纳税人子女在中国境外接受教育的，纳税人应当留存境外学校录取通知书、留学签证等相关教育的证明资料备查。

（二）继续教育

（1）纳税人在中国境内接受学历（学位）继续教育的支出，在学历（学位）教育期间按照每月 400 元定额扣除。同一学历（学位）继续教育的扣除期限不能超过 48 个月。纳税人接受技能人员职业资格继续教育、专业技术人员职业资格继续教育的支出，在取得相关证书的当年，按照 3600 元定额扣除。

（2）个人接受本科及以下学历（学位）继续教育，符合本办法规定扣除条件的，可以选择由其父母扣除，也可以选择由本人扣除。

（3）纳税人接受技能人员职业资格继续教育、专业技术人员职业资格继续教育的，应当留存相关证书等资料备查。

（三）大病医疗

（1）在一个纳税年度内，纳税人发生的与基本医保相关的医药费用支出，扣除医保报销后个人负担（指医保目录范围内的自付部分）累计超过 15 000 元的部分，由纳税人在办理年度汇算清缴时，在 80 000 元限额内据实扣除。

（2）纳税人发生的医药费用支出可以选择由本人或者其配偶扣除；未成年子女发生的医药费用支出可以选择由其父母一方扣除。

纳税人及其配偶、未成年子女发生的医药费用支出，按上条规定分别计算扣除额。

（3）纳税人应当留存医药服务收费及医保报销相关票据原件（或者复印件）等资料备查。医疗保障部门应当向患者提供在医疗保障信息系统记录的本人年度医药费用信息查询服务。

（四）住房贷款利息

（1）纳税人本人或者配偶单独或者共同使用商业银行或者住房公积金个人住房贷款为本人或者其配偶购买中国境内住房，发生的首套住房贷款利息支出，在实际发生贷款利息的年度，按照每月 1 000 元的标准定额扣除，扣除期限最长不超过 240 个月。纳税人只能享受一次首套住房贷款的利息扣除。

本办法所称首套住房贷款是指购买住房享受首套住房贷款利率的住房贷款。

（2）经夫妻双方约定，可以选择由其中一方扣除，具体扣除方式在一个纳税年度内不能变更。

夫妻双方婚前分别购买住房发生的首套住房贷款，其贷款利息支出，婚后可以选择其中一套购买的住房，由购买方按扣除标准的 100% 扣除，也可以由夫妻双方对各自购买的住房分别按扣除标准的 50% 扣除，具体扣除方式在一个纳税年度内不能变更。

（3）纳税人应当留存住房贷款合同、贷款还款支出凭证备查。

（五）住房租金

（1）纳税人在主要工作城市没有自有住房而发生的住房租金支出，可以按照以下标准定额扣除：

①直辖市、省会（首府）城市、计划单列市以及国务院确定的其他城市，扣除标准为每月 1 500 元；

②除第一项所列城市以外，市辖区户籍人口超过 100 万的城市，扣除标准为每月 1 100 元；市辖区户籍人口不超过 100 万的城市，扣除标准为每月 800 元。

纳税人的配偶在纳税人的主要工作城市有自有住房的，视同纳税人在主要工作城市有自有住房。

市辖区户籍人口，以国家统计局公布的数据为准。

（2）本办法所称主要工作城市是指纳税人任职受雇的直辖市、计划单列市、副省级城市、地级市（地区、州、盟）全部行政区域范围；纳税人无任职受雇单位的，为受理其综合所得汇算清缴的税务机关所在城市。

夫妻双方主要工作城市相同的，只能由一方扣除住房租金支出。

（3）住房租金支出由签订租赁住房合同的承租人扣除。

（4）纳税人及其配偶在一个纳税年度内不能同时分别享受住房贷款利息和住房租金专项附加扣除。

（5）纳税人应当留存住房租赁合同、协议等有关资料备查。

（六）赡养老人

（1）纳税人赡养一位及以上被赡养人的赡养支出，统一按照以下标准定额扣除：

①纳税人为独生子女的，按照每月2 000元的标准定额扣除；

②纳税人为非独生子女的，由其与兄弟姐妹分摊每月2 000元的扣除额度，每人分摊的额度不能超过每月1 000元。可以由赡养人均摊或者约定分摊，也可以由被赡养人指定分摊。约定或者指定分摊的须签订书面分摊协议，指定分摊优先于约定分摊。具体分摊方式和额度在一个纳税年度内不能变更。

（2）本办法所称被赡养人是指年满60岁的父母，以及子女均已去世的年满60岁的祖父母、外祖父母。

（七）说明

（1）《个人所得税专项附加扣除暂行办法》中所称父母，是指生父母、继父母、养父母。本办法所称子女，是指婚生子女、非婚生子女、继子女、养子女。父母之外的其他人担任未成年人的监护人的，比照本办法规定执行。

（2）个人所得税专项附加扣除额一个纳税年度扣除不完的，不能结转以后年度扣除。

（3）居民个人取得工资、薪金所得时，可以向扣缴义务人提供专项附加扣除有关信息，由扣缴义务人扣缴税款时减除专项附加扣除。纳税人同时从两处以上取得工资、薪金所得，并由扣缴义务人减除专项附加扣除的，对同一专项附加扣除项目，在一个纳税年度内只能选择从一处取得的所得中减除。

居民个人取得劳务报酬所得、稿酬所得、特许权使用费所得，应当在汇算清缴时向税务机关提供有关信息，减除专项附加扣除。

七、个人所得税应纳税额的计算与缴纳

（一）应纳税额的计算

根据国家有关税收规定，对适用超额累进税率的综合所得，个体工商户的生产、经营所得，企事业单位的承包经营、承租经营所得，运用速算扣除数法计算其应纳税额。其计算公式如下：

$$应纳税额 = 应纳税所得额 × 适用税率 - 速算扣除数$$

对利息、股息、红利所得，财产租赁所得，财产转让所得，偶然所得和其他所得，其计算公式如下：

$$应纳税额 = 应纳税所得额 × 适用税率$$

1. 综合所得应纳税额的计算

综合所得的计算公式如下：

$$应纳税额 = 应纳税所得额 × 适用税率 - 速算扣除数$$

【例5-1】 某职员2×15年入职，2×19年每月应发工资均为30 000元，每月减除费用5 000元，"三险一金"等专项扣除为4 500元，享受子女教育、赡养老人两项专项附加扣除共计2 000元，没有减免收入及减免税额等情况，以前三个月为例，应当按照以下方法计算各月应预扣预缴税额：

1月份：$(30\,000 - 5\,000 - 4\,500 - 2\,000) × 3\% = 555$（元）；

2月份：$(30\,000 × 2 - 5\,000 × 2 - 4\,500 × 2 - 2\,000 × 2) × 10\% - 2\,520 - 555 = 625$（元）；

3月份：$(30\,000 × 3 - 5\,000 × 3 - 4\,500 × 3 - 2\,000 × 3) × 10\% - 2\,520 - 555 - 625 = 1\,850$（元）

2. 个体工商户的生产、经营所得应纳税额的计算

个体工商户的生产、经营所得应纳税额的计算公式如下：

$$应纳税所得额 = 应纳税所得额 × 适用税率 - 速算扣除数$$
或
$$= （全年收入总额 - 成本、费用以及损失）×$$
$$适用税率 - 速算扣除数$$

【例5-2】 某个体工商户2×19年3月份产品销售收入10万元，为生产应税产品耗用原材料、物料、电力等共计3.5万元，支付工人工资1.8万元，销售费用0.6万元，销售税金0.5万元，办公费用0.2万元。计算该月应纳所得税如下（假设该个体工商户有综合所得来源）。

（1）计算应税所得额

应税所得额＝100 000－（35 000＋18 000＋6 000＋5 000＋2 000）＝34 000（元）

（2）确定适用税率为30%。

（3）计算当月应纳税额。

应纳税额＝34 000×30%－3 375＝6 825（元）

3. 财产租赁所得应纳税额的计算

财产租赁所得应纳税额的计算公式为：

（1）每次收入不足4 000元的：

$$应纳税额＝（每次收入额－800）×20\%$$

（2）每次收入在4 000元以上的：

$$应纳税额＝每次收入额×（1－20\%）×20\%$$

【例5-3】　刘某于2×19年1月将其自有的面积为150平方米的公寓按市场价出租给张某居住。刘某每月取得租金收入2 500元，全年租金收入30 000元。计算刘某全年租金收入应缴纳的个人所得税。

财产租赁收入以每月内取得的收入为一次，按市场价出租给个人居住适用10%的税率，因此，刘某每月及全年应纳税额为：

（1）每月应纳税额＝（2 500－800）×10%＝170（元）

（2）全年应纳税额＝170×12＝2 040（元）

4. 利息、股息、红利所得，财产转让所得，偶然所得和其他所得应纳税额的计算

免征利息、股息、红利所得、偶然所得和其他所得应纳税额的计算公式如下：

$$应纳税额＝每次收入额×20\%$$

财产转让所得的应纳税额的计算公式如下：

$$应纳税额＝（每次收入额－财产原值－合理费用）×20\%$$

【例 5-4】 李某出售一栋房屋获得 10 万元，而原值为 5 万元，有关交易费用和税金 5 000 元，计算其应纳税额如下：

应纳税所得额 = 100 000 - 50 000 - 5 000 = 45 000（元）；

应纳所得税额 = 45 000 × 20% = 9 000（元）。

（二）个人所得税的税款缴纳

1. 个人所得税的计征办法

个人所得税实行源泉分项扣缴和纳税人自行申报两种计征办法。其中以支付所得的单位或者个人为扣缴义务人。在两处以上取得工资、薪金所得和没有扣缴义务人的，纳税人应当自行申报纳税。自行申报纳税人，应该在取得所得的所在地税务机关申报纳税。纳税人从中国境外取得所得的，应该在户籍所在地税务机关或指定税务机关申报纳税。在两处以上取得的所得，按照税法的规定，需合并计算纳税的，由纳税人申请、税务机关批准，可在其中一处税务机关申报纳税。纳税人要求变更纳税申报地点的，应经原主管税务机关批准。

2. 个人所得税的纳税期限

（1）居民个人取得综合所得，按年计算个人所得税；有扣缴义务人的，由扣缴义务人按月或者按次预扣预缴税款；需要办理汇算清激的，应当在取得所得的次年 3 月 1 日至 6 月 30 日内办理汇算清缴。

居民个人向扣缴义务人提供专项附加扣除信息的，扣缴义务人按月预扣预缴税款时应当按照规定予以扣除，不得拒绝。

非居民个人取得工资薪金所得、劳务报酬所得、稿酬所得和特许权使用费所得，有扣缴义务人的，由扣缴义务人按月或者按次代扣代缴税款，不办理汇算清缴。

（2）纳税人取得经营所得，按年计算个人所得税，由纳税人在月度或者季度终了后 15 日内向税务机关报送纳税申报表，并预缴税款；在取得所得的次年 3 月 31 日前办理汇算清缴。

纳税人取得利息股息红利所得，财产租赁所得，财产转让所得和偶然所得，按月或者按次计算个人所得税有扣缴义务人的，由扣缴义务人按月或者按次代扣代缴税款。

（3）纳税人取得应税所得没有扣缴义务人的，应当在取得所得的次月

15 日内向税务机关报送纳税申报表，并缴纳税款。

（4）纳税人取得应税所得，扣缴义务人未扣缴税款的，纳税人应当在取得所得的次年 6 月 30 前，缴纳税款；税务机关通知限期缴纳的纳税人应当按照期限缴纳税款。

（5）居民个人从中国境外取得所得的，应当在取得所得的次年 3 月 1 日至 6 月 30 日内申报纳税。

（6）非居民个人在中国境内从两处以上取得工资薪金所得的，应当在取得所得的次月 15 日内申报纳税。

（7）纳税人因移居境外注销中国户籍的，应当在注销中国户籍前办理税款清算。

（8）扣缴义务人每月或者每次预扣代扣的税款，应当在次月 15 日内缴入国库，并向税务机关报送扣缴个人所得税申报表。

纳税人办理汇算清缴退税或者扣缴义务人为纳税人办理汇算清缴退税的，税务机关审核后，按照国库管理的有关规定办理退税。

（三）纳税年度终了后的汇算清缴

取得综合所得需要办理汇算清缴的情形包括：

（1）从两处以上取得综合所得，且综合所得年收入额减除专项扣除的余额超过 6 万元；

（2）取得劳务报酬所得、稿酬所得、特许权使用费所得中一项或者多项所得，且综合所得年收入额减除专项扣除的余额超过 6 万元；

（3）纳税年度内预缴税额低于应纳税额；

（4）纳税人申请退税。

纳税人申请退税，应当提供其在中国境内开设的银行账户，并在汇算清缴地就地办理税款退库。纳税人可以委托扣缴义务人或者其他单位和个人办理汇算清缴。纳税人办理汇算清缴退税或者扣缴义务人为纳税人办理汇算清缴退税的，税务机关审核后，按照国库管理的有关规定办理退税。

居民个人取得综合所得，按年计算个人所得税；有扣缴义务人的，由扣缴义务人按月或者按次预扣预缴税款；需要办理汇算清缴的，应当在取得所得的次年 3 月 1 日至 6 月 30 日内办理汇算清缴。

非居民个人取得工资、薪金所得，劳务报酬所得，稿酬所得和特许权使用费所得，有扣缴义务人的，由扣缴义务人按月或者按次代扣代缴税款，不办理汇算清缴。

　　纳税人取得经营所得，按年计算个人所得税，由纳税人在月度或者季度终了后15日内向税务机关报送纳税申报表，并预缴税款；在取得所得的次年3月31日前办理汇算清缴。

　　（四）对外投资分利

　　个人独资企业、合伙企业的个人投资者以企业资金为本人、家庭成员及相关人员支付与企业生产经营无关的消费性支出及购买汽车、住房等财产性支出，视为企业对个人投资者的利润分配，并入生产经营所得，并按此项目计缴个人所得税。其他企业的个人投资者，以企业资金为本人、家庭成员及相关人员支付与企业生产经营无关的消费性支出及购买汽车、住房等财产性支出，视为企业对个人投资者的红利分配，依照"利息、股息、红利所得"应税项目计缴个人所得税。企业的上述支出不得在所得税前扣除。

　　纳税年度内个人投资者从其投资企业（个人独资企业、合伙企业除外）借款，在该纳税年度终了后，既未归还、又未用于企业生产经营的，其未归还的借款，视为企业对个人投资者的红利分配，依照"利息、股息、红利所得"应税项目计缴个人所得税。

八、外籍居民纳税义务的确认

　　依照《个人所得税法》及其《实施条例》和我国对外签订的避免双重征税协定（以下简称"税收协定"）的有关规定，对在中国境内无住所的个人由于在中国境内公司、企业、经济组织（以下简称"中国境内企业"）或外国企业在中国境内设立的机构、场所以及税收协定所说常设机构（以下简称"中国境内机构"）担任职务，或者由于受雇或履行合同而在中国境内从事工作，取得的工资、薪金所得应分别不同情况确定：

　　1. 关于工资、薪金所得来源地的确定

　　根据规定，属于来源于中国境内的工资薪金所得应为个人实际在中国境内工作期间取得的工资、薪金，即：个人实际在中国境内工作期间取得的工资、薪金，不论是由中国境内还是境外企业或个人雇主支付，均属来源于中国境内的所得；个人实际在中国境外工作期间取得的工资、薪金，不论是由中国境内还是境外企业或个人雇主支付，均属于来源于中国境外的所得。

2. 关于在中国境内无住所而在一个纳税年度中在中国境内连续，或累计居住不超过 90 日或在税收协定规定的期间中在中国境内连续或累计居住不超过 183 日的个人纳税义务的确定

根据有关规定，在中国境内无住所而在一个纳税年度中在中国境内连续或累计工作不超过 90 日或在税收协定规定的期间中在中国境内连续或累计居住不超过 183 日的个人，由中国境外雇主支付并且不是由该雇主的中国境内机构负担的工资、薪金，免申报缴纳个人所得税。对前述个人应仅就其实际在中国境内工作期间由中国境内企业或个人雇主支付或者由中国境内机构负担的工资、薪金所得申报纳税。凡是该中国境内企业、机构属于采取核定利润方法计征企业所得税或没有营业收入而不征收企业所得税的，在该中国境内企业、机构任职、受雇的个人实际在中国境内工作期间取得的工资、薪金，不论是否在中国境内企业、机构会计账簿中有记载，均应视为该中国境内企业支付或由该中国境内机构负担的工资、薪金。

自 2004 年 7 月 1 日起，在中国境内无住所而在一个纳税年度中在中国境内连续或累计居住不超过 90 日或在税收协定规定的期间在中国境内连续或累计居住不超过 183 日的个人，负有纳税义务的，应适用下述公式：

$$应纳税额 = (当月境内外工资、薪金应纳税所得额 \times 适用税率 - 速算扣除数) \times$$

$$当月境内支付工资 \div 当月境内外支付工资总额 \times$$

$$当月境内工作天数 \div 当月天数$$

上述个人每月应纳的税款应按税法规定的期限申报缴纳。

3. 关于在中国境内无住所而在一个纳税年度中在中国境内连续或累计居住超过 90 日，或在税收协定规定的期间中在中国境内连续或累计居住超过 183 日但不满 1 年的个人纳税义务的确定

根据有关规定，在中国境内无住所而在一个纳税年度中在中国境内连续，或累计工作超过 90 日或在税收协定规定的期间中在中国境内连续或累计居住超过 183 日但不满 1 年的个人，其实际在中国境内工作期间取得的由中国境内企业或个人雇主支付和由境外企业或个人雇主支付的工资薪金所得，均应申报缴纳个人所得税；其在中国境外工作期间取得的工资、薪金所得，除担任中国境内企业董事或高层管理人员的个人外，不予征收个人所得税。

自 2004 年 7 月 1 日起，在中国境内无住所而在一个纳税年度中在中国境内连续，或累计居住超过 90 日或在税收协定规定的期间在中国境内连续或累计居住超过 183 日但不满 1 年的个人，负有纳税义务的，应适用下述公式：

应纳税额 ＝（当月境内外工资、薪金应纳税所得额 × 适用税率 － 速算扣除数）× 当月境内工作天数 ÷ 当月天数

上述个人每月应纳的税款应按规定的期限申报缴纳。其中，取得的工资、薪金所得是由境外雇主支付并且不是由中国境内机构负担的个人，事先可预定在一个纳税年度中连续或累计居住超过 90 日或在税收协定规定的期间中连续或累计居住超过 183 日的，其每月应纳的税款应按规定期限申报纳税；对事先不能预定在一个纳税年度或税收协定规定的有关期间中连续或累计居住超过 90 日或 183 日的，可以待达到 90 日或 183 日后的次月 7 日内，就其以前月份应纳的税款一并申报缴纳。

4. 自 2004 年 7 月 1 日起，在中国境内无住所但在境内居住满 1 年而不超过 5 年的个人，其在中国境内工作期间取得的由中国境内企业或个人雇主支付和由中国境外企业或个人雇主支付的工资、薪金，均应申报缴纳个人所得税；其在《实施条例》第三条所说临时离境工作期间的工资薪金所得，仅就由中国境内企业或个人雇主支付的部分申报纳税，凡是中国境内企业、机构属于采取核定利润方法计征企业所得税或没有营业收入而不征收企业所得税的，在中国境内企业、机构任职、受雇的个人取得的工资、薪金，不论是否在中国境内企业、机构会计账簿中有记载，均应视为由其任职的中国境内企业、机构支付。

上述个人，在 1 个月中既有在中国境内工作期间的工资、薪金所得，也有在临时离境期间由境内企业或个人雇主支付的工资、薪金所得的，应合并计算当月应纳税款，并按税法规定的期限申报缴纳。在中国境内无住所但在境内居住满 1 年而不超过 5 年的个人，负有纳税义务的应适用下述公式：

应纳税额 ＝（当月境内外工资、薪金应纳税所得额 × 适用税率 － 速算扣除数）×（1 － 当月境外支付工资 ÷ 当月境内外支付工资总额 × 当月境外工作天数 ÷ 当月天数）

如果上款所述各类个人取得的是日工资、薪金或者不满 1 个月工资、薪

金，仍应以日工资、薪金乘以当月天数换算成月工资、薪金后，按照上述公式计算其应纳税额。

5. 中国境内企业董事、高层管理人员纳税义务的确定

担任中国境内企业董事或高层管理职务的个人〔注：指公司正、副（总）经理、各职能技师、总监及其他类似公司管理层的职务〕，其取得的由该中国境内企业支付的董事费或工资薪金，不适用前述规定，而应自其担任该中国境内企业董事或高层管理职务起，至其解除上述职务止的期间，不论其是否在中国境外履行职务，均应申报缴纳个人所得税；其取得的由中国境外企业支付的工资、薪金，应依照前述规定确定纳税义务。

6. 不满 1 个月的工资、薪金所得应纳税款的计算

属于前述情况中的个人，凡应仅就不满 1 个月期间的工资、薪金所得申报纳税的，均应按全月工资、薪金所得计算实际应纳税额。其计算公式如下：

$$应纳税额 = （当月工资、薪金应纳税所得额 \times 适用税率 - 速算扣除数） \times 当月实际在中国天数 \div 当月天数$$

如果属于上述情况的个人取得的是日工资、薪金，应以日工资、薪金乘以当月天数换算成月工资、薪金后，按上述公式计算应纳税额。

7. 在中国境内无住所，但居住超过 5 年的个人，从第 6 年起，应当就其来源于中国境外的全部所得缴纳个人所得税

（1）关于 5 年期限的具体计算。

个人在中国境内居住满 5 年，是指个人在中国境内连续居住满 5 年，即在连续 5 年中的每一纳税年度内均居住满 1 年。

（2）关于个人在华居住满 5 年以后纳税义务的确定。

个人在中国境内居住满 5 年后，从第 6 年起的以后各年度中，凡在境内居住满 1 年的，应当就其来源于境内、境外的所得申报纳税；凡在境内居住不满 1 年的，则仅就该年内来源于境内的所得申报纳税。如该个人在第 6 年起以后的某一纳税年度内在境内居住不足 90 天，可以按"来源于中国境内的所得，由境外雇主支付并且不由该雇主在中国境内的机构、场所负担的部分，免予缴纳个人所得税"。规定确定纳税义务，并从再次居住满 1 年的年度起重新计算 5 年期限。

【例5-5】 某外籍个人（其所属国与中国签订税收协定）在2×19年1月1日起担任中国境内某外商投资企业的副总经理，由该企业每月支付其工资20 000元，同时，该企业外方的境外总机构每月也支付其工资4 000美元。其大部分时间是在境外履行职务，2×19年来华工作时间累计为180天。根据规定，其2×19年度在我国的纳税义务确定为：

（1）由于其属于企业的高层管理人员，因此，根据规定，该人员于2×19年1月1日起至12月31日在华任职期间，由该企业支付的每月20 000元工资、薪金所得，应按月依照税法规定的期限申报缴纳个人所得税。

（2）由于其2×19年来华工作时间未超过183天，根据税收协定的规定，其境外雇主支付的工资、薪金所得，在我国可免予申报纳税。

九、居民纳税人境外所得的申报

（一）境外所得的认定

下列所得，不论支付地点是否在中国境外，均为来源于中国境外的所得：

（1）因任职、受雇、履约等而在中国境外提供劳务取得的所得；

（2）将财产出租给承租人在中国境外使用而取得的所得；

（3）转让中国境外的建筑物、土地使用权等财产或者在中国境外转让其他财产取得的所得；

（4）许可各种特许权在中国境外使用而取得的所得；

（5）从中国境外的公司、企业以及其他经济组织或者个人取得的利息、股息、红利所得；

（6）纳税人的境外所得，包括现金、实物和有价证券；

（7）纳税人的境外所得按照有关规定交付给派出单位的部分，凡能提供有效合同或有关凭证的，经主管税务机关审核后，允许从其境外所得中扣除。

（二）派出单位的税务责任

（1）纳税人受雇于中国境内的公司、企业和其他经济组织以及政府部门并派往境外工作，其所得由境内派出单位支付或负担的，境内派出单位为个人所得税扣缴义务人，税款由境内派出单位负责代扣代缴。其所得由境外任职、受雇的中方机构支付、负担的，可委托其境内派出（投资）机构代征税款。

（2）中国境内的公司、企业和其他经济组织以及政府部门，凡有外派人员的，应在每一公历年度（以下简称年度）终了后 30 日内向主管税务机关报送外派人员情况。报送内容主要包括：外派人员的姓名、身份证或护照号码、职务、派住国家和地区、境外工作单位名称和地址、合同期限、境内外收入状况、境内住所及缴纳税收情况等。

（3）扣缴义务人、代征人所扣（征）的税款，应当在次月 7 日内缴入国库，并向主管税务机关报送扣（征）缴个人所得税报告表以及税务机关要求报送的其他资料。

（三）境外所得的外币折算

纳税人取得的境外所得为美元、日元和港币的，按照填开完税凭证的上一月最后一日中国人民银行公布的人民币对上述三种货币的基准汇价，折合成人民币计算缴纳税款。

纳税人取得的境外所得为上述三种货币以外的其他货币的，应根据填开完税凭证的上一月最后一日美元对人民币的基准汇价和国家外汇管理局提供的同日纽约外汇市场美元对主要外币的汇价进行套算，按套算后的汇价作为折合汇率计算缴纳税款。

十、境外所得的税额扣除

在对纳税人的境外所得征税时，存在其境外所得已在来源国家或者地区缴税的实际情况。基于国家之间对同一所得应避免双重征税的原则，我国在对纳税人的境外所得行使税收管辖权时，对该所得在境外已纳税额采取了分不同情况从应征税额中予以扣除的做法。

按税法的规定，纳税义务人从中国境外取得的所得，准予其在应纳税额中扣除已在境外缴纳的个人所得税税额。但扣除额不得超过该纳税义务人境外所得依照我国税法规定计算的应纳税额。

已在境外缴纳的个人所得税额，是指个人从中国境外取得所得并在境外实际缴纳的税额，不包括纳税后又得到补偿或由他人代为承担的税额。

按照个人所得税法规定计算的应纳税额，是指纳税人从中国境外取得的所得，依照税法规定适用税率计算的应纳税额。该应纳税额即为扣除限额，应当分国（地区）、分项计算。

个人从中国境外取得的所得在境外实际缴纳的个人所得税税额，低于依照前款规定计算出的扣除限额的，应当在中国补缴差额部分的税款；超过扣除限额的，其超过部分不得作为税额扣除，但可以在以后年度扣除限额的余额内补扣，补扣期限最长不得超过五年。

十一、代扣代缴个人所得税

代扣代缴是指按照税法规定负有扣缴税款义务的单位或者个人，在向个人支付应纳税所得时，应计算应纳税额，从其所得中扣出并缴入国库，同时向税务机关报送扣缴个人所得税报告表。这种方法，有利于控制税源、防止漏税和逃税。

根据《个人所得税法》及其实施条例以及《税收征收管理法》及其《实施细则》的有关规定，国家税务总局制定下发了《个人所得税代扣代缴暂行办法》（以下简称《暂行办法》）。自 1995 年 4 月 1 日起执行的《暂行办法》，对扣缴义务人和代扣代缴的范围、扣缴义务人的义务及应承担的责任、代扣代缴期限等作了明确规定。

（一）扣缴义务人和代扣代缴的范围

1. 扣缴义务人

凡支付个人应纳税所得的企业（公司）、事业单位、机关、社团组织、军队、驻华机构、个体户等单位或者个人，为个人所得税的扣缴义务人。驻华机构不包括外国驻华使领馆和联合国及其他依法享有外交特权和豁免的国际组织驻华机构。

2. 代扣代缴的范围

扣缴义务人向个人支付下列所得，应代扣代缴个人所得税：

（1）工资、薪金所得；

（2）对企事业单位的承包经营、承租经营所得；

（3）劳务报酬所得；

（4）稿酬所得；

（5）特许权使用费所得；

（6）储蓄存款利息、股息、红利所得；

（7）财产租赁所得；

（8）财产转让所得；

（9）偶然所得；

（10）股票期权的购进（行权）、转让；

（11）经国务院财政部门确定征税的其他所得。

扣缴义务人向个人支付应纳税所得（包括现金、实物和有价证券）时，不论纳税人是否属于本单位人员，均应代扣代缴其应纳的个人所得税税款。

（二）扣缴义务人的义务及应承担的责任

（1）扣缴义务人应指定财务会计部门或其他有关部门的人员为办税人员，由办税人员具体办理个人所得税的代扣代缴工作。代扣代缴义务人的有关领导要对代扣代缴工作提供便利，支持办税人员履行义务；确定办税人员或办税人员发生变动时，应将名单及时报告主管税务机关。

（2）扣缴义务人的法人代表（或单位主要负责人）、财会部门的负责人及具体办理代扣代缴税款的有关人员，共同对依法履行代扣代缴义务负法律责任。

（3）同一扣缴义务人的不同部门支付应纳税所得时，应报办税人员汇总。

（4）扣缴义务人在代扣税款时，必须向纳税人开具税务机关统一印制的代扣代收税款凭证，并详细注明纳税人姓名、工作单位、家庭地址和居民身份证或护照号码（无上述证件的，可用其他能有效证明身份的证件）等个人情况。对工资、奖金所得和利息、股息、红利所得等，因纳税人数众多，不便一一开具代扣代收税款凭证的，经主管税务机关同意，可不开具代扣代收税款凭证，但应通过一定形式告知纳税人已扣缴税款。纳税人为持有完税依据而向扣缴义务人索取代扣代收税款凭证的，扣缴义务人不得拒绝。扣缴义务人应主动向税务机关申领代扣代收税款凭证，据以向纳税人扣税。

（5）扣缴义务人依法履行代扣代缴税款义务时，纳税人不得拒绝。纳税人拒绝的，扣缴义务人应及时报告税务机关处理，并暂时停止支付其应纳税所得。否则，纳税人应缴纳的税款由扣缴义务人负担。扣缴义务人应扣未扣、应收未收税款的，由扣缴义务人缴纳应扣未扣、应收未收税款以及相应的滞纳金或罚款。若扣缴义务人已将纳税人拒绝代扣代缴的情况及时报告税务机关的除外。

（6）扣缴义务人应在扣缴义务发生之日起 10 日内建立代扣代缴税款账簿，正确反映个人所得税的扣缴情况，并如实填写《扣缴个人所得税报告表》及其他有关资料。

（三）代扣代缴期限

扣缴义务人每月所扣的税款，应当在次月 7 日内缴入国库，并向主管税务机关报送《扣缴个人所得税报告表》、代扣代收税款凭证和包括每一纳税人姓名、单位、职务、收入、税款等内容的支付个人收入明细表以及税务机关要求报送的其他有关资料。

扣缴义务人违反上述规定不报送或者报送虚假纳税资料的，一经查实，其未在"支付个人收入明细表"中反映的向个人支付的款项，在计算扣缴义务人应纳税所得额时不得作为成本费用扣除。

扣缴义务人因有特殊困难不能按期报送《扣缴个人所得税报告表》及其他有关资料的，经县级税务机关批准，可以延期申报。

十二、扣缴个人所得税的申报

为了简化纳税申报手续，方便纳税人和扣缴义务人申报纳税，国家税务总局根据个人所得税法实施条例的授权，分门别类制定了不同的纳税申报表及有关报表样式。纳税人和扣缴义务人在申报纳税和申报缴纳已扣税款时，应当根据实际情况正确选择所应采用的报表。

扣缴义务人扣缴个人所得税时，应填报《扣缴个人所得税报告表》《支付个人收入明细表》。申报期限为次月 7 日前。

第二节 个人所得税的会计处理

个人所得税的会计处理包括代扣代缴单位的会计处理和个体工商户的会计处理两个方面。

一、代扣代缴单位的会计处理

（一）支付工资、薪金代扣代缴所得税

企业作为个人所得税的扣缴义务人，应按规定扣缴职工应缴纳的个人

所得税。代扣个人所得税时，借记"应付职工薪酬"账户，贷记"应交税费——代扣代缴个人所得税"账户。

企业为职工代扣代缴个人所得税有两种情况：第一，职工自己承担个人所得税，企业只负有扣缴义务；第二，企业既承担税款，又负有扣缴义务。

【例5-6】　某企业为张某、李某每月各发工资5 300元。但合同约定，张某自己承担个人所得税；李某个人所得税由该企业承担，即李某收入5 300元为税后所得。月末发工资时，该企业会计处理如下：

（1）为张某扣缴个人所得税时。

张某应纳个人所得税=（5 300－5 000）×3%=9（元）。

发放工资时作会计分录如下：

借：应付职工薪酬　　　　　　　　　　　　　　　　5 300

　　贷：库存现金　　　　　　　　　　　　　　　　　5 291

　　　　应交税费——代扣代缴个人所得税　　　　　　　　9

（2）为李某承担税款时。

由于李某工资为税后所得，则需要换算为税前所得，再计算个人所得税。其计算公式如下：

　　　应纳个人所得税=应纳税所得额×适用税率-速算扣除数

企业应为李某承担税款如下：

（5 300－5 000）÷（1－3%）×3%=9.28（元）

计提个人所得税时作会计分录如下：

借：管理费用等　　　　　　　　　　　　　　　　　9.28

　　贷：应付职工薪酬　　　　　　　　　　　　　　　9.28

发放工资时作会计分录如下：

借：应付职工薪酬　　　　　　　　　　　　　　　5 309.28

　　贷：库存现金　　　　　　　　　　　　　　　5 300.00

　　　　应交税费——代扣代缴个人所得税　　　　　　9.28

（二）承包、承租经营所得应缴所得税

承包、承租经营有两种情况，个人所得税也分别涉及两个项目。

（1）承包、承租人对企业经营成果不拥有所有权，仅是按合同（协议）规定取得一定所得的，其所得按工资、薪金所得项目征税，适用5%～45%的七级超额累进税率。

（2）承包、承租人按合同（协议）的规定只向发包、出租方交付一定费用后，企业经营成果归其所有的，承包、承租人取得的所得，按对企事业单位的承包经营、承租经营所得项目，适用5%～35%的五级超额累进税率征税。

第一种情况的会计处理方法同工薪所得的扣缴所得税会计处理；第二种情况，应由承包、承租人自行申报缴纳个人所得税，发包、出租方不作扣缴所得税的会计处理。

【例5-7】 2×19年1月1日李某与事业单位签订承包合同经营招待所，合同规定承包期为一年，李某全年上交费用20 000元，年终招待所实现利润115 400元。李某应纳个人所得税如下。

应纳税所得额＝承包经营利润－上交费用－每月费用扣减合计

$\qquad$ ＝115 400－20 000－5 000×12＝35 400（元）；

应纳税额＝全年应纳税所得额×适用税率－速算扣除数

$\qquad$ ＝35 400×10%－1500＝2 040（元）。

发包、出租方在收到李某缴来承包（租）费时，作会计分录如下：

借：银行存款   20 000

    贷：其他业务收入   20 000

（三）支付财产租赁费代扣代缴所得税

企业支付给个人的财产租赁费，一般由支付单位作为扣缴义务人向纳税人扣留税款，并计入该企业的有关期间费用账户。即企业在支付上述费用时，借记"无形资产""管理费用""财务费用""销售费用"等账户，贷记"应交税费——代扣代缴个人所得税""库存现金"等账户；实际缴纳时，借记"应交税费——代扣代缴个人所得税"账户，贷记"银行存款"账户。

（四）向个人购买财产（财产转让）代扣代缴所得税

一般情况下，企业向个人购买财产属于购建企业的固定资产项目。支付的税金应作为企业购建固定资产的价值组成部分。

购置固定资产时作会计分录如下：

借：固定资产

　　贷：银行存款

　　　　应交税费——应交个人所得税

　　　　累计折旧

实际上缴个人所得税时作会计分录如下：

借：应交税费——应交个人所得税

　　贷：银行存款

（五）向股东支付股利代扣代缴所得税

股份制企业向法人股东支付股票股利、现金股利时，因法人股东不缴个人所得税，无所得税代扣代缴问题。若以资本公积转增股本，不属股息、红利性质的分配，不征个人所得税，亦无代扣代缴个人所得税问题。

企业向个人支付现金股利时，应代扣代缴个人所得税。公司按应支付给个人的现金股利金额，借记"利润分配"账户，贷记"应付股利"账户；当实际支付现金时，借记"应付股利"账户，贷记"现金"（或"银行存款"）"应交税费——代扣代缴个人所得税"账户。

企业以盈余公积对股东个人转增资本或派发股票股利时，应代扣代缴个人所得税，但为了不因征收个人所得税而改变股本权益结构，可由企业按增股金额计算的个人所得税，向个人收取现金以备代缴。有关会计处理如下。

（1）以盈余公积转增资本或派发股票股利。

借：盈余公积、应付利润、未分配利润

　　贷：实收资本、股本

（2）扣缴所得税。

借：其他应收款

　　贷：应交税费——应交个人所得税

（3）收到个人股本交来税款。

借：银行存款

　　贷：其他应收款

（4）解缴税款。

借：应交税费——应交个人所得税

　　贷：银行存款

二、个体工商户、个人独资及合伙企业的会计处理

（一）会计账户设置

企业应设置"本年应税所得"账户，本账户下设"本年经营所得"和"应弥补的亏损"两个明细账户。

"本年经营所得"明细账户核算个体户、个人独资及合伙企业本年生产经营活动取得的收入扣除成本费用后的余额。如果收入总额大于应扣除的成本费用总额，即为本年经营所得，在不存在可税前弥补的亏损情况下，即为本年应税所得，应由"本年应税所得——本年经营所得"账户转入"留存利润"账户；如果计算出的结果为经营亏损，则应将本年发生的经营亏损由"本年经营所得"明细账户转入"应弥补的亏损"明细账户。

"应弥补的亏损"明细账户，核算个体户、个人独资及合伙企业发生的可由生产经营活动所得税前弥补的亏损。发生亏损时，由"本年经营所得"明细账户转入本明细账户。个体户、个人独资及合伙企业生产经营过程中发生的亏损，可以由以后年度的生产经营所得在税前弥补，但延续弥补期不得超过五年。超过弥补期的亏损，不能再以生产经营所得税前弥补，应从"本年应税所得——应弥补的亏损"账户转入"留存利润"账户，减少个体户、个人独资及合伙企业的留存利润。

（二）本年应税所得的核算

年末，个体户、个人独资及合伙企业计算本年经营所得，应将"营业收入"账户的余额转入"本年应税所得——本年经营所得"账户的贷方；将"营业成本""税金及附加""销售费用"账户余额转入"本年应税所得——本年经营所得"账户的借方。"营业外收支"账户如为借方余额，转入"本年应税所得——本年经营所得"账户的借方；如为贷方余额，转入"本年应税所得——本年经营所得"账户的贷方。

【例5-8】 2×19年12月31日，某个体户结转全年收入、成本和费用，计算确定本年经营所得。有关账户的余额如下："营业收入"贷方余额500 000元；"税金及附加"借方余额20 000元；"营业成本"借方余额200 000元；"销售费用"借方余额100 000元；"营业外收支"为借方余额30 000元。没有在税前弥补的亏损。

年末，应作结转分录如下。

借：营业收入   500 000

  贷：本年应税所得——本年经营所得   500 000

借：本年应税所得——本年经营所得   320 000

  贷：税金及附加   20 000

    营业成本   200 000

    销售费用   100 000

借：本年应税所得——本年经营所得   30 000

  贷：营业外收支   30 000

本年经营所得 = 营业收入 - 税金及附加 - 营业成本 - 销售费用 - 营业外收支

或 = "本年经营所得"明细账户贷方金额 - "本年经营所得"明细账户借方金额

  = 500 000 - 20 000 - 200 000 - 100 000 - 30 000

  = 150 000（元）

本年应税所得 = 本年经营所得 - 本年税前弥补的以前年度亏损

     = 150 000 - 0 = 150 000（元）

借：本年应税所得——本年经营所得   150 000

  贷：留存利润   150 000

本年应税所得为150 000元，按照个人所得税法的规定，相应的税率应为25%，速算扣除数为10 500元。

本年生产经营应交纳的所得税 = 本年应税所得 × 35% - 10 500

          = 150 000 × 20% - 10 500 = 19 500（元）。

（三）应弥补亏损的核算

个体户、个人独资及合伙企业生产经营活动中发生的经营亏损，应由"本年经营所得"明细账户转入"应弥补的亏损"明细账户。弥补亏损时，由"应弥补的亏损"明细账户转入"本年经营所得"明细账户；超过弥补期的亏损，由"应弥补的亏损"明细账户转入到"留存利润"账户。

【例5-9】 2×19年，某个体户生产经营活动结果如下：营业收入500 000元，营业成本400 000元，销售费用200 000元，没有其他项目。

结转本年的收入和成本费用时作会计分录如下：

借：营业收入　　　　　　　　　　　　　　　　500 000
　　贷：本年应税所得——本年经营所得　　　　　　　　500 000
借：本年应税所得——本年经营所得　　　　　600 000
　　贷：营业成本　　　　　　　　　　　　　　　　400 000
　　　　销售费用　　　　　　　　　　　　　　　　200 000

该个体户本年经营亏损 = 500 000 – 400 000 – 200 000 = –100 000（元）。

2×19年，该个体户、个人独资及合伙企业经营亏损100 000元，应转入"应弥补的亏损"明细账户，作会计分录如下：

借：本年应税所得——应弥补的亏损　　　　　100 000
　　贷：本年应税所得——本年经营所得　　　　　　　100 000

（四）留存利润的核算

个体户、个人独资及合伙企业应设置"留存利润"账户核算个体户、个人独资及合伙企业的留存利润。年度终了，计算出的结果如为本年经营所得，应将本年经营所得扣除可在税前弥补的以前年度亏损后的余额转入该账户的贷方；同时计算确定本年应交个人所得税，计入该账户的借方，然后将税后列支费用及超过弥补期的经营亏损转入该账户的借方。该账户贷方金额减去借方金额后的余额，为留存利润金额。

【例5-10】　某个体户的经营所得是 150 000 元，应缴纳的个人所得税为 45 750 元，税后列支费用为 30 000 元，超过弥补期而转入留存利润账户的以前年度亏损为 20 000 元。以前年度留存利润为零。

（1）转入经营所得时作会计分录如下：

借：本年应税所得——本年经营所得　　　　　　　　　150 000

　　　贷：留存利润　　　　　　　　　　　　　　　　　　　　150 000

（2）计提应交个人所得税时作会计分录如下：

借：留存利润　　　　　　　　　　　　　　　　　　　45 750

　　　贷：应交税费——应交个人所得税　　　　　　　　　　　45 750

（3）转入税后列支费用时作会计分录如下：

借：留存利润　　　　　　　　　　　　　　　　　　　30 000

　　　贷：税后列支费用　　　　　　　　　　　　　　　　　　30 000

（4）转入超过弥补期亏损时作会计分录如下：

借：留存利润　　　　　　　　　　　　　　　　　　　20 000

　　　贷：本年应税所得——应弥补的亏损　　　　　　　　　　20 000

留存利润 = 150 000 - 45 750 - 30 000 - 20 000 = 54 250（元）。

（五）缴纳个人所得税的核算

个体户、个人独资及合伙企业的生产经营所得应缴纳的个人所得税，应按年计算、分月预缴、年度终了后汇算清缴。

1. 缴纳个人所得税的核算

个体户、个人独资及合伙企业应在"应交税费"账户下设置"应交个人所得税"明细账户，核算个体户、独资及合伙企业预缴和应缴的个人所得税，以及年终汇算清缴后个人所得税的补交和退回情况。个体户、个人独资及合伙企业按月预交个人所得税时，借记"应交税费——应交个人所得税"账户，贷记"库存现金"等账户；年度终了，计算出全年实际应交的个人所得税，借记"留存利润"账户，贷记"应交税费——应交个人所得税"账户。"应交个人所得税"明细账户的借方金额大于贷方金额的差额，为预缴数大于应交数的金额；贷方金额大于借方金额的差额，为预缴数小于应交数的差额。

补缴个人所得税时，计入"应交个人所得税"明细账户的借方；收到退回的多缴个人所得税时，计入"应交个人所得税"明细账户的贷方。如果多交的所得税不退回，而是用来抵顶以后期间的个人所得税，多缴的个人所得税金额就作为下一年度的预缴个人所得税金额。

【例5-11】 某个体户经过主管税务机关核定，按照上年度实际应交个人所得税金额，确定本年各月的预缴个人所得税金额。上年的应交个人所得税金额为60 000元。

本年各月的个人所得税预缴金额=60 000÷12=5 000（元）

各月预缴个人所得税时作会计分录如下：

借：应交税费——应交个人所得税   5 000

 贷：库存现金   5 000

年度终了，确定本年度生产经营活动应交的个人所得税为80 000元。

汇算清缴全年的个人所得税时作会计分录如下：

借：留存利润   80 000

 贷：应交税费——应交个人所得税   80 000

全年1~12月已经预缴个人所得税60 000元（5 000×12），计入"应交个人所得税"明细账户的借方，借方与贷方的差额20 000元（80 000-60 000）为应补缴的个人所得税。补缴个人所得税时作会计分录如下：

借：应交税费——应交个人所得税   20 000

 贷：库存现金   20 000

如果年度终了确定全年应交个人所得税为50 000元，汇算清缴全年的个人所得税时作会计分录如下：

借：留存利润   50 000

 贷：应交税费——应交个人所得税   50 000

已预缴个人所得税金额为60 000元，应交数为50 000元，应交数小于已预缴数10 000元，由主管税务机关按规定退回。

收到退税时作会计分录如下：

借：库存现金   10 000

 贷：应交税费——应交个人所得税   10 000

如果主管税务机关确定将个体户多交的10 000元，抵顶下年的个人所得税，只需将该余额转入下一年度即可。

2. 代扣代缴个人所得税的核算

如果个体户代扣代缴从业人员的个人所得税，应在"应交税费"账户下单独设置"代扣个人所得税"明细账户进行核算。代扣时，将代扣额记入该账户的贷方；实际上缴时，按上缴额计入该账户的借方。

【例 5 - 12】　某个体户代扣代缴从业人员工资收入的个人所得税。按税法的规定，2×19 年 3 月份应代扣个人所得税 4 500 元。计提应交代扣个人所得税时作会计分录如下：

借：应付职工薪酬　　　　　　　　　　　　　　4 500
　　贷：应交税费——代扣个人所得税　　　　　　　　4 500

实际上缴代扣个人所得税时作会计分录如下：

借：应交税费——代扣个人所得税　　　　　　　4 500
　　贷：银行存款或库存现金　　　　　　　　　　　　4 500

第六章　土地增值税会计

本章导读

　　土地增值税是以纳税人转让国有土地使用权、地上建筑物及其附着物取得的增值额为征收对象，依照规定税率征收的一种税。不论是法人还是自然人，不论是内资企业还是外资企业，不论是何种经济性质，不论是哪一部门，只要发生土地增值税有关政策所涉及的征税范围，均应缴纳土地增值税。

　　本章探讨土地增值税的概念和会计处理，以便清楚地认识土地增值税的缴纳和管理。

第一节　土地增值税概述

　　土地增值税是对纳税人转让房地产所取得的增值额征收的一种税。它是一种收益税，是 1994 年税制改革中新开征的一个税种。

一、土地增值税的纳税人

　　凡是有偿转让我国国有土地使用权、地上建筑物及其附着物（以下简称转让房地产）产权，并且取得收入的单位和个人，为土地增值税的纳税义务人。

具体包括：国有企业、集体企业、私营企业、外商投资企业和外国企业；机关、团体、部队、事业单位、个体工商户及其他单位和个人；外国机构、华侨及外国公民。

二、土地增值税的纳税范围

土地增值税的纳税范围是：转让国有土地使用权；地上的建筑物及其附着物连同国有土地使用权一并转让。

所谓"转让"，是指以出售或其他方式的有偿转让；不包括以继承、赠与方式的无偿转让。出租房地产行为，受托代建工程，由于产权没有转移，不属纳税范围。

三、土地增值税纳税范围的具体界定

（一）以出售方式转让国有土地使用权、地上建筑物及附着物

它分以下三种情况：

（1）出售国有土地使用权，是指土地使用者通过出让方式，向政府交纳土地出让金、有偿受让土地使用权后，仅对土地进行通水、通电、通路和平整地面等土地开发，不进行房产开发，然后直接将空地出售。

（2）取得国有土地使用权后进行房屋开发建造，然后予以出售，即通常所说的房地产开发。

（3）存量房地产的买卖，是指已经建成并已投入使用的房地产，其房屋产权和土地使用权一并转让给其他单位和个人。

以上三种情况，均应计算缴纳土地增值税。

（二）以继承、赠与方式转让房地产

因其只发生房地产产权的转让，没有取得相应的收入，属于无偿转让房地产的行为，不缴收土地增值税。

（三）房地产出租

出租人虽取得了收入，但没有发生房产产权、土地使用权的转让，不缴土地增值税。

（四）房地产抵押

房地产在抵押期间未发生权属的变更，不征收土地增值税，抵押期满后，发生房地产权属转让的，缴纳土地增值税。

（五）房地产交换

房地产的交换即发生了房产产权、土地使用权的转移，交换双方又取得了实物形态的收入，应缴纳土地增值税。

（六）以房地产投资入股进行合资或联营

因其收入以股息、红利等形式体现，是否缴纳土地增值税，由财政部门、国家税务总局另行规定。

（七）房地产的联建

这是以转让部分土地使用权来换取新建成房屋部分产权的行为，是否缴纳土地增值税，由财政部门、国家税务总局另行规定。

（八）房地产的代建房行为

因其未发生房地产权属的转移，不缴土地增值税。

（九）房地产的重新评估

对房地产重新评估后升值的，因未发生房地产权属的转移房产产权，土地使用人也未取得收入，不缴土地增值税。

四、土地增值税的税率

土地增值税实行的是四级超率累进税率，即以纳税对象数额的相对率为累进依据，按超累方式计算应纳税额的税率。采用超率累进税率，需要确定几项因素：一是纳税对象数额的相对率，土地增值税的增值额与扣除项目金额的比即为相对率。二是把纳税对象的相对率从低到高划分为若干个级次。土地增值税按增值额与扣除项目金额的比率从低到高划分为四个级次，即：增值额未超过扣除项目金额50%的部分；增值额超过扣除项目金额50%、未超过100%的部分；增值额超过扣除项目金额100%、未超过200%的部分；增值额超过扣除项目金额200%的部分。三是按各级次分别规定不同的税率。土地增值税的税率是30%、40%、50%、60%。

五、土地增值税的减免

（1）纳税人建造普通标准住宅出售，增值额未超过扣除项目金额20%的。

（2）因国家建设需要依法征用，收回的房地产。

（3）个人因工作调动或改善居住条件而转让原自用住房，经向税务机关申报核准，凡居住满五年或五年以上的，免予缴纳土地增值税。居住满三年未满五年的，减半缴纳土地增值税。居住未满三年的按规定缴纳土地增值税。从 1999 年 8 月 1 日起，个人拥有的普通住宅，转让时暂免计税。

（4）以房地产进行投资、联营的，投资、联营的一方以土地（房地产）作价入股进行投资作为联营条件，将房地产转让到所投资、联营的企业时，可免予缴纳土地增值税；一方出地、一方出资金，双方合作建房，建成后按比例分房自用的，可免予缴纳土地增值税。

六、土地增值税的纳税期限和纳税地点

土地增值税的纳税人应于转让房地产合同签订之日起 7 日内到房地产所在地的税务机关办理纳税申报，并向税务机关提交房屋及建筑物产权、土地使用权证书、土地转让和房产买卖合同、房地产评估报告以及其他与转让房地产有关的资料。

纳税人因经常发生房地产转让而难以在每次转让后申报的，经税务机关审核同意后，可以定期进行纳税申报，具体期限由税务机关根据情况确定。

房地产所在地是指房地产的坐落地。纳税人转让房地产坐落在两个或两个以上地区的，应按房地产所在地分别纳税。

纳税人应按照税务机关核定的税额及规定的期限缴纳土地增值税。

纳税人没有依法缴纳土地增值税，土地管理部门、房产管理部门可以拒办权属变更手续。

| 第二节　土地增值税的计算 |

土地增值税是以纳税人转让房地产所取得的增值额为计税依据。土地增值税是纳税人转让房地产所取得的收入减去规定的扣除项目金额后的余额。土地增值税实行超率累进税率。其计算公式如下：

$$土地增值额 = 转让房地产的总收入 - 扣除项目金额$$

$$应纳税额 = 土地增值额 \times 适用税率$$

若土地增值额超过扣除项目金额 50% 以上，同时适用两档或两档以上税率，就需分档计算。

一、房地产转让收入的确定

转让房地产的收入是指房产的产权所有人、土地的使用人将房屋的产权、土地使用权转移给他人而取得的货币形态、实物形态、其他形态等全部价款及有关的经济收益。转让房地产收入的类型有：

1. 货币收入

它是指纳税人转让国有土地使用权、地上建筑物及其附着物产权而取得的现金、银行存款、支票、银行本票、汇票等各种信用票据和国库券、金融债券、企业债券、股票等有价证券。

2. 实物收入

它是指纳税人转让国有土地使用权、地上的建筑物及其附着物产权而取得的各种实物形态的收入，如钢材、建材、房屋、土地等不动产。

3. 其他收入

它是指纳税人转让国有土地使用权、地上的建筑物及其附着物而取得的无形资产收入或具有财产价值的权利，如专利权、商标权等。

纳税人隐瞒、虚报房地产成交价格的，转让房地产的成交价格低于房地产评估价格又无正当理由的，应由评估机构参照同类房地产的市场交易价格进行评估，税务机关根据或参照评估价格确定纳税人转让房地产的收入。

二、扣除项目金额的确定

（一）新建房地产扣除项目金额

它主要包括：

1. 取得土地使用权所支付的金额

纳税人为取得土地使用权所支付的地价款或出让金，以及按国家统一规定缴纳的有关费用。

2. 开发土地和新建房及配套设施的成本

纳税人房地产开发项目实际发生的成本（房地产开发成本），包括：土地征用及拆迁补偿费、前期工程费、建筑安装工程费、基础设施费、公共配套设施费、开发间接费。其中：土地征用及拆迁补偿费包括：土地征用费、耕地占用税、劳动力安置费及有关地上、地下附着物拆迁补偿的净支出、安置动迁用房支出等；开发间接费用是指直接组织、管理开发项目发生的费用，包括工资、福利费、折旧费、修理费、办公费、水电费、劳动保护费、周转房摊销等。

3. 开发土地和新建房及配套设施的费用

此项费用亦称房地产开发费用。它是指与房地产开发项目有关的销售费用、管理费用、财务费用。其中：财务费用中的利息支出，在最高不超过按商业银行同类同期贷款利率计算的金额前提下，允许据实扣除；管理费用、销售费用，则按上述 1、2 项计算的金额之和的 5% 以内计算扣除（具体比例由省级政府规定）。凡不能按转让房地产项目计算分摊利息支出以及不能提供金融机构证明的房地产开发费用，按上述 1、2 项计算的金额之和的 10% 以内计算扣除（具体比例由省级政府规定）。

4. 与转让房地产有关的税金

在转让房地产时缴纳的城市维护建设税、印花税以及教育费附加。

5. 财政部规定的其他扣除项目

根据财政部的现行规定，对从事房地产开发的企业，可按上述 1、2 项金额之和，加计 20% 的扣除。主要是考虑投资的合理回报和通货膨胀等因素。房地产是高风险、高收益的产业，凡开征土地增值税的国家和地区，一般在计征时，按官方公布的通货膨胀率给予扣除（或折扣），以对投资增值给予照顾，鼓励投资房地产开发的积极性，保护开发者的正当权益。我国由于没有官方公布的通货膨胀率，为了便于计算和操作，在计算扣除项目金额时，规定加计 20% 的扣除额。

（二）旧房及建筑物扣除项目金额

旧房及建筑物扣除项目金额一般用评估价格。即在转让已使用的房屋及建筑物时，由政府批准设立的房地产评估机构评定的重置成本乘以成新度折扣率后的价格。评估价格应经税务机关确认。

三、土地增值额的计算

转让房地产所取得的收入额减去按规定计算的扣除项目金额后的余额，即为计算土地增值税的增值额。

四、应纳土地增值税的计算

土地增值税是采用超率累进税率计算的。只有先计算出增值率，即增值额占扣除项目的比例后，才能确定适用税率，并计算应纳税额。其计算公式如下：

$$增值率 = 增值额 \div 扣除项目金额 \times 100\%$$

$$应纳税额 = \sum （每级距的土地增值额 \times 适用税率）$$

这种计算方法比较繁琐，要分段计算，汇总合计。因此，在实际工作中，一般采用速算扣除法计算。土地增值税四级超率累进税率如表6-1所示。

$$应纳税额 = 土地增值额 \times 适用税率 - 扣除项目金额 \times 速算扣除率$$

表6-1　土地增值税四级超率累进税率

级数	增值额与扣除项目金额的比率	税率（%）	速算扣除系数（%）
1	不超过50%的比率	30	0
2	超过50%至100%的部分	40	5
3	超过100%至200%的部分	50	15
4	超过200%的部分	60	35

【例6-1】　某房地产开发公司转让一块已开发的土地使用权，取得转让收入1 400万元，为取得土地使用权所支付金额320万元，开发土地成本65万元，开发土地的费用21万元，应纳有关税费77.7万元。计算应纳土地增值税如下：

开发费用21万元，未超过前两项成本之和的10%，可据实扣除。

扣除项目金额 = (320 + 65) × (1 + 20%) + 21 + 77.7 = 560.7（万元）

增值额 = 1 400 - 560.7 = 839.3（万元）

增值额占扣除项目比例 = 839.3 ÷ 560.7 = 149.69%

应纳税额 = 839.3 × 50% - 560.7 × 15% = 335.55（万元）

【例6-2】　某房地产开发公司转让高级公寓一栋，获得货币收入7 500万元，获得购买方原准备盖楼的钢材2 100吨（每吨2 500元）。公司为取得土地使用权支付1 450万元，开发土地、建房及配套设施等支出2 110万元，支付开发费用480万元（其中：利息支出295万元，未超过承认标准），支付转让房地产有关的税金47万元。计算应纳税额如下：

收入额 = 7 500 + 2 100 × 25% = 8 025（万元）

扣除项目金额 = （1 450 + 2 110）×（1 + 20%）+ 295 + 178 + 47 = 4 792（万元）

其他开发费用实际支出比例 = （480 - 295）÷（1 450 + 2 110）= 185 ÷ 3 560 = 5.2%

超过5%的限额，按5%计算如下：

（1 450 + 2 110）× 5% = 178（万元）

增值额 = 8 025 - 4 792 = 3 233（万元）

适用级次 = 3 233 ÷ 4 792 = 67.5%

应纳税额 = 3 233 × 40% - 4 792 × 5% = 1 053.6（万元）

五、土地增值税的纳税申报

土地增值税的纳税申报分为从事房地产开发（专营与兼营）的纳税人（即房地产开发公司）和其他纳税人。两类纳税人的纳税申报要求有所不同。

第三节　土地增值税的会计处理

一、预缴土地增值税的会计处理

纳税人在项目全部竣工前转让房地产取得的收入，由于涉及成本计算及其他原因，而无法据以计算土地增值税，可以预缴土地增值税。待项目全部竣工、办理结算后，再进行清算，多退少补。预缴土地增值税计算时，其扣除项目金额的计算方法，由省、自治区、直辖市地方税务局根据当地情况制定。

预缴土地增值税的会计处理与企业上缴土地增值税相同，借记"应交税费——应交土地增值税"账户，贷记"银行存款"账户。

待房地产营业收入实现时，再按应交的土地增值税，借记"税金及附加"账户，贷记"应交税费——应交土地增值税"账户。

这样进行会计处理，在企业未实现营业收入（未进行结算）前，使"应交税费——应交土地增值税"账户出现借方余额，本是先预缴的土地增值税，但可能会使财务会计报表的阅读者误认为企业是"多缴了税款"。为此，企业可以增设"递延所得税"账户（不仅所得税会计可用此账户，土地增值税等也可以用此账户）。

【例6-3】 某房地产开发公司在某项目竣工前，预先售出部分房地产而取得收入为200万元，假设应预缴土地增值税为20万元；项目竣工后，工程全部收入为500万元。按税法的规定，该项目应交土地增值税为80万元。该公司作会计分录如下：

收到预收款时：

借：银行存款 2 000 000

　　贷：预收账款——××买主 2 000 000

按税务机关核定比例，预提应交土地增值税时：

借：递延所得税——土地增值税 200 000

　　贷：应交税费——应交土地增值税 200 000

预缴土地增值税时：

借：应交税费——应交土地增值税 200 000

　　贷：银行存款 200 000

实现收入、办理结算时：

借：预收账款——××买主 2 000 000

　　银行存款 3 000 000

　　贷：主营业务收入 5 000 000

按土地增值税的规定，计算整个工程项目收入应交土地增值税时：

借：税金及附加 800 000

　　贷：应交税费——应交土地增值税 600 000

　　　　递延所得税——土地增值税 200 000

缴清应交土地增值税时：

借：应交税费——应交土地增值   600 000

    贷：银行存款   600 000

二、扣除项目金额的会计处理

计算土地增值税税额，关键是正确计算和确定扣除项目金额。由于转让房地产的情况千差万别，其计算方法也有所不同。

（一）房地产开发企业

房地产开发企业应按照企业会计制度的要求，正确确定成本核算对象，正确归集分配费用，正确计算产品成本（总成本、单位成本）。此外，应设置"备查簿"，详细登记与计算土地增值税有关的各项资料，如取得土地使用权所付的金额、开发土地和建新房及配套设施的成本、费用等。

（1）房地产开发企业办理土地增值税清算时计算与清算项目有关的扣除项目金额，应根据《土地增值税暂行条例》第六条及《实施细则》第七条的规定执行。除另有规定外，扣除取得土地使用权所支付的金额、房地产开发成本、费用及与转让房地产有关税金，须提供合法有效凭证；不能提供合法有效凭证的，不予扣除。

（2）房地产开发企业办理土地增值税清算所附送的前期工程费、建筑安装工程费、基础设施费、开发间接费用的凭证或资料不符合清算要求或不实的，地方税务机关可参照当地建设工程造价管理部门公布的建安造价定额资料，结合房屋结构、用途、区位等因素，核定上述四项开发成本的单位面积金额标准，并据以计算扣除。具体核定方法由省税务机关确定。

（3）房地产开发企业开发建造的与清算项目配套的居委会和派出所用房、会所、停车场（库）、物业管理场所、变电站、热力站、水厂、文体场馆、学校、幼儿园、托儿所、医院、邮电通信等公共设施，按以下原则处理：

①建成后产权属于全体业主所有的，其成本、费用可以扣除；

②建成后无偿移交给政府、公用事业单位用于非营利性社会公共事业的，其成本、费用可以扣除；

③建成后有偿转让的，应计算收入，并准予扣除成本、费用。

（4）房地产开发企业销售已装修的房屋，其装修费用可以计入房地产开发成本。房地产开发企业的预提费用，除另有规定外，不得扣除。

（5）属于多个房地产项目共同的成本费用，应按清算项目可售建筑面积占多个项目可售总建筑面积的比例或其他合理的方法，计算确定清算项目的扣除金额。

（6）房地产开发企业在工程竣工验收后，根据合同约定，扣留建筑安装施工企业一定比例的工程款，作为开发项目的质量保证金，在计算土地增值税时，建筑安装施工企业就质量保证金对房地产开发企业开具发票的，按发票所载金额予以扣除；未开具发票的，扣留的质保金不得计算扣除。

（7）房地产开发企业逾期开发缴纳的土地闲置费不得扣除。

（8）房地产开发企业为取得土地使用权所支付的契税，应视同"按国家统一规定交纳的有关费用"，计入"取得土地使用权所支付的金额"中扣除。

（9）拆迁安置费的扣除，按以下规定处理：

①房地产企业用建造的该项目房地产安置回迁户的，安置用房视同销售处理，按《国家税务总局关于房地产开发企业土地增值税清算管理有关问题的通知》（以下简称《通知》）（国税发〔2006〕187号）第三条第（一）款规定确认收入（即按本企业在同一地区、同一年度销售的同类房地产的平均价格确定；或由主管税务机关参照当地当年、同类房地产的市场价格或评估价值确定），同时将此确认为房地产开发项目的拆迁补偿费。房地产开发企业支付给回迁户的补差价款，计入拆迁补偿费；回迁户支付给房地产开发企业的补差价款，应抵减本项目拆迁补偿费。

②开发企业采取异地安置，异地安置的房屋属于自行开发建造的，房屋价值按国税发〔2006〕187号文件第三条第（一）款的规定计算，计入本项目的拆迁补偿费；异地安置的房屋属于购入的，以实际支付的购房支出计入拆迁补偿费。

③货币安置拆迁的，房地产开发企业凭合法有效凭证计入拆迁补偿费。

（二）非房地产开发企业

非房地产开发企业，包括外商投资房地产企业、从事房地产业务的股份制试点企业、对外经济合作企业以及兼营房地产业务的各类企业和单位。

（三）转让的房地产

凡转让的房地产，原来是在企业"固定资产"账户进行核算和反映的。这说明是旧的或使用过的。对其扣除项目金额，不能以账面价值或其净值计算扣除，应以政府批准设立的房地产评估机构评定的重置成本乘以成新度折扣率后的价格计算扣除。

三、主营房地产业务的企业土地增值税的会计处理

主营房地产业务的企业，是指在企业的经营业务中，房地产业务是企业的主要经营业务，其经营收入在企业的经营收入中占有较大比重，并且直接影响企业的经济效益。主营房地产业务的企业，既有房地产开发企业，也有对外经济合作企业、股份制试点企业和外商投资房地产企业等。

由于土地增值税是在转让房地产的流转环节纳税，并且是为了取得当期营业收入而支付的费用，因此，土地增值税的会计处理应借记"营业税金及附加"等账户，贷记"应交税费——应交土地增值税"账户。实际缴纳土地增值税时，借记"应交税费——应交土地增值税"账户，贷记"银行存款"账户等。

（一）现货房地产销售

在现货房地产销售情况下，采用一次性收款、房地产移交使用、发票账单提交买主、钱货两清的，应于房地产已经移交和发票结算账单提交买主时作为销售实现，借记"银行存款"等账户，贷记"主营业务收入"等账户。同时，计算应由实现的营业收入负担的土地增值税，借记"税金及附加"等账户，贷记"应交税费——应交土地增值税"账户。

在现货房地产销售情况下，采用赊销、分期收款方式销售房地产的，应以合同规定的收款时间作为销售实现，分次结转收入。销售实现时，借记"银行存款"或"应收账款"账户，贷记"主营业务收入"等账户；同时，计算应由实现的营业收入负担的土地增值税，借记"税金及附加"等账户，贷记"应交税费——应交土地增值税"账户。

【例6-4】 以【例6-2】资料为例，作会计分录如下：

收入实现时：

借：银行存款　　　　　　　　　　　　　　　75 000 000
　　贷：主营业务收入　　　　　　　　　　　　　75 000 000
借：原材料　　　　　　　　　　　　　　　　5 250 000
　　贷：主营业务收入　　　　　　　　　　　　　5 250 000
应交土地增值税时：
借：税金及附加　　　　　　　　　　　　　10 536 000
　　贷：应交税费——应交土地增值税　　　　　10 536 000

（二）商品房预售

按照《中华人民共和国城市房地产管理法》的规定，商品房可以预售，但应符合下列条件：已交付全部土地使用权出让金，取得土地使用权证书；持有建设工程规划许可证；按提供预售的商品房计算，投入开发建设的资金达到总投资的25%以上，并已经确定工程进度和竣工交付日期；向县级以上人民政府房产管理部门办理预售登记，取得商品房预售许可证明。

商品房预售人应当按照国家有关规定，将预售合同报县级以上人民政府房产管理部门和土地管理部门登记备案。

在商品房预售的情况下，商品房交付使用前采取一次性收款或分次收款的，收到购房款时，借记"银行存款"账户，贷记"预收账款"账户；按规定预缴土地增值税时，借记"应交税费——应交土地增值税"账户，贷记"银行存款"等账户；待该商品房交付使用后，开出发票结算账单交给买主时，作为收入实现，借记"应收账款"账户，贷记"主营业务收入"账户；同时，将"预收账款"转入"应收账款"，并计算由实现的营业收入负担的土地增值税，借记"税金及附加"等账户，贷记"应交税费——应交土地增值税"账户。按照税法的规定，该项目全部竣工、办理决算后进行清算，企业收到退回多交的土地增值税时，借记"银行存款"等账户，贷记"应交税费——应交土地增值税"账户。补缴土地增值税时，则作相反的会计分录。

【例6-5】 主营房地产业务的某房地产开发公司，投资开发一居住小区，因小区位置比较偏僻，开工时地价便宜，但当小区住宅建成销售时，附近新建地铁站，使该地区地价上涨，小区住宅商品房由原来的2 000元/平方米上升到4 000元/平方米。这时，该房地产开发公司销售10 000平方米住宅，按4 000元/平方米计算，共计收入售房款40 000 000元。该住宅实际成本1 800元/平方米，共计成本18 000 000元。对于财务费用中的利息支出，由于该公司能够按转让房地产项目计算分摊，并能够提供金融机构证明（利率没有超过银行同类同期贷款利率计算的金额），按规定允许据实扣除利息支出，企业实际发生利息支出170 000元。其他房地产开发费用按规定可扣除900 000元（18 000 000×5%），营业税2 000 000元，城市维护建设税140 000元，教育费附加60 000元。计算土地增值税并作会计分录如下：

1. 计算土地增值税税额

第一步：确定扣除项目金额。

$$= 18\ 000\ 000 + 170\ 000 + 900\ 000 + 2\ 000\ 000 + 140\ 000 + 60\ 000 + 18\ 000\ 000 \times 20\%$$

$$= 24\ 870\ 000\ (元)$$

第二步：计算增值额。

$$增值额 = 房地产转让收入 - 扣除项目金额$$
$$= 40\ 000\ 000 - 24\ 870\ 000$$
$$= 15\ 130\ 000\ (元)$$

第三步：计算增值额占扣除项目的比例。

$$增值额占扣除项目的比例 = 15\ 130\ 000 \div 24\ 870\ 000 \times 100\% \approx 61\%$$

第四步：计算土地增值税税额。

$$土地增值税税额 = 15\ 130\ 000 \times 40\% - 24\ 870\ 000 \times 5\%$$
$$= 6\ 052\ 000 - 1\ 243\ 500$$
$$= 4\ 808\ 500\ (元)$$

2. 土地增值税的会计处理

计提土地增值税时：

借：税金及附加　　　　　　　　　　　　　　　　4 808 500

　　贷：应交税费——应交土地增值税　　　　　　　　4 808 500

实际缴纳土地增值税时：

借：应交税费——应交土地增值税　　　　　　　　　4 808 500

　　贷：银行存款　　　　　　　　　　　　　　　　　4 808 500

四、兼营房地产业务的企业土地增值税的会计处理

兼营房地产业务的企业，是指虽然经营房地产业务，但不是以此为主，而是兼营或附带经营房地产业务的企业。

兼营房地产业务的企业，转让房地产取得的收入，计算应由当期营业收入负担的土地增值税时，计入"其他业务成本"账户。企业按规定计算出应交土地增值税时，借记"其他业务成本"账户，贷记"应交税费——应交土地增值税"账户。兼营房地产业务的企业如果没有设置"其他业务成本"账户，计算转让房地产应交土地增值税时，计入相关账户，如金融企业记入"其他营业支出"、外商投资银行计入"其他营业税金"等账户。

企业实际缴纳土地增值税时，借记"应交税费——应交土地增值税"账户，贷记"银行存款"等账户。

【例6-6】　兼营房地产业务的某金融公司，按5 000元/平方米的价格购入一栋两层楼房，共计2 000平方米，支付价款10 000 000元。后来，该公司没有经过任何开发，以9 000元/平方米的价格出售，取得转让收入18 000 000元，缴纳流转税990 000元。该公司既不能按转让房地产项目计算分摊利息支出，也不能提供金融机构证明。

1. 计算土地增值税税额

第一步：确定扣除项目金额。

＝10 000 000＋10 000 000×10%＋990 000＝11 990 000（元）

第二步：计算增值额。

增值额＝18 000 000－11 990 000＝6 010 000（元）

第三步：计算增值额占扣除项目的比例。

增值额占扣除项目的比例＝6 010 000÷11 990 000＝50.125%

第四步：计算土地增值税税额。

土地增值税税额 = 6 010 000 × 40% − 11 990 000 × 5%

$$= 2\ 404\ 000 − 599\ 500 = 1\ 804\ 500\ （元）$$

2. 土地增值税的会计处理

计提土地增值税时：

借：其他业务成本　　　　　　　　　　　　　1 804 500

　　贷：应交税费——应交土地增值税　　　　　　　　1 804 500

实际缴纳土地增值税时：

借：应交税费——应交土地增值税　　　　　　1 804 500

　　贷：银行存款　　　　　　　　　　　　　　　　　1 804 500

五、转让房地产的会计处理

企业转让国有土地使用权连同地上建筑物及其附着物，通过在"固定资产清理"账户核算。其转让房地产取得的收入，计入"固定资产清理"账户的贷方，应交土地增值税，借记"固定资产清理"账户，贷记"应交税费——应交土地增值税"账户。

企业实际缴纳土地增值税时，借记"应交税费——应交土地增值税"账户，贷记"银行存款"等账户。

【例6-7】　某非主营房地产的企业买进土地及建筑物，价值为4 200 000元。三年后，该企业将土地使用权和地上建筑物一并转让给A企业，取得转让收入为5 500 000元，应交流转税为300 000元，转让时建筑物累计折旧为400 000元。该企业作会计分录如下：

购建时：

借：固定资产　　　　　　　　　　　　　　　4 200 000

　　贷：银行存款　　　　　　　　　　　　　　　　　4 200 000

转让时：

借：固定资产清理　　　　　　　　　　　　　3 800 000

　　累计折旧　　　　　　　　　　　　　　　400 000

　　贷：固定资产　　　　　　　　　　　　　　　　　4 200 000

收到 A 企业的转让收入时：

借：银行存款   5 500 000

  贷：固定资产清理   5 500 000

计算应纳土地增值税如下：

第一步：计算增值额。

5 500 000 - 4 200 000 - 300 000 = 1 000 000（元）

第二步：计算增值额占扣除项目比例。

1 000 000 ÷ 4 500 000 = 22.22%

第三步：计算应纳税额。

1 000 000 × 30% = 300 000（元）

计提土地增值税时：

借：固定资产清理   300 000

  贷：应交税费——应交土地增值税   300 000

上缴税金时：

借：应交税费——应交土地增值税   300 000

  贷：银行存款   300 000

转让以行政划拨方式取得的国有土地使用权，如仅转让国有土地使用权，转让时应交土地增值税，借记"其他业务成本"等账户，贷记"应交税费——应交土地增值税"账户；如国有土地使用权连同地上建筑物及其他附着物一并转让，计提应纳土地增值税时，借记"固定资产清理"账户，贷记"应交税费——应交土地增值税"账户。

【例6-8】 某非主营房地产业务的企业转让以行政划拨方式取得的土地使用权，转让土地应补缴的土地出让金为 50 000 元，取得土地使用权转让收入为 200 000 元，应支付有关税金为 10 000 元。计算应纳土地增值税并作会计分录如下：

补缴出让金，计入无形资产时：

借：无形资产   50 000

  贷：银行存款   50 000

取得转让收入时：

借：银行存款　　　　　　　　　　　　　　　　200 000

　　贷：其他业务收入　　　　　　　　　　　　　　　200 000

应交有关税金时：

借：其他业务成本　　　　　　　　　　　　　　　 10 000

　　贷：应交税费——应交增值税　　　　　　　　　　 10 000

计算应纳土地增值税如下：

增值额 = 200 000 − 50 000 − 10 000 = 140 000（元）

增值率 = 140 000 ÷ 60 000 × 100% = 233%

应纳税额 = 140 000 × 60% − 60 000 × 35%

　　　　 = 84 000 − 21 000 = 63 000（元）

计提土地增值税时：

借：其他业务成本　　　　　　　　　　　　　　　 63 000

　　贷：应交税费——应交土地增值税　　　　　　　　 63 000

结转无形资产成本时：

借：其他业务成本　　　　　　　　　　　　　　　 50 000

　　贷：无形资产　　　　　　　　　　　　　　　　　 50 000

上交土地增值税及有关税金时：

借：应交税费——应交土地增值税　　　　　　　　 63 000

　　　　　　——应交增值税等　　　　　　　　　　 10 000

　　贷：银行存款　　　　　　　　　　　　　　　　　 73 000

结转成本时：

借：其他业务收入　　　　　　　　　　　　　　　123 000

　　贷：其他业务成本　　　　　　　　　　　　　　　123 000

结转利润时：

借：其他业务收入　　　　　　　　　　　　　　　 77 000

　　贷：本年利润　　　　　　　　　　　　　　　　　 77 000

第七章　其他税种会计

本章导读

在以上几章中，主要讲解了几个税种的会计计量，这章主要补充一些其他税的会计处理方法。主要包括城市维护建设税、印花税、耕地占用税、城镇土地使用税、房产税、车船税、契税和车辆购置税的会计处理。

第一节　城市维护建设税会计

一、城市维护建设税概述

城市维护建设税的计税依据是纳税人实际缴纳的增值税、消费税税额，1985年1月开征本税。以增值税、消费税税额为计税依据，仅指对增值税、消费税征税，不包括税务机关对纳税人加收的滞纳金和罚款等非税款项。

城市维护建设税的纳税环节确定在纳税人缴纳增值税、消费税的环节上。商品从生产到消费流转过程中，只要发生增值税、消费税的纳税行为，就要在缴纳增值税、消费税的同一环节上分别计算缴纳城市维护建设税。

城市维护建设税税率按纳税人所在地，分别规定为：市区7%，县城和镇5%，不在市区、县城或者镇的1%。

城市维护建设税的适用税率，应当按纳税人所在地的规定税率执行。但是，对下列两种情况，可按缴纳增值税、消费税所在地的规定税率就地缴纳城市维护建设税：一是由受托方代征代扣增值税、消费税的单位和个人，其代征代扣的城市维护建设税按受托方所在地适用的税率；二是流动经营及无固定纳税地点的单位和个人，在经营地缴纳增值税、消费税，其城市维护建设税的缴纳按经营地适用税率。

纳税人违反增值税、消费税税法而加收的滞纳金和罚款，不能作为城市维护建设税的计税依据，但纳税人在查补增值税、消费税和被处以罚款时，应同时对其偷逃的城市维护建设税进行补税和罚款。

对出口货物按规定应退还增值税、消费税的，不能退还已缴纳的城市维护建设税。同时，对进口货物海关代征的增值税、消费税的，也不代征城市维护建设税。

因减免增值税、消费税而发生退税，也要同时免征或减征城市维护建设税。

外商投资企业和外国企业暂免缴纳城市维护建设税。

城市维护建设税的应纳税额按以下公司计算：

应纳税额＝（实际维纳的增值税额＋实际缴纳的消费税额）×适用税率

二、城市维护建设税的会计处理

企业核算应缴纳城市维护建设税时，应设置"应交税费——应交城市维护建设税"账户。

【例7－1】　某汽车厂所在地为省会，当月实际已缴纳增值税300万元，消费税400万元，则应纳城市维护建设税并作会计分录如下：

计提税金时：

借：税金及附加　　　　　　　　　　　　490 000

　　贷：应交税费——应交城市维护建设税　　490 000

缴纳税款时：

借：应交税费——应交城市维护建设税　　490 000

　　贷：银行存款　　　　　　　　　　　490 000

|第二节　教育费附加的会计处理|

教育费附加是地方教育经费的一项来源，由教育部门统筹安排，专门用于改善中小学教学设施和改善办学条件。

教育费附加的计算方法，与城市维护建设税基本相同。

【例 7-2】　仍以【例 7-1】，教育费附加计征率为 3%，计算应交教育费附加并作会计分录如下：

应交教育费附加 = (300 + 400) × 3% = 21 (万元)

计提教育费附加时：

借：税金及附加　　　　　　　　　　　　　　　　210 000

　　贷：应交税费——应交教育费附加　　　　　　　　　　210 000

缴纳教育费附加时：

借：应交税费——应交教育费附加　　　　　　　　210 000

　　贷：银行存款　　　　　　　　　　　　　　　　　　210 000

|第三节　印花税会计|

一、印花税的性质和意义

印花税是对经济活动和经济交往中书立、领受的凭证征收的一种税。它属于行为课税。因其采用在凭证上粘贴印花税票的方法征税，故名印花税。

1624 年，荷兰率先开征印花税。解放前，我国就有此税种。1950 年政务院公布了《印花税暂行条例》。1958 年税制改革时，将印花税并入工商统一税。随着改革开放日益扩大，商品经济迅速发展，国内和国际间经济交往更趋频繁。为了使国民经济健康稳定地发展，保护经营者合法权益，客观上要求建立社会主义市场经济的新秩序。在这种形势下，国家先后颁布了一系列经济法规，在经济活动中依法书立各种凭证已成为客观需要。因此，国务院于 1988 年 8 月正式颁布了《中华人民共和国印花税暂行条例》（以下简称《印花税暂行条例》），决定从 1988 年 10 月 1 日起恢复征收印花税。

在我国现阶段征收印花税具有多方面的意义，具体内容如图 7 - 1 所示。

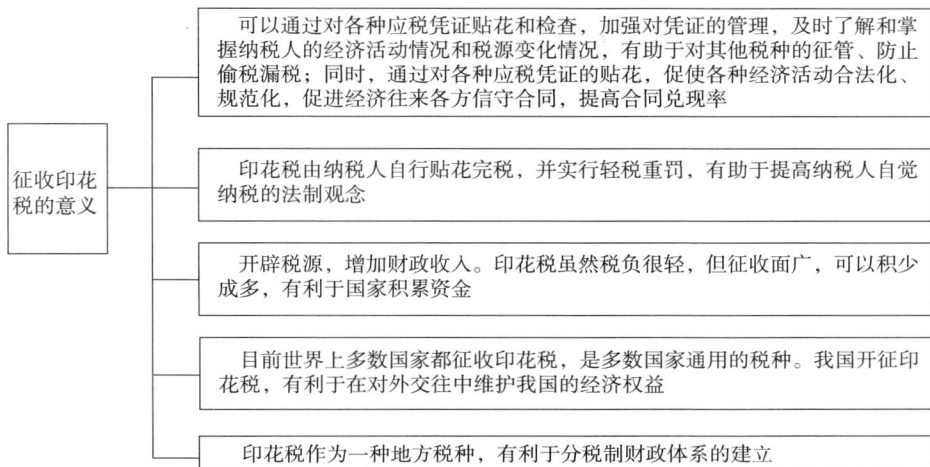

可以通过对各种应税凭证贴花和检查，加强对凭证的管理，及时了解和掌握纳税人的经济活动情况和税源变化情况，有助于对其他税种的征管、防止偷税漏税；同时，通过对各种应税凭证的贴花，促使各种经济活动合法化、规范化，促进经济往来各方信守合同，提高合同兑现率

印花税由纳税人自行贴花完税，并实行轻税重罚，有助于提高纳税人自觉纳税的法制观念

开辟税源，增加财政收入。印花税虽然税负很轻，但征收面广，可以积少成多，有利于国家积累资金

目前世界上多数国家都征收印花税，是多数国家通用的税种。我国开征印花税，有利于在对外交往中维护我国的经济权益

印花税作为一种地方税种，有利于分税制财政体系的建立

图 7 - 1　征收印花税的意义

二、印花税的纳税范围和纳税人

凡是在中华人民共和国境内书立、领受和在中国境外书立，但在中国境内具有法律效力、受中国法律保护的下列凭证，均属于印花税纳税的范围。具体包括：购销、加工承揽、建筑工程承包、财产租赁、货物运输、仓储保管、借款、财产保险、技术等合同或者具有合同性质的凭证；产权转让书据，包括财产所有权、版权、商标专用权、专利权、专有技术使用权等转移书据；营业账簿，包括单位和个人从事生产经营活动所设立的各种账册；专利、许可证照，包括房屋产权证、工商营业执照、商标注册证、专利证、土地使用证；经财政部确定征收的其他凭证。

凡是在中华人民共和国境内书立、领受上述税法列举凭证的单位和个人，都是印花税的纳税人。

根据书立、领受应纳税凭证的不同，纳税人可分别称为立合同人、立账簿人、立据人和领受人。对合同、书据等由两方或两方以上当事人共同书立的凭证，其当事人各方都是纳税人，各自就所持凭证的金额纳税。对政府部门发给的权利许可证照，领受人为纳税人。对某些应税凭证由当事人的代理人代为书立，则代理人有代为纳税的义务。

三、印花税的税目、税率

（一）税目

《印花税暂行条例》对印花税的税目分为五类。即：合同或具有合同性质的凭证；产权转移书据；营业账簿；权利许可证照；经财政部确定征税的其他凭证。

（二）税率

印花税采用比例税率和定额税率两种税率。

1. 比例税率

印花税的比例税率共有四个档次，即：1‰、0.5‰、0.3‰、0.05‰。按比例税率征税的有：各类经济合同及合同性质的凭证，记载有金额的账簿，产权转移书据等。这些凭证一般都记有金额，按比例纳税，金额多的多缴纳，金额少的少缴纳，既能保证财政收入，又能体现合理负担的征税原则。

2. 定额税率

印花税的定额税率是按件定额贴花。每件 5 元。它主要适用于其他账簿、权利许可证照等。因为这些凭证不属于资金账或没有金额记载，规定按件定额纳税，可以方便纳税和简化征管。

因证券交易税暂未开征，现行股权转让，自 2005 年 1 月 24 日起，以证券市场当日实际成交价格计算的金额，由立据双方当事人分别按（A 股）1‰、（B 股）1‰的税率缴纳印花税。企业改制、合并或分立后，其新起用的资金账簿记载的资金，凡原已贴花的部分，不再贴花，未贴花的部分和新增部分，按规定贴花。

四、印花税应纳税额的计算

（一）按比例税率计算

先确定计税金额。各种凭证的计税依据在印花税税目税率表中都有明确规定。例如，购销合同的计税依据是购销金额，加工承揽合同的计税依据是加工或承揽收入。如果凭证只记载数量，没有记载金额，应按物价部门规定的价格计算确定计税金额；如果物价部门没有确定价格的，应按凭证书立时的市场价格计算确定计税金额。按比例税率计算税额的计算公式如下：

$$应纳税额 = 凭证所载应税金额 \times 适用税率$$

印花税最低税额为 0.10 元。按适用税率计算出的应纳税额不足 0.10 元的凭证，免贴印花。应纳税额在 0.10 元以上的，按四舍五入规则，其尾数不满 0.05 元的不计，满 0.05 元的按 0.10 元计算。财产租赁合同最低纳税起点为 1 元，即税额超过 0.10 元，但不足 1 元的，按 1 元纳税。

（二）按定额税率计算

$$应纳税额 = 应税凭证件数 \times 适用单位税额$$

【例 7-3】　甲企业向乙企业购买钢材，双方签订购销合同，总价值为 300 000 元，合同书一式两份，计算应纳印花税。

因甲企业和乙企业都是签订合同的当事人，故均为纳税人。购销合同的税率为 0.3‰，双方各应纳税额如下：

300 000 × 0.3‰ = 90 （元）

甲、乙两企业各自应购买印花税票 90 元，贴在各自留存的合同上，并在每枚税票骑缝处盖戳注销或划销。

【例 7-4】　某企业于 2×19 年 1 月 1 日，新启用"实收资本"和"资本公积"账簿，期初余额分别为 2 400 000 元和 800 000 元。计算该企业"实收资本"和"资本公积"账簿应纳印花税额如下：

应纳税额 = （2 400 000 + 800 000）× 0.5‰ = 1 600 （元）。

五、贴花和免税规定

（一）纳税人贴花必须遵守的规定

（1）纳税人在应纳税凭证书立或领受时即行贴花完税，不得延至凭证生效日期贴花。

（2）印花税票应贴在应纳税凭证上，并由纳税人在每枚税票的骑缝处盖戳注销或划销，严禁揭下重用。

（3）已贴花的凭证，凡修改后所载金额增加的部分，应补贴印花。

（4）对已粘花的各类应纳税凭证，纳税人应按规定期限保管，不得私自销毁，以备纳税检查。

（5）合同在签订时无法确定计税金额时，采取两次纳税方法。签订合同时，先按每件合同定额贴花5元；结算时，再按实际金额和适用税率计税，补贴印花。

（6）不论合同是否兑现或是否按期兑现，已贴印花不得撕下重用，已缴纳的印花税款不得退税。

（7）未贴或少贴印花税票，除补贴印花税票外，应处以应补印花税票金额50%以上5倍以下倍罚款；已粘贴的印花税票，未注销或未划销的，税务机关可处以未注销、未划销印花税票金额50%以上5倍以下罚款；已贴用的印花税票揭下重用的，税务机关可处以重用印花税票金额50%以上5倍以下罚款。

（二）下列凭证免纳印花税

（1）已缴纳印花税的凭证的副本或抄本。

（2）财产所有人将财产赠给政府、社会福利单位、学校所立的书据。

（3）经财政部批准的其他凭证。包括：

①由国家指定的收购部门与村民委员会、农民个人书立的农副产品收购合同；

②无息、贴息贷款合同；

③外国政府或者国际金融组织向我国政府及国家金融机构提供优惠贷款所书立的合同等。

六、印花税的会计处理

企业缴纳的印花税，一般是自行计算、购买、贴花、注销，不会形成税款债务，为了简化会计处理，可以不通过"应交税费"账户核算，在缴纳时直接贷记"银行存款"账户。由于印花税的适用范围较广，其应计入账户应视业务的具体情况予以确定：若是固定资产、无形资产购销、转让、租赁，作为购买方或承受方、承租方，其支付的印花税应借记"固定资产""无形资产""管理费用"等账户；作为销售方或转让方、出租方，其支付的印花税应借记"固定资产清理""其他业务成本"等账户。在其他情况下，企业支付的印花税，则应借记"销售费用""管理费用"（如果一次购买印花税和缴纳税额较大时，需分期摊入费用，可通过"待摊费用"账户）账户。企业在债务重组时，债务人应缴的印花税，应借记"管理费用"账户，贷记"银行存款"账户；债权人则应借记"长期股权投资"账户，贷记"银行存款"账户。

【例7-5】 某建筑安装公司2×19年1月承包某工厂建筑工程一项，工程造价为6 000万元，按照经济合同法，双方签订建筑承包工程合同。订立建筑安装承包合同，应按合同金额0.3‰贴花。计算应纳印花税并作会计分录如下：

应纳税额＝60 000 000×0.3‰＝18 000（元）

缴纳印花税时：

借：管理费用　　　　　　　　　　　　　　　　　　　18 000

　　贷：银行存款　　　　　　　　　　　　　　　　　　18 000

按规定，各种合同应于合同正式签订时贴花。建筑公司应在自己的合同正本上贴花18 000元，由于该份合同应纳税额超过500元，所以该公司应向税务机关申请填写缴款书或完税凭证，将其中一联粘贴在合同上或由税务机关在合同上加注完税标记。

【例7-6】 某公司于2×19年6月份开业，领受房产证、工商营业执照、商标注册证、土地使用证各一件。公司营业账簿中，生产经营账册中实收资本300万元、资本公积80万元，其他账簿8本。计算应纳印花税并作会计分录如下：

领取权利、许可证照，应按件贴花5元。公司的生产经营账簿应按所载资本总额的0.5‰贴花，其他账簿应按件贴花5元。

应纳税额＝（3 000 000＋800 000）×0.5‰＋（8×5）＋（4×5）

　　　　　＝1 900＋40＋20＝1 960（元）

缴纳印花税时：

借：管理费用　　　　　　　　　　　　　　　　　　　1 960

　　贷：银行存款　　　　　　　　　　　　　　　　　　1 960

【例7-7】 某厂经营情况良好，2×19年初，只就5份委托加工合同（合同总标的150万元）按每份5元粘贴了印花税票。经税务机关稽查，委托加工合同不能按件贴印花税票。该企业在此期间还与其他企业签订购销合同20份，合同总标的800万元。税务机关作出补缴印花税并对偷税行为作出应补缴印花税票款4倍的罚款。企业应计算补缴印花税并作会计分录如下：

补缴购销合同应补印花税额：

$8\,000\,000 \times 0.3‰ = 2\,400$（元）

委托加工合同应补印花税额：

$1\,500\,000 \times 0.5‰ - 25 = 725$（元）

应补税务罚款：

$(2\,400 + 725) \times 4 = 12\,500$（元）

补缴税款时：

借：管理费用　　　　　　　　　　　　　　　　　　　3 125

　　贷：银行存款　　　　　　　　　　　　　　　　　　　3 125

上缴罚款时：

借：营业外支出——税务罚款　　　　　　　　　　　12 500

　　贷：银行存款　　　　　　　　　　　　　　　　　　12 500

第四节　耕地占用税会计

一、耕地占用税的特点及其征收意义

耕地占用税是国家向占用耕地建房或从事其他非农业生产建设的单位和个人征收的一种税。

耕地占用税是1987年4月1日开征的。它是农村税收的一部分。耕地占用税的主要特点是：首先，税收负担的一次性，耕地占用税是以单位和个人实际占用的耕地面积计税，按照规定的税额标准一次性征收；其次，征收对象有特定性，耕地占用税是对特定的行为征税，即只对占用耕地建房或从事其他非农业生产建设的单位和个人征税；再次，税收用途的补偿性，国家将征收的耕地占用税设立土地开发基金，全部用于开发农用耕地资源上，而不得用于其他方面，也不存在参与预算平衡并对资金再分配的问题；最后，征收标准有很大的灵活性，国家只规定每平方米的最高和最低限额，各地可根据本地人均占地面积和经济发展水平，确定当地的具体适用税额标准。不过，在减免权上实行高度集中，除中央有明文规定的范围外，地方无权减免。

国家征收耕地占用税的作用和意义是：

第一，增强人们保护耕地的意识。我国是一个人多地少的国家，人均占用耕地仅有 1.5 亩左右，比加拿大（人均20.8 亩）、美国（人均14，6 亩）、原苏联（人均13.6 亩）要少得多，位于世界百位之后，因而耕地是我们的宝贵资源。

第二，运用行政和经济手段，加强土地管理，防止乱占滥用耕地，鼓励各种建设尽量不占用耕地或少占用耕地，起到保护耕地的作用。

第三，筹集资金，为大规模的农业综合开发提供必要的资金来源。

二、耕地占用税的纳税人

凡是占用耕地建房或从事其他非农业生产建设的单位和个人，都是耕地占用税的纳税人。具体包括：国家机关、国有企业、事业单位；城乡集体企业、事业和行政单位；城乡居民个人和其他公民。

三、耕地占用税的纳税范围和纳税对象

耕地占用税的纳税范围是：

种植粮食作物、经济作物和油料作物的土地，包括粮田、棉田、烟田、蔗田等；菜地，包括种植各种蔬菜的土地；园地，包括苗圃、花圃、茶园、桑园、果园和其他种植经济林木的土地；鱼塘；其他农用土地，指已经开发从事种植、养殖的滩涂、草场、水面和林地等。

耕地占用税的纳税对象，是指建房或者从事其他非农业生产建设所占用的耕地，对占用耕地行为的课税。

四、耕地占用税的计税依据和税率

耕地占用税的计税依据是实际占用耕地的面积数量。以平方米为单位，

采用定额税率，一次征收，并以县为单位，根据人均占用耕地的多少，规定有幅度的税率。一般说，人口稠密、人均耕地较少、经济比较发达、非农业占地问题比较突出、土地质量较好的地方，税率就高些；反之，税率就低些。农民新建自用住宅，则从轻征税。具体规定如下：

（1）以县为单位，人均耕地在 1 亩以下（含 1 亩）的地区，10～50 元/平方米；

（2）人均耕地在 1～2 亩（含 2 亩）的地区，8～40 元/平方米；人均耕地在 2～3 亩（含 3 亩）的地区，6～30 元/平方米；人均耕地在 3 亩以上的地区，5～25 元/平方米；农村居民占用耕地新建住宅，按上述规定税额减半征收；经济特区、经济技术开发区和经济发达、人均耕地特别少的地区，适用税额可以适当提高，但是最高不得超过上述规定税额的 50%。

为协调税收政策，避免毗邻地区税额悬殊，以利于组织开展征收管理工作，保证耕地占用税的顺利实施，财政部对各省、自治区、直辖市统一核定的每平方米平均税额为：上海 45 元，北京 40 元，天津 35 元，浙江、福建、江苏、广东各为 30 元，湖北、湖南、辽宁各为 25 元，重庆、河北、山东、江西、安徽、河南、四川省各为 22.5 元，广西、陕西、贵州、云南各为 20 元，山西、黑龙江、吉林各为 17.5 元，内蒙古、甘肃、宁夏、青海、新疆各为 12.5 元。

各省、自治区、直辖市对所属县（市）的适用税额，可根据不同情况，有差别地核定，但全省平均数不得低于上述核定的平均税额。

五、耕地占用税的减免

（一）优惠减免规定

（1）外国投资者在我国境内举办的中外合资经营企业、中外合作经营企业、外商独资企业占用耕地，给予免税。

（2）农村居民（指农业户口居民，包括渔民和牧民）占用耕地建设自用的住宅，按规定税额减半征收。

（3）直接为农业生产服务的农田水利设施占用耕地，可给予免税。

（二）政策性减免规定

（1）部队军事设施占用耕地给予免税；

（2）铁路线路占用耕地给予免税（指国家和地方修建的铁路线路以及

按规定两侧留地和沿线的车站、装卸用货场，仓库等占用耕地）；

（3）民用机场占用耕地免税（指飞机跑道、停机坪、机场内必要的空地，以及候机楼、指挥塔、雷达设施占用的耕地）；

（4）炸药库占用耕地免税（指国家物资储备部门炸药专用库房，以及为保证安全所必须占用的耕地）。

（三）社会性减免规定

（1）学校占用耕地可免税（指全日制的大、中、小学校以及部门、企业办的学校的教学用房、实验室、操场、图书馆、办公室及师生员工食堂、宿舍用地）；

（2）医院占用耕地可免税（包括部队、部门、企业职工医院、卫生院、医疗站、诊所占用的耕地）；

（3）幼儿园、敬老院、殡仪馆、火葬场占用耕地，给予免税；

（4）水库移民、灾民、难民建住宅占用耕地，给予免税；

（5）农村革命烈士家属、革命残废军人，鳏寡孤独以及革命老根据地、少数民族聚居地区和边远贫困山区生活困难的农户，在规定的用地标准内新建住宅纳税确有困难的，给予减税或免税；

（6）公路建设占用耕地的耕地占用税，可在条例规定税额范围内，按最低税额征收。

六、耕地占用税的纳税环节和纳税期限

（一）纳税环节

耕地占用税的纳税环节，按占用耕地的时间，分为用地前纳税和用地后纳税。用地前纳税，又可分为用地批准前纳税和批准后、划拨用地前纳税。

（二）纳税期限

纳税人必须在土地管理部门批准占用耕地之日起30日内缴纳耕地占用税。但由于纳税的环节不同，纳税期限也有不同：实行用地批准前纳税的，只要求在申请用地至报批前纳税；实行用地批准后，划拨用地前纳税的，应以用地单位接到土地管理部门的批准用地通知或财政部门下达纳税通知书之日算起30日内缴纳耕地占用税；实行用地后纳税的，要求纳税人从占用耕地之日算起30日内向征收机关申报纳税。

七、耕地占用税的计算

耕地占用税的计税依据是实际占用耕地的数量。

耕地占用税实行的是定额税制，采取差别税率，即按各地区人均耕地面积的数量，确定每平方米适用的税额。

耕地占用税的税额，是以县为单位，按人均占用耕地的多少，并参考经济发展情况而确定。

（一）一般纳税人应纳税额的计算

【例7-8】 江西省某县一食品加工厂征用一块面积为15 000平方米的菜地进行食品加工生产，江西省规定耕地占用税的单位税额执行国家核定的标准，即4.5元/平方米。占用耕地满一年后，则按2元/平方米缴纳土地使用税。计算应纳耕地占用税和土地使用税如下：

应纳耕地占用税税额 = 15 000 × 4.5 = 67 500（元）

应纳土地使用税税额 = 15 000 × 2 = 30 000（元）

【例7-9】 某民用机场征用耕地2 000万平方米。其中修建飞机跑道、停机坪、候机楼、指挥塔、雷达设施占用耕地为1 958万平方米，修建飞行员及职工地勤人员宿舍楼用地2万平方米，修建俱乐部用地20万平方米，修建饮食服务部用地15万平方米，修建影剧院用地5万平方米。因该机场所在地区是人均耕地1亩以下的地区，政府规定缴纳耕地占用税应使用幅度税额的上限，即10元/平方米。计算该机场应纳耕田占用税。

按照规定，民用机场占用耕地中，飞机跑道、停机坪、候机楼、指挥塔、雷达设施等占用部分免税。其余占用耕地应纳耕地占用税如下：

应纳税额 = （20 000 + 200 000 + 150 000 + 50 000）× 10 = 4 200 000（元）

（二）农村居民占用耕地的计算

农村居民，指农业户口的居民，包括渔民、牧民在内。他们占用耕地建设自用的住宅，可按规定税额减半征收。其计算公式如下：

$$应纳税额 = 实际占用耕地面积 \times 单位税额 \times 50\%$$

【例7-10】 陕西省某农民经批准占用100平方米耕地建住宅自用，国家核定的陕西省耕地占用税单位税额是4元/平方米，而农民占用耕地建住宅自用，按规定税额减半征收。计算该农民应纳耕地占用税如下：

$$应纳税额 = 100 \times 4 \times 50\% = 200（元）$$

（三）公路建设占用耕地的计算

公路建设耕田占用缴税的计算公式如下：

$$应纳税额 = 实际占用耕地面积 \times 规定税额$$

【例7-11】 新疆为修建公路征用某县300万平方米耕地，该县人均耕地为1.3亩。财政部核定平均税额每平方米不足5元的地区，公路建设占用耕地按每平方米1.5元缴纳耕地占用税。新疆核定的税额为2.5元，不足5元，故按每平方米1.5元缴纳耕地占用税。计算应纳耕地占用税如下：

$$应纳税额 = 3\,000\,000 \times 1.5 = 4\,500\,000（元）$$

八、耕地占用税的会计处理

由于耕地占用税于占用耕地时一次性缴纳，建设单位可将其计入"长期待摊费用"账户，计算出应交耕地占用税后，借记"长期待摊费用"账户，贷记"应交税费——应交耕地占用税"账户。持续经营中的企业因占用耕地而应交耕地占用税时，应借记"在建工程"账户，贷记"应交税费——应交耕地占用税"账户或直接贷记"银行存款"账户。

【例7-12】 某新建服装厂征用一块面积为1万平方米的耕地建厂，当地核定的单位税额是4元/平方米。计算该厂应纳耕地占用税并作会计分录如下：

应纳税额 = 10 000 × 4 = 40 000（元）

在筹建期间计提税金时：

借：长期待摊费用——开办费　　　　　　　　　　40 000

　　贷：应交税费——应交耕地占用税　　　　　　　　　40 000

开始生产经营当月：

借：管理费用　　　　　　　　　　　　　　　　　40 000

　　贷：长期待摊费用——开办费　　　　　　　　　　　40 000

若该厂不作为建设单位而作为生产企业时：

借：在建工程　　　　　　　　　　　　　　　　　40 000

　　贷：应交税费——应交耕地占用税　　　　　　　　　40 000

缴纳税款时：

借：应交税费——应交耕地占用税　　　　　　　　40 000

　　贷：银行存款　　　　　　　　　　　　　　　　　　40 000

| 第五节　城镇土地使用税会计 |

城镇土地使用税是对城市、县城、建制镇和工矿区范围内使用土地的单位和个人，按实际占用土地面积征收的一种地方税。

土地是国家的宝贵资源，是人类赖以生存和从事生产的必不可少的物质条件。我国人多地少，珍惜土地、节约用地是一项基本国策。

新中国成立后，中央人民政府政务院于 1951 年 8 月颁布了《城市房地产税暂行条例》，规定在城市中合并征收房产税和地产税，称为城市房地产税。1973 年简化税制时，把对国内企业征收的房地产税合并到工商税中。1984 年 10 月第二步"利改税"和改革工商税制时，确立为一个单独的新税种，定名为城镇土地使用税。1988 年 9 月 27 日中华人民共和国国务院令第 17 号发布《中华人民共和国城镇土地使用税暂行条例》，开始征收土地使用税。根据 2006 年 12 月 31 日《国务院关于修改〈中华人民共和国城镇土地使用税暂行条例〉的决定》第一次修订，2011 年 1 月 8 日《国务院关于废止和修改部分行政法规的决定》第二次修订，2013 年 12 月 7 日《国务院关于修改部分行政法规的决定》第三次修订，2019 年 3 月 18 日《国务院关于修改部分行政法规的决定》第四次修订。按照我国税制改革的总体规划，在城镇土地使用税的基础上，扩大纳税范围，提高税率，下放管理权限。

开征城镇土地使用税有利于合理使用城镇土地，用经济手段加强对土地的控制和管理，变土地的无偿使用为有偿使用；调节不同地区、不同地段之间的土地级差收入，着重调节由于交通地理位置不同而形成的土地级差收入，使各纳税人的收入水平大体均衡；促进节约使用土地，提高土地的使用效益；同时，土地使用税的征收，也有利于企业加强经济核算；有利于理顺国家与土地使用者之间的分配关系，增加财政收入，促进税制改革及地方税收体系的建立。

一、城镇土地使用税的纳税人

城镇土地使用税的纳税人是在我国境内使用土地的单位和个人。

拥有土地使用权的纳税人不在土地所在地的，该土地的代管人或实际使用人承担纳税义务；土地使用权未确定或权属纠纷未解决的，由实际使用人纳税；土地使用权为多方共有的，由共有各方分别纳税。

二、城镇土地使用税的纳税范围和计税依据

城镇土地使用税在城市、县城、建制镇、工矿区开征，凡是在纳税范围内的土地（农业用地除外），不论国家或集体，不论单位或个人，只要是非农业用地，都应照章缴纳土地使用税。目前，尚未对农村非农业用地计征。因此，该税全称为城镇土地使用税。

城市是指经国务院批准设立的市，其纳税范围为市区和郊区。郊区是指设立街道办事处和居民委员会的地区，不包括农村。

县城是指县人民政府所在地，其纳税范围是县政府所在地的城镇。

建制镇是指经省、自治区、直辖市人民政府批准设立的建制镇，其纳税范围是镇政府所在地，不包括所辖的其他村。

工矿区是指工商业比较发达，人口比较集中，符合国务院规定的建制镇标准，但尚未设立建制镇的大中型工矿企业所在地。工矿区必须经省、自治区、直辖市人民政府批准。

城镇土地使用税以纳税人实际占用的土地面积为计税依据。土地占用面积的组织测量工作，由省、自治区、直辖市人民政府根据实际情况确定。税务机关根据纳税人实际使用的土地面积，按照规定的税额计算应纳税额。

由于土地测量工作技术性强，工作量大，凡纳税人持有政府部门核发的"土地使用证书"，以证书确认的土地使用面积为准；尚未核发土地使用证书的，由纳税人据实申报土地面积，待土地面积测定后，按测定面积进行调整。

三、城镇土地使用税的税率

城镇土地使用税采用定额税率。城镇土地使用税定额是根据我国经济发展状况，参考城市主要经济指标，结合不同地区收取土地占用费的金额标准测算确定。

大、中、小城市以公安部门登记在册的非农业正式户口人数为依据，按照国务院颁布的《城市规划条例》中规定的标准划分。人数在50万以上为大城市，人数介于20万~50万之间为中等城市，人数在20万以下为小城市。

各省、自治区和直辖市人民政府可根据市政建设情况和经济繁荣程度在规定税额幅度内，确定所辖地区的适用税额幅度。

我国现行的城镇土地使用税率：大城市1.5~30元；中等城市1.2~24元；小城市0.9~18元；县城、建制镇、工矿区0.6~12元。

四、城镇土地使用税的免税

免征城镇土地使用税的情况如下：

国家机关、人民团体、军队自用的土地（仅指这些单位的办公用地和公务用地），由国家财政部门拨付事业经费的单位自用的土地，宗教寺庙、公园、名胜古迹自用的土地（公园、名胜古迹中附设的营业单位、影剧院、饮食部、茶社、照相馆等均应按规定缴纳土地使用税）。

市政街道、广场、绿化地带等公用土地。直接用于农、林、牧、渔业的生产用地。经批准开山填海整治的土地和改造的废弃土地，从使用月份起免缴土地使用税5~10年。火电厂厂区围墙外的灰场、输灰管、输油（气）管、铁路专用线占地。水电站的除发电厂房、生产、生活、办公用地外的其他用地。供电部门的输电线路用地，变电站用地。水利设施及其管护用地。生产核系列产品的厂矿（生活区、办公室用地除外）。开航机场的机场飞行区用地，场内外通信导航设施用地、飞行区四周排水防洪设施用地和机场场外道路用地。企业办的学校、医院、托儿所、幼儿园的自用土地。由财政部、国家税务局另行规定的能源、交通、水利设施用地及其他用地。农民自用住宅地。

五、城镇土地使用税的纳税期限

城镇土地使用税按年计算，分期缴纳。缴纳期限由省、自治区、直辖市人民政府确定。

新征用的土地，如属于耕地，自批准征用之日起满一年时开始缴纳土地使用税；如属于非耕地，则自批准征用次月起缴纳土地使用税。

六、城镇土地使用税的计算

城镇土地使用税以纳税人实际使用的土地面积为依据，依照规定的税额，按年计算，分期缴纳。土地使用税的计算公式如下：

$$应纳税额 = 应税土地的实际使用面积 \times 适用单位税额$$

【例7-13】　某厂实际占用土地40 000平方米，其中企业自己办的托儿所用地200平方米，企业自己办的医院占地2 000平方米。该厂位于中等城市，当地人民政府核定该企业的城镇土地使用税单位税额为9元/平方米。计算该厂年度应纳土地使用税税额。

按照规定，企业自办的托儿所、医院占用的土地，可以免征城镇土地使用税，因而该厂年度应纳城镇城镇土地使用税如下：

$$应纳税额 = (40\ 000 - 200 - 2\ 000) \times 9 = 340\ 200（元）$$

【例7-14】　某西服厂和光明招待所共同使用一块面积为130 000平方米的土地。其中，西服厂使用78 000平方米，光明招待所用地面积为52 000平方米，西服厂和光明招待所位于30万人的城市，当地政府核定的单位税额为该级幅度税额的最高额。西服厂和光明招待所各自缴纳多少城镇土地使用税税额。

按照规定，城镇土地使用权共有的，应按城镇土地使用权共有的各方实际使用的土地面积，分别计算土地使用税。西服厂占用的土地面积是总土地面积的60%，光明招待所占用的土地面积是总土地面积的40%。因而西服厂、光明招待所应分别承担城镇土地使用税60%和40%。按照规定人口在30万人的城市是中等城市，中等城市的单位税额最高额为8元/平方米。

则上述两单位应承担的城镇土地使用税如下：

西服厂应纳税额 = 130 000 × 8 × 60% = 624 000（元）

光明招待所应纳税额 = 130 000 × 8 × 40% = 416 000（元）

七、城镇土地使用税的会计处理

缴纳城镇土地使用税的单位，应于会计年度终了时预计应交税费数额，计入当期的"管理费用""销售费用""长期待摊费用"等账户；年终后，再与税务机关结算。

计提税金时：

借：管理费用、销售费用、长期待摊费用等

　　贷：应交税费——应交城镇土地使用税

结算并上交时：

借：应交税费——应交城镇土地使用税

　　贷：银行存款

【例7-15】 某工业企业占用土地4 000平方米，该企业位于中等城市，当地人民政府核定该企业的城镇土地使用税单位税额为9元/平方米。计算该企业应纳城镇土地使用税并作会计分录如下：

应纳税额 = 4 000 × 9 = 36 000（元）

计提税金时：

借：管理费用　　　　　　　　　　　　　　　　36 000

　　贷：应交税费——应交城镇土地使用税　　　　36 000

上缴时：

借：应交税费——应交城镇土地使用税　　　　　36 000

　　贷：银行存款　　　　　　　　　　　　　　　36 000

【例7-16】　某商业企业占用土地10 000平方米，其中企业办的学校自用地为3 000平方米，当地政府核定的城镇土地使用税税额为2元/平方米。计算该企业应纳城镇土地使用税并作会计分录如下：

应纳税额 = (10 000 - 3 000) × 2 = 14 000（元）

计提税金时：

借：销售费用　　　　　　　　　　　　　　　　14 000

　　贷：应交税费——应交城镇土地使用税　　　　　　14 000

结算时：

借：应交税费——应交城镇土地使用税　　　　14 000

　　贷：银行存款　　　　　　　　　　　　　　　　14 000

第六节　房产税会计

房产税是指以房产为征税对象，按照房产的评估值征收的一种税。

房产税是在1950年开征的，1951年与地产税合并，统称为"城市房地产税"。中共十一届三中全会后，为了发挥税收的杠杆作用，搞好城镇建设，促进合理建房；适当调节各种经济成分的收入，国务院于1986年9月15日发布了《中华人民共和国房产税暂行条例》，并从1986年10月1日起执行。当时规定房产税只对企业和中国公民征收，而对涉外企业和外籍人员仍实行原城市房地产税。经过多年实践：房产税并未达到预期目的。相反，由于内外两种房产税并存，企业税负不平等的矛盾日益凸显，迫切需要对房产税进行改革。

一、房产税的纳税人

凡在中华人民共和国境内拥有房屋产权的单位和个人均为房产税的纳税义务人。其中，产权属于全民所有的，其经营管理的单位和个人为纳税义务人；产权出典的，承典人为纳税义务人；产权所有人、承典人不在房产所在地，或者产权未确定或租典纠纷未解决的，房产代管人或者使用人为纳税义务人。

二、房产税的纳税范围和计税依据

房产税的纳税对象是我国境内的房屋（房产）。房产税的纳税范围为城市、县城、工矿区、建制镇。

房产税以房产评估值（现仍按原值）为计税依据。房产评估值是指房产在评估时的市场价值。房产评估值由省、自治区、直辖市人民政府认定的专门资产评估机构进行评估。房产评估值由评估机构每 3~5 年评估一次，具体时间由省、自治区、直辖市人民政府确定。

三、房产税的税率

自用房产，按自用房产余值的 1.2%；出租房产，按租金收入的 12%。

四、房产税的减免

按房产税条例的规定，下列房产免征房产税：国家机关、人民团体、军队的房产；由国家财政部门拨付事业经费的单位的房产；宗教寺庙、公园、名胜古迹的房产；个人的房产。上述单位和个人用于生产经营的房产除外。房地产开发企业建造的商品房，在售出前，免缴房产税；但在售出前本企业已使用或出租、出借的商品房，应按规定缴纳房产税。

五、房产税应纳税额的计算和缴纳

实际操作时，可按以下两种方法计算：

第一种方法。按房产原值一次减除 10%~30% 后的余值计算。其计算公式如下：

$$年应纳税额 = 房产账面原值 \times (1 - 10\% ~ 30\%) \times 1.2\%$$

第二种方法。按租金收入计算，其计算公式如下：

$$年应纳税额 = 年租金收入 \times 适用税率(12\%)$$

房产税按年计算，分期（月、季、半年）缴纳。购置新建商品房、存量房，出租、出借房产，房地产开发企业自用、出租、出借自建商品房，自交付使用或办理权属转移之次月起，计缴房产税和城镇土地使用税。具体缴纳期限，由省、自治区、直辖市人民政府规定。

六、房产税的会计处理

企业按规定缴纳的房产税，应在"管理费用"等账户中按实列支。

预提税金时：

借：管理费用等

　　　贷：应交税费——应交房产税

缴纳税金时：

借：应交税费——应交房产税

　　　贷：银行存款

【例7-17】　某企业2×18年1月1日拥有房产原值660万元，其中有一部分房产为企业办幼儿园使用，原值100万元。当地政府规定，按原值一次减除20%后的余值纳税。按年计算，分月缴纳。税率为1.2%，计算该企业应纳房产税并作会计分录如下：

年应纳税额 = (660 - 100) × (1 - 20%) × 1.2% = 5.376（万元）

月应纳税额 = 53 760 ÷ 12 = 4 480（元）

每月预提税金时：

借：管理费用　　　　　　　　　　　　　　　　　　4 480

　　　贷：应交税费——应交房产税　　　　　　　　　4 480

每月缴纳税金时：

借：应交税费——应交房产税　　　　　　　　　　　4 480

　　　贷：银行存款　　　　　　　　　　　　　　　　4 480

【例7-18】　某公司2×18年12月31日"固定资产"明细账中房屋原值240万元，2×19年2月份公司将房产原值中的80万元房产租给其他单位使用，每年收取租金9.6万元。当地政府规定，对自用房屋，按房产原值扣除25%后作为房产余值，以1.2%的税率缴纳房产税；对出租房屋，按其租金收入12%的年税率缴纳房产税。房产税按年计算、分季缴纳。计算该公司1~3月份应纳房产税并作会计分录如下：

按房产余值计算年、月应纳的房产税：

年应纳税额＝240×（1－25%）×1.2%＝2.16（万元）

月应纳税额＝21 600÷12＝1 800（元）（1月份）

2月份应纳房产税如下：

按房产余值计算：

年应纳税额＝（240－80）×（1－25%）×1.2%＝1.44（万元）

月应纳税额＝14 400÷12＝1 200（元）

按租金收入计算：

年应纳税额＝96 000×12%＝11 520（元）

月应纳税额＝11 520÷12＝960（元）

3月份应纳房产税与2月份相同：

1 200＋960＝2160（元）

1月份预提税金时：

借：管理费用   1 800

    贷：应交税费——应交房产税   1 800

2、3月份预提税金时：

借：管理费用   2 160

    贷：应交税费——应交房产税   2 160

4月初缴纳第一季度房产税时：

借：应交税费——应交房产税   6 120

    贷：银行存款   6 120

第七节　车船税会计

车船税是指对在中华人民共和国境内拥有车船的单位和个人征收的一种税。

一、车船税的纳税人

车船税的纳税人是指在中华人民共和国境内拥有车船的单位和个人。

所谓"拥有"，是指拥有车船的产权。只要拥有车船的所有权，不论其是否使用，均须照章纳税。如有租赁关系，所有权人与使用人不一致时，应由租赁双方协商确定纳税人，租赁双方未商定的，使用人为纳税人。

二、车船税的纳税范围和计税依据

车船税的纳税对象是税法规定的车辆和船舶。纳税范围包括机动车、非机动车和船舶。机动车包括乘人车、载货车、二轮摩托车、三轮摩托车；非机动车包括畜力车、人力车、自行车等；船舶包括机动船、非机动船。

车船税对各类车船分别以辆、净吨位和载重吨位为计税依据。除载货车以外的各种车辆，不论是机动车还是非机动车，均按辆计征；载货车和机动船按净吨位计征；非机动船按载重吨位计征。

三、车船税的税率

车船使用税的车辆税额和船舶税额表如表7－1所示：

表7－1　车船使用税的车辆税额和船舶税额表

税目		计税单位	年基准税额（元）	备注
乘用车按发动机气缸容量（排气量分档）	1.0升（含）以下的	每辆	60～360	核定载客人数9人（含）以下的
	1.0～1.6升（含）的		300～540	
	1.6～2.0升（含）的		360～660	
	2.0～2.5升（含）的		660～1 200	
	2.5～3.0升（含）的		1 200～2 400	
	3.0～4.0升（含）的		2 400～3 600	
	4.0升以上的		3 600～5 400	

四、车船税税收优惠

（一）法定减免

（1）对捕捞、养殖渔船免征车船税。该渔船是指在渔业船舶登记管理部门登记为捕捞船或者养殖船的船舶。

（2）对军队、武装督察部队专用的车船免征车船税。该车船是指按照规定在军队、武装警察部队车船管理部门登记，并领取军队、武警牌照的车船。

（3）对警用车船免征车船税。该车船是指公安机关、国家安全机关、监狱、劳动教养管理机关和人民法院、人民检察院领取警用牌照的车辆和执行警务的专用船舶。

（4）依照法律规定应当予以免税的外国驻华使领馆、国际组织驻华代表机构及其有关人员的车船。

（5）对节能汽车，减半征收车船税。

减半征收车船税的节能乘用车应同时符合以下标准：（1）获得许可在中国境内销售的排量为1.6升以下（含1.6升）的燃用汽油、柴油的乘用车（含非插电式混合动力、双燃料和两用燃料乘用车）；（2）综合工况燃料消耗量应符合相关标准。

减半征收车船税的节能商用车应同时符合以下标准：（1）获得许可在中国境内销售的燃用天然气、汽油、柴油的轻型和重型商用车（含非插电式混合动力、双燃料和两用燃料轻型和重型商用车）；（2）燃用汽油、柴油的轻型和重型商用车综合工况燃料消耗量应符合相关标准。

（6）对新能源车船，免征车船税。

免征车船税的新能源汽车是指纯电动商用车、插电式（含增程式）混合动力汽车，燃料电池商用车。纯电动乘用车和燃料电池采用车不属于车船税免征税范围，对其不征车船税。

免征车船税的新能源汽车应同时符合以下标准：①获得许可在中国境内销售的纯电动商用车、插电式（含增程式）混合动力汽车、燃料电池商用车；②符合新能源汽车产品相关技术标准；③通过新能源汽车专项检测，符合新能源汽车相关标准；④新能源汽车生产企业或进口新能源汽车经销商在产品质量保证、产品一致性、售后服务、安全监测、动力电池回收利用等方面符合相关要求，免征车船税的新能源船舶应符合以下标准：船舶的主推进动力装置为纯天然气发动机。发动机采用微量柴油引燃方式且引燃油热值占全部燃料总热值的比例不超过5%的，视同纯天然气发动机。

（7）省、自治区、直辖市人民政府根据当地实际情况，可以对公共交通车船、农村居民拥有并主要在农村地区使用的摩托车、三轮汽车和低速载货汽车定期减征或者免征车船税。

（8）国家综合性消防救援车辆由部队号牌改挂应急救援专用号牌的，

一次性免征改挂当年车船税。

（二）特定减免

（1）经批准临时入境的外国车船和香港特别行政区、澳门特别行政区、台湾地区的车船，不征收车船税。

（2）按照规定缴纳船舶吨税的机动船舶，自车船税法实施之日起5年内免征车船税。

（3）依法不需要在车船登记管理部门登记的机场、港口、铁路站场内部行驶或作业的车船，自车船税法实施之日起5年内免征车船税。

五、车船税应纳税额的计算和缴纳

车船税应纳税额的计算公式如下：

$$应纳税额 = 计税标准 \times 年税额$$

各类不同车船的具体计算公式如下：

$$机动车（不包括载货车）和非机动车应纳税额 = 车辆数 \times 适用单位税额$$

$$机动船和载货车应纳税额 = 净吨位数 \times 适用单位税额$$

$$非机动船应纳税额 = 载重吨位数 \times 适用单位税额$$

车船税实行按年征收、分期缴纳，纳税期限由省、自治区、直辖市人民政府确定。

六、车船税的会计处理

企业按规定缴纳的车船税，应在"管理费用"账户中列支，并作会计分录如下：

预提月份税金时：

借：管理费用

　　贷：应交税费

缴纳税金时：

借：应交税费

　　贷：银行存款

【例7-19】 某公司拥有乘用车2辆，年税额400元；货车120吨位，年每吨税额60元。按季预缴车船税。计算应纳车船税并作会计分录如下

年应纳税额 = 2 × 400 + 120 × 60 = 8 000 （元）

季应缴税额 = 8 000 ÷ 4 = 2 000 （元）

每季预提税金时：

借：管理费用　　　　　　　　　　　　　　　　　　2 000

　　贷：应交税费——应交车船税　　　　　　　　　　　　2 000

每季缴纳税金时：

借：应交税费——应交车船税　　　　　　　　　　　2 000

　　贷：银行存款　　　　　　　　　　　　　　　　　　　2 000

第八节　契税会计

契税是因房屋买卖，典当，赠与或交换而发生产权转移时，依据当事人双方订立的契约，由承受人缴纳的一种税。契税是一种行为税，在我国有悠久的历史。它起源于1600年前东晋的"估税"。北宋时期，契税逐渐趋于完备。元、明、清等都征收契税，直至今日。

一、契税的纳税人

在我国境内转移土地、房屋权属，承受的单位和个人为该税的纳税人。

契税的纳税人为房屋的产权承受人。包括购买人、承典人、赠与承受人。以房屋抵债的买卖行为，以债权人为纳税人。承典人转典房，新的承典人为纳税人。具体包括：城镇、乡村的居民个人；私营组织和个体工商户；外资企业、外国人。

转移土地、房屋权属是指下列行为：

（1）国有土地使用权出让；

（2）土地使用权转让，包括出售、赠与和交换；不包括农村集体土地承包经营权的转移；

（3）房屋买卖；

（4）房屋赠与；

（5）房屋交换。

二、契税的计税依据

契税的计税依据如下：

（1）国有土地使用权出让、土地使用权出售、房屋买卖，为成交价格；

（2）土地使用权赠与、房屋赠与，由征收机关参照土地使用权出售、房屋买卖的市场价格核定；

（3）土地使用权交换、房屋交换，为所交换的土地使用权、房屋的价格的差额。

成交价格明显低于市场价格并且无正当理由的，或者所交换土地使用权、房屋的价格的差额明显不合理并且无正当理由的，由征收机关参照市场价格核定。

三、契税的税率

契税实行幅度比例税率。契税税率为 3% ~5%。

契税的适用税率，由省、自治区、直辖市人民政府在前款规定的幅度内按照本地区的实际情况确定，并报财政部和国家税务总局备案。

四、契税的减免

有下列情形之一的，减征或者免征契税：

（1）国家机关、事业单位、社会团体、军事单位承受土地、房屋用于办公、教学、医疗、科研和军事设施的，免征契税；

（2）城镇职工按规定第一次购买公有住房的，免征契税；

（3）因不可抗力灭失住房而重新购买住房的，酌情准予减征或者免征契税；

（4）土地、房屋被县级以上人民政府征用、占用后，重新承受土地、房屋权属的，是否减征或者免征契税，由省、自治区、直辖市人民政府确定。

（5）纳税人承受荒山、荒沟、荒丘、荒滩土地使用权，用于农、林、牧、渔业生产的，免征契税。

（6）依照我国有关法律规定以及我国缔结或参加的双边和多边条约或协定的规定应当予以免税的外国驻华使馆、领事馆、联合国驻华机构及其外交代表、领事官员和其他外交人员承受土地、房屋权属的，经外交部确认，可以免征契税。

经批准减征、免征契税的纳税人，改变有关土地、房屋的用途的，就不再属于减征、免征契税范围，并且应当补缴已经减征、免征的税款。

五、契税的缴纳办法

契税的纳税义务发生时间，为纳税人签订土地、房屋权属转移合同的当天，或者纳税人取得其他具有土地、房屋权属转移合同性质凭证的当天。

纳税人应当自纳税义务发生之日起 10 日内，向土地、房屋所在地的契税征收机关办理纳税申报，并在契税征收机关核定的期限内缴纳税款。

纳税人办理纳税事宜后，契税征收机关应当向纳税人开具契税完税凭证。

纳税人应当持契税完税凭证和其他规定的文件材料，依法向土地管理部门、房产管理部门办理有关土地、房屋的权属变更登记手续。

纳税人未出具契税完税凭证的，土地管理部门、房产管理部门不予办理有关土地、房屋的权属变更登记手续。

六、契税的计算

契税应纳税额的计算公式如下：

$$应纳税额 = 计税依据 \times 税率$$

应纳税额以人民币计算。转移土地、房屋权属以外汇结算的，按照纳税义务发生之日中国人民银行公布的人民币市场汇率中间价折合成人民币计算。

七、契税的会计处理

（一）企业的会计处理

企业取得房屋、土地使用权后，计算应交契税时：

借：固定资产、无形资产

　　贷：应交税费——应交契税

企业缴纳税金时：

借：应交税费——应交契税

　　贷：银行存款

企业也可以不通过"应交税费——应交契税"账户。当实际缴纳契税时，借记"固定资产""无形资产"账户，贷记"银行存款"账户。

【例7-20】　某企业以980万元购得一块土地的使用权，当地规定契税税率为3%，计算应纳契税并作会计分录如下：

应纳税额 = 980 × 3% = 29.4（万元）

借：无形资产——土地使用权　　　　　　　　　294 000

　　贷：银行存款　　　　　　　　　　　　　　　　294 000

【例7-21】　A企业以一栋房屋换取B公司一栋房屋，房屋交换契约写明：A企业房屋价值5 000万元，B公司房屋价值3 600万元。经税务机关核实，认为A、B双方房屋价值与契约写明价值基本相符。此项房屋交换，B公司应是房屋产权的承受人，是多得的一方，应为契税的纳税人；假设B公司所在地契税税率为5%。计算B公司应纳契税并作会计分录如下：

应交契税 = (5 000 - 3 600) × 5% = 70（万元）

计提税金时：

借：固定资产　　　　　　　　　　　　　　14 700 000

　　贷：应付账款——A企业　　　　　　　　　14 000 000

　　　　应交税费——应交契税　　　　　　　　　700 000

上交契税时：

借：应交税费——应交契税　　　　　　　　　700 000

　　贷：银行存款　　　　　　　　　　　　　　　700 000

（二）事业单位的会计处理

取得土地使用权时：

借：无形资产——土地使用权

　　贷：银行存款

取得房屋产权时：

借：固定资产

　　贷：固定基金

借：专用基金——修购基金

　　事业支出

　　贷：银行存款

|第九节　车辆购置税会计|

根据发展社会主义市场经济的要求，为进一步规范政府行为，深化财税体制改革，正确处理税费关系，遏制各种乱收费，参照国际惯例，以税收为主体筹集交通基础设施维护和建设资金，促进汽车工业和道路、水路等相关事业的健康发展，2018年12月29日第十三届全国人民代表大会常务委员会第七次会议通过《中华人民共和国车辆购置税法》。自2019年7月1日起施行。2000年10月22日国务院公布的《中华人民共和国车辆购置税暂行条例》同时废止。

一、车辆购置税的纳税人

在我国境内购置应税车辆的单位和个人为车辆购置税的纳税人。"单位"指各类企业和事业单位、社会团体、国家机关、部队等，"个人"指个体工商户及其他个人。"购置"包括购买、进口、自产、受赠、获奖或以其他方式取得并自用应税车辆的行为。

二、车辆购置税的纳税范围和计税依据

纳税范围包括各类汽车、各类摩托车、电车（有轨、无轨）、挂车（全挂、半挂）、农用运输车（三轮、四轮）。

根据不同情况确认车辆购置税的计税依据：

（1）纳税人购买自用的应税车辆的计税依据，为购买应税车辆而支付给销售者的全部价款和价外费用，不包括增值税税款。

（2）纳税人进口自用的应税车辆的计税依据按下式计算：

$$组成计税价格 = 关税完税价格 + 关税 + 消费税$$

（3）纳税人自产、受赠、获奖或以其他方式取得并自用的应税车辆的计税依据，由主管税务机关按国家税务总局规定的不同类型应税车辆的最低计税价格（市场平均交易价格）确认。纳税人购买自用或进口自用应税车辆，若申报的计税价格低于同类型应税车辆的最低计税价格，又无正当理由的，按最低计税价格计缴车辆购置税。

三、车辆购置税的税率和应纳税额的计算

车辆购置税实行从价定率计算方法，税率为 10%。

$$应纳税额 = 计税价格 \times 10\%$$

【例7-22】　某公司 2×18 年 1 月份以 97 000 元（含税）购买夏利 2 000 型汽车一辆，该车型最低计税价格为 119 980 元；4 月份又以同样价格购买同样车型汽车一辆，这时的最低计税价格为 97 000 元。应交车购税计算如下：

1 月份：$119\ 980 \div (1 + 13\%) \times 10\% = 10\ 618$（元）

4 月份：$97\ 000 \div (1 + 13\%) \times 10\% = 8\ 673$（元）

四、车辆购置税的免税

免税对象：（1）外国驻华使馆、领事馆和国际组织驻华机构及外交人员的车辆；（2）军队的车辆；（3）设有固定装置的非运输车辆；（4）国务院规定的其他减免税。

减免税车辆因转让、改变用途变更原因不再属于减免税车辆时，应在办理过户手续前或办理变更注册登记手续前缴纳车辆购置税，其最低计税价格按下式计算：

规定使用年限为：国产车辆按 10 年计算，进口车辆按 15 年计算，超过规定使用年限的车辆不再缴税。

五、车辆购置税的缴纳

纳税人购置应税车辆，应向车辆登记注册地的主管税务机关申报纳税；

购置不需要办理车辆登记注册手续的车辆，应向纳税人所在地的主管税务机关申报纳税。

纳税人应自购买日、进口日、受赠、获奖等取得日起，60天内进行纳税申报。

车辆购置税为一次征收制，纳税人应一次缴清。纳税人应在向公安机关车辆管理机构办理车辆登记注册前，缴纳车辆购置税。缴税后，主管税务机关应给纳税人开具"车辆购置税完税证明"，纳税人需持"车辆购置税完税证明"，到公安机关办理车辆登记注册手续；"完税证明"每车一证，随车携带，以备检查。

六、车辆购置税的会计处理

企业购买、进口、自产、受赠、获奖以及以其他方式取得并自用的应税车辆应交车辆购置税，或者当初购置的属于减免税的车辆在转让或改变用途后，按规定应补交车辆购置税，在按规定期限缴纳车购税后，会计根据有关凭证，借记"固定资产"等账户，贷记"银行存款"账户（也可以通过"应交税费"账户）。

【例7-23】 某公司2×19年6月份购进一辆小汽车，增值税专用发票所列价款为22万元，增值税额为2.86万元，7月份到主管税务机关缴纳车辆购置税。

6月份作会计分录如下：

应交车辆购置税 $= 220\ 000 \times 10\% = 22\ 000$（元）

借：固定资产——车辆	270 600	
贷：银行存款、应付账款等		248 600
应交税费——应交车辆购置税		22 000

7月份作会计分录如下：

借：应交税费——应交车辆购置税	22 000	
贷：银行存款		22 000